LA POÉSIE GRECQUE ANTIQUE

CAHIERS DE LA VILLA « KÉRYLOS », N° 14
BEAULIEU-SUR-MER (ALPES-MARITIMES)

COLLOQUE
LA POÉSIE GRECQUE ANTIQUE

ACTES

Jacques Jouanna et Jean Leclant éd.

PARIS
DIFFUSION DE BOCCARD
11, rue de Médicis
2003

ISSN : 1275-6229
ISBN : 2-87754-144-4

LA POÉSIE GRECQUE ANTIQUE

Actes du 13e colloque
de la Villa Kérylos
à
Beaulieu-sur-Mer
les 18 & 19 octobre 2002

Sous le haut patronage de

Monsieur Luc FERRY
Ministre de la Jeunesse, de l'Éducation nationale et de la Recherche

Sous la présidence d'honneur de

Monsieur Pierre MESSMER
Chancelier de l'Institut de France

Monsieur Pierre BREUIL
Préfet des Alpes-Maritimes

Sous la présidence de

Monsieur Jean LECLANT
Conservateur de la Villa Kérylos
Secrétaire perpétuel de l'Académie des Inscriptions et Belles-Lettres

et la direction de

Monsieur Jacques JOUANNA
Membre de l'Académie des Inscriptions et Belles-Lettres

ALLOCUTION D'OUVERTURE

Bien Chers Collègues et Amis,
Mesdames, Messieurs,

C'est un très agréable honneur pour moi, en tant que conservateur de la Villa Kérylos, que de vous accueillir ce matin dans ce joyau de notre Côte d'Azur pour son XIIIe colloque consacré cette fois à « la poésie grecque antique », organisé par mon confrère et ami Jacques Jouanna, professeur à la Sorbonne.

Vous savez sans doute comment cette reconstitution unique d'une demeure antique, dont le modèle le plus proche est celui des maisons de l'île de Délos, a été conçue et réalisée entre 1905 et 1908 par l'incomparable érudit que fut Théodore Reinach et son ami l'architecte Emmanuel Pontremoli. Entre le bleu du ciel et l'azur des flots, la Villa grecque profile ses proportions harmonieuses, avec en arrière-fonds le mur vertical des grandes falaises d'Èze, qui rappellent les roches phaïdriades de Delphes ; comme en Grèce même, la nature participe ici à l'œuvre de l'homme. Rien n'a été épargné par ces deux admirateurs fervents de l'Hellade pour faire de cet édifice de rêve un des témoins les plus prestigieux de la Belle Époque. Les matériaux les plus rares ont été utilisés : marbres veinés aux tons variés, stucs à l'antique. La décoration est somptueuse : fresques et mosaïques inspirées de documents antiques, charme d'un mobilier raffiné en bois exotiques précieux incrustés d'une marqueterie d'ivoire. Depuis 1966, la Villa Kérylos est classée « monument historique ».

Dans les récentes années, la Villa s'est enrichie de l'aménagement en sous-sol d'une galerie en bord de mer ; grâce au concours d'« évergètes », onze moulages d'œuvres antiques fameuses ont été réparties entre les baies ouvrant directement sur les flots dont le reflet l'éclaire ; les originaux appartiennent à de grands musées européens ; citons seulement l'Apollon du Belvédère, la Vénus de Milo, la Vénus genitrix, la Diane de Gabies, le Discobole ou l'Arès Borghèse. Quant au jardin, il présente un choix harmonieux de végétation méditerranéenne : quelques oliviers et de la vigne, grenadiers, caroubiers, acanthe et myrte, lauriers roses, cyclamens et iris, pins et cyprès auxquels s'ajoutent le palmier et le papyrus ; des notices rédigées par le professeur Suzanne Amigues résument pour le visiteur les notions utiles de botanique, l'usage pratique et le sens mythologique de chacune des espèces végétales.

Parfait symbole de l'Hellade sur le rivage français, la Villa Kérylos a été léguée à l'Institut de France par Théodore Reinach en 1928 – charge tout à la fois prestigieuse, mais aussi lourde financièrement. Aussi depuis le 1er mars 2001, la Villa Kérylos connaît-elle un nouveau statut, une délégation de service public ayant été attribuée à la Société Culture-Espaces.

Par fondation et par définition même, la Villa grecque Kérylos se doit d'être un haut lieu de la défense et de la promotion des valeurs classiques. C'est pourquoi parmi les activités majeures de la Villa figure une suite de colloques inaugurée en automne 1990 par mon prédécesseur Bernard Chenot, alors Secrétaire perpétuel de l'Académie des Sciences morales et politiques. Si certaines de ces réunions ont été consacrées à des problèmes généraux de la Méditerranée, cette mer éblouissante, mère des civilisations, qui enserre de ses flots notre *peira formiga* (la « Pointe des fourmis »), nombre de colloques ont porté plus spécifiquement sur la Grèce antique et sa culture : platonisme et néoplatonisme, l'historiographie dans l'Antiquité, le théâtre grec antique : tragédie, puis comédie. Chacun des colloques a été l'objet d'une publication, parue dans la série des « Cahiers de la Villa Kérylos », dans les délais les plus rapides. C'est ainsi que vous pouvez dès à présent prendre connaissance de la réunion de l'an dernier, dans le Cahier n° 13 : « Tradition classique et modernité ».

Prenant sa place dans la série désormais bien établie des « Colloques de Kérylos », la présente réunion, placée sous la présidence d'honneur de MM. Pierre Messmer, chancelier de l'Institut de France, et Pierre Breuil, préfet des Alpes Maritimes, a pu être organisée grâce au dévouement des services centraux de l'Institut, en particulier de M. Éric Peuchot, directeur, et de Mme Camille Bouvier, en coopération avec le délégué local de Culture-Espaces ; sans eux, nous n'aurions pu réaliser cette manifestation.

L'actuel colloque est réservé à la poésie grecque antique ; son organisation scientifique a été confiée au professeur Jacques Jouanna, qui avait bien voulu apporter sa collaboration déjà pour la 8e réunion sur la tragédie en 1997 et la 10e sur la comédie en 1999 ; je lui renouvelle mes vifs remerciements.

A dessein, le nombre des contributions, qui témoignent de la diversité des problèmes qui peuvent se poser, a été limité ; ceci devrait permettre de susciter des discussions à la suite des exposés présentés que l'on souhaite ne pas dépasser une demi-heure chacun ; nous espérons que puissent s'instaurer des échanges de vues, qui se prolongeront au cours des repas pris en commun dans un des plus beaux hôtels de la région (à l'autre extrémité de la promenade du Casino, aux confins de la commune de Cap-Ferrat) et des conversations dans les jardins de la Villa Eiffel qui nous jouxte. Comme à l'accoutumée, les Actes seront publiés — et avec célérité.

Ainsi, grâce au concours que vous avez bien voulu nous apporter, se trouvera une nouvelle fois affirmé un message d'humanisme et de confiance dans les valeurs qui furent celles de Théodore Reinach et qui demeurent les nôtres, et — nous le souhaitons ardemment — d'une façon digne de la tradition de la Villa Kérylos.

Jean LECLANT
Secrétaire perpétuel
de l'Académie des Inscriptions et Belles-Lettres
Conservateur de la Villa Kérylos

INTRODUCTION

Le présent colloque est consacré à la poésie grecque antique. Il constitue le troisième volet dans la série des colloques de la Villa Kérylos sur les genres littéraires dans la Grèce antique. Je remercie très chaleureusement notre Secrétaire perpétuel, Jean Leclant, de m'avoir donné la possibilité d'organiser deux colloques précédents sur le théâtre antique, le premier sur la tragédie en 1997 — c'était le huitième colloque dont les Actes ont paru en 1998 —, le second sur la comédie en 1999 — c'était le dixième colloque dont les Actes ont paru en 2000.

Le titre retenu en définitive, « La poésie grecque antique » est, à l'évidence, trop ample. Disons que c'est un premier colloque sur le sujet qui en appelle d'autres. L'intention première est de centrer l'étude sur toute la poésie qui succède à l'époque épique d'Homère et d'Hésiode, et précède, en gros, l'époque tragique, depuis 650 jusqu'à 450 av. J.-C., tout en élargissant la recherche à ses prolongements, qu'ils soient immédiats dans le théâtre grec ou lointains à l'époque byzantine ou à la Renaissance [1].

On donne à cette poésie archaïque usuellement, au sens très large du terme, le nom de « poésie lyrique ». Mais cette appellation n'est pas satisfaisante, si l'on entend par poésie lyrique, au sens étroit du terme, la poésie qui est chantée avec accompagnement d'un instrument à cordes, la lyre ou un instrument analogue, ou même, de façon un peu plus large, d'un instrument à vent, l'*aulos*. Car dans cette poésie qui va depuis le milieu du VIIe siècle (les représentants les plus anciens étant Archiloque et Alcman) jusqu'au milieu du Ve siècle (Pindare et Bacchylide), certaines formes métriques ne sont pas chantées. Deux formes de mètre donnent lieu

1. Les colloques consacrés à la poésie archaïque et à ses prolongements ne sont pas très fréquents en France. On a plaisir à rappeler le colloque organisé par le regretté Claude Meillier à Lille en 1993 et dont les Actes ont été publiés par L. Dubois : *Poésie et lyrique antiques*, Lille, Presses Universitaires du Septentrion, 1995, 268 p. Voir aussi plus récemment G.-J. Pinault éd., *Musique et poésie dans l'Antiquité*, Clermont-Ferrand, 2001.

à des poésies qui ne sont pas chantées, mais récitées. C'est d'une part la poésie iambique et d'autre part la poésie élégiaque[2].

Cette distinction était déjà établie dans l'Antiquité. Quand le médecin de Pergame Galien (IIe s. ap. J.-C.) recherche, dans un passage ironique, un poète capable de célébrer un de ses confrères médecins qui se croit l'homme le plus éminent du monde, un certain Thessalos, il passe en revue les poètes du passé à l'imitation desquels on pourrait trouver ce poète moderne :

> « Ou quel Homère trouverons-nous maintenant pour célébrer dans le rythme de l'hexamètre la victoire de Thessalos ? quel poète lyrique pour chanter à la manière de Pindare (μελοποιοῦ κατὰ Πίνδαρον ᾄσοντος), de façon élevée dans un dithyrambe, comme autrefois Dionysos, maintenant Thessalos ? Ou si nous ne sollicitons aucun de ceux-là, quel Archiloque ou quel Hipponax écrivant des iambes (ἰάμβους γραφόντων) trouverons-nous ? ou quel auteur de la scène tragique ?[3] »

Entre Homère et les poètes tragiques, Galien fait référence à la poésie qui est l'objet du colloque. Or les termes qu'il emploie pour le poète lyrique qui chante et le poète iambique qui écrit tiennent compte de la différence entre présence et absence de chant.

Selon Aristote, dans sa *Poétique*, le mètre iambique s'opposait au mètre héroïque (à savoir l'hexamètre dactylique de l'épopée) : il était propre à la satire[4]. Ainsi donc, dans la poésie iambique, la forme métrique semble assez liée à un style de poésie. De fait, Archiloque de Paros (VIIe s.) et Hipponax d'Éphèse (VIe s.)[5], les principaux représentants de la poésie iambique cités par Galien, ont en commun la verve satirique. Il en est de même d'un poète moins connu, Sémonide d'Amorgos (VIIe ou VIe s.), auteur d'un long poème en trimètres iambiques sur la satire des femmes[6]. Cette poésie iambique sera représentée dans le colloque par l'étude d'Alain Blanchard sur ce poème de Sémonide.

---

2. Pour les textes de la poésie iambique et élégiaque, voir l'édition classique de M. L. West, *Iambi et elegi graeci*, 2 vol., Oxonii, vol. 1 (1971 ; 2e éd. 1989), vol. 2 (1972 ; 2e éd. 1992). Voir aussi pour les poètes élégiaques B. Gentili, C. Prato, *Poetae elegiaci. Testimonia et Fragmenta*, 2 vol., Teubner, Pars 1 (1979 ; 2e éd. 1988), Pars 2 (1985 ; 2e éd. 2002). Sur la poésie iambique, voir Ch. G. Brown, « Iambos » dans D. E. Gerber, *A Companion to the Greek Lyric Poets*, Suppl. *Mnemosyne* 173, Leiden, 1997, p. 13-88.

3. Galien, *Méthode thérapeutique* I, c. 2, éd. Kühn X, 12, 13-13, 2.

4. Aristote, *Poétique* c. 4, 1448b.

5. Pour Hipponax, voir O. Masson, *Les fragments du poète Hipponax*, Paris, 1962 ; E. Degani, *Hipponactis Testimonia et Fragmenta*, Teubner, Stuttgart, 1983, 2e éd. 1991.

6. Pour Sémonide, voir E. Pellizer, G. Tedeschi, *Semonides. Testimonia et Fragmenta*, Rome, 1990.

L'autre forme de poésie récitée n'est pas mentionnée par Galien. C'est la poésie élégiaque [7]. Elle se définit, d'un point de vue métrique, par une unité de base qui est issue du vers épique avec une variante. Alors que dans l'épopée l'hexamètre dactylique forme l'unité rythmique qui se reproduit indéfiniment, dans la poésie élégiaque l'unité rythmique est formée d'un distique (c'est-à-dire de deux vers), composé d'un vers épique et d'un vers plus court, appelé traditionnellement « pentamètre » [8]. Bien que l'élégie soit liée dans la littérature française au thème de la complainte — que l'on songe à l'« élégie gémissante » d'André Chénier —, ou à celui de l'amour, la forme métrique qui la caractérise n'est pas uniquement réservée en Grèce à ces thèmes-là. Certes, le distique élégiaque est devenu, à partir du VIe siècle, la forme par excellence des épigrammes funéraires notamment chez Simonide de Céos (VIe/Ve s.), et elle le restera durant toute l'Antiquité. Certes, l'un des représentants les plus anciens de la poésie élégiaque, Mimnerme de Colophon en Ionie (seconde moitié du VIIe s.) passe pour avoir créé l'élégie amoureuse [9]. Rappelons un de ses vers significatifs : « Quelle vie, quel plaisir y a-t-il sans la dorée Aphrodite ? » Mais d'autres représentants de la poésie élégiaque, tels que Tyrtée (Sparte ; VIIe s.), Solon d'Athènes (VIIe/VIe s.) ou Théognis de Mégare (VIe s.) sont des poètes plus engagés dans la vie de la cité. Tyrtée, par exemple, tout en étant contemporain de Mimnerme, exhorte les Spartiates à la guerre ; et après sa mort, sa poésie continuera à être lue officiellement à Sparte, au moment des expéditions militaires. Solon dans sa poésie explique ses réformes politiques par son idéal moral. Ainsi donc, à la même époque, une même forme de poésie pouvait avoir des fonctions fort différentes [10]. Dans les communications que nous entendrons, une étude portera sur l'un des représentants de cette poésie élégiaque, Théognis : Diane Cuny se demandera si Théognis a été, par sa poésie gnomique, l'inspirateur de Sophocle.

---

7. Pour la poésie élégiaque, voir D. E. Gerber, « Elegy », dans Id., *op. cit.* (n. 2), p. 91-132.

8. Cette appellation traditionnelle ne renseigne pas sur la structure du vers, composé de deux trimètres dactyliques catalectiques, avec dièrèse.

9. Pour Mimnerme, voir A. Allen, *The Fragments of Mimnermus. Text and Commentary* (*Palingenesia*, 44), Stuttgart, 1993.

10. Pour une présentation en français du genre élégiaque et du texte annoté des principaux représentants de l'élégie ancienne, à l'exception de Théognis, voir J. Defradas, *Les élégiaques grecs*, Paris, PUF, 1962.

La poésie dite lyrique reste toutefois la grande originalité de la période archaïque grecque[11]. Certains préfèrent donner à cette poésie le qualificatif de « mélique » (du grec *melos* au sens de « chant »), car la poésie est chantée avec accompagnement d'un instrument de musique qui n'est pas nécessairement la lyre. Une telle appellation peut trouver son appui dans l'usage du grec. Dès le ve siècle, celui qui compose de la poésie chantée est appelé μελοποιός[12]. Et c'est la même appellation que l'on retrouve pour désigner le poète qui compose de la poésie chantée à l'imitation de Pindare dans le passage de Galien que l'on vient de mentionner. Le même Galien recèle un témoignage peu connu, mais fort intéressant sur la concurrence entre la double dénomination de poète mélique et poète lyrique. Comparant une de ses œuvres, qui se termine par un hymne à la nature, à l'épode des poètes, Galien déclare :

> « C'est comme l'épode chez les poètes méliques, que certains appellent lyriques (παρὰ τοῖς μελικοῖς ποιηταῖς, οὓς ἔνιοι λυρικοὺς ὀνομάζουσιν) : de même qu'il y a une strophe et une antistrophe, il y a, en troisième, une épode qu'ils chantaient debout devant les autels, à ce que l'on dit, quand ils louaient les dieux[13]. »

Outre que ce témoignage nous renseigne sur les mouvements choraux dans la poésie chorale chantée et sur une des destinations de la poésie chorale dans le culte des dieux, il révèle qu'à l'époque de Galien la désignation des poètes composant la poésie chantée par « poètes méliques » semble être plus fréquente que celle de « poètes lyriques ». Mais cette appellation de « poètes méliques » ne peut satisfaire actuellement que des savants, car l'usage courant a tranché, en définitive, pour la dénomination de « poètes lyriques ».

11. Il n'y a pas lieu de donner dans cette présentation une bibliographie sur la lyrique grecque archaïque, qui est immense. On signalera toutefois l'ouvrage récent de G. O. Hutchinson, *Greek Lyric Poetry. A Commentary on Selected Larger Pieces*, Oxford, 2001, qui peut tenir lieu d'introduction récente à la lyrique grecque archaïque et aussi à ses prolongements dans la tragédie de Sophocle et d'Euripide (avec une réédition des fragments les plus importants des lyriques). Voir aussi D. E. Gerber, *op. cit.* (n. 2). L'édition classique des poètes lyriques est celle de D. Page. D'une part E. Lobel, D. Page, *Poetarum Lesbiorum Fragmenta*, Oxford, 1955 (2e éd. 1997 avec *addenda*) et D. Page, *Poetae Melici graeci*, Oxford, 1962 ; et pour les compléments, voir *infra* (n. 30). Voir aussi M. Davies, *Poetarum Melicorum Graecorum Fragmenta*, 1 vol. jusqu'à présent, Oxford, 1991 (Alcman-Stésichore-Ibycos) ; D. A. Campbell, *Greek Lyric*, Loeb, 5 vol., Cambridge (Mass.)-Londres, 1982-1993.

12. L'attestation la plus ancienne est Aristophane, *Grenouilles*, v. 1250, à propos d'Eschyle compositeur de chants du chœur.

13. Galien, *Sur l'utilité des parties du corps humain* XVII, éd. Kühn IV, 365, 16-366, 5.

L'essentiel, toutefois, est de noter que Galien entendait, par poésie « mélique » ou « lyrique », une poésie chantée. Il faudrait donc réserver, en tout cas dans le domaine grec, le mot de « lyrique » pour une poésie chantée, quel que soit l'instrument d'accompagnement, et ne pas l'étendre à une poésie récitée. Dans une telle acception, tout poème archaïque grec n'est pas nécessairement lyrique.

Les savants alexandrins du IIIe siècle av. J.-C. ont établi un canon de neuf grands poètes lyriques, qu'on citera dans un ordre chronologique : Alcman (Sparte ; seconde moitié du VIIe s.) [14], la poétesse Sappho de Lesbos (VIIe/VIe s.) [15], Alcée également de Lesbos (VIIe/VIe s.) [16], Stésichore d'Himère en Sicile (première moitié du VIe s.), Ibycos de Rhégion en Italie du Sud (VIe s.), Anacréon de Téos, cité ionienne d'Asie Mineure (VIe s.), Simonide de Céos, île ionienne au large de l'Attique (VIe/Ve s.), Pindare de Cynoscéphales près de Thèbes en Béotie (première moitié du Ve s.) [17] et Bacchylide de Céos, comme Simonide dont il est le neveu (première moitié du Ve s.) [18]. Dans ce canon des poètes lyriques, la présence de

14. Pour le canon alexandrin, voir *Anthologie palatine* IX, 184 et 571 et le poème *Sur les neuf lyriques* dans A. B. Drachmann, *Scholia vetera in Pindari Carmina*, vol. 1, Teubner, 1993, p. 10 sq. Pour l'édition d'Alcman avec une traduction française, voir Cl. Calame, *Alcman : Introduction, texte critique, témoignages, traduction et commentaire*, Rome, 1983.

15. Outre les éditions mentionnées à la n. 11, l'édition de référence est E.-M. Voigt, *Sappho et Alcaeus*, Amsterdam, 1971. Pour la traduction française, voir l'édition bilingue due à l'un des auteurs de communication : Ph. Brunet, *Sappho, Poèmes et fragments*, Bibliothèque « L'âge d'homme », 1991.

16. Pour Alcée, voir l'édition récente dans la *Collection des Universités de France* de l'un des auteurs de communication : G. Liberman, *Alcée. Fragments*, 2 vol., Paris, Les Belles Lettres, 1999.

17. Pour le texte des épinicies et des fragments, voir B. Snell, H. Maehler, *Pindari carmina*, 2 vol., Leipzig, Teubner, Pars I, *Epinicia*, 7e éd. 1984 ; Pars II *Fragmenta. Indices*, 1re éd. 1989. Il n'y a pas lieu de citer les nombreuses éditions commentées ou commentaires des *Épinicies*. Voici quelques indications sur des ouvrages récents. Un des auteurs de communication, Ettore Cingano, a participé à l'édition italienne des *Pythiques* parue en 1995 en rédigeant l'introduction et le commentaire des *Pythiques* I et II : *Pindaro, Le Pitiche*, a cura di B. Gentili, P. Angeli Bernardini, E. Cingano e P. Giannini, Fondazione Lorenzo Valla, Mondadori éd., Vérone, 1995. La même année a paru un volume commode pour les étudiants : M. M. Willcock, *Pindar Victory Odes* (*Olympians* 2, 7 *and* 11 ; *Nemean* 4 ; *Isthmians* 3, 4 and 7). Plus récemment encore, voir le commentaire imposant de I. L. Pfeijffer, *Three Aeginetan Odes of Pindar. A commentary on Nemean V, Nemean III and Pythian VIII*, Leiden, Brill, 1999.

18. Pour Bacchylide, voir l'édition récente dans la *Collection des Universités de France* de l'un des auteurs de communication : J. Irigoin, J. Duchemin, L. Bardollet, *Dithyrambes, Épinicies, Fragments*, Paris, Les Belles Lettres, 1993. Voir aussi H. Maehler, *Die Lieder des Bakchylides*, 2 vol., Leiden, 1982 (édition et commentaire).

Simonide, déjà mentionné comme poète élégiaque, offre l'occasion de rappeler que les poètes de l'époque archaïque ne s'en tiennent pas à une forme métrique unique, comme c'était le cas pour les poètes épiques qui composaient uniquement en hexamètres dactyliques. Ils n'étaient pas nécessairement spécialisés dans un genre. Certes, il est question dans les textes grecs de poètes élégiaques, de poètes iambiques ou de poètes méliques ou lyriques. Mais la réalité est plus complexe. Les poètes pouvaient pratiquer plusieurs genres de poésie. Simonide, par exemple, est à la fois un poète élégiaque et un poète lyrique. De manière plus générale, l'extrême variété dans le choix des formes rythmiques est l'une des conquêtes de la poésie grecque archaïque, particulièrement de la poésie chantée [19]. Le mélange des genres chez un même auteur peut nous surprendre. Au Ve siècle av. J.-C., Ion de Chios, rival et ami de Sophocle, est présenté dans l'encyclopédie de la *Souda* (Xe s.) comme un auteur tragique, un poète lyrique et un philosophe.

Cette poésie chantée avec accompagnement d'un instrument a été divisée par les modernes en deux catégories : d'une part, la lyrique dite monodique, chantée par le poète seul s'accompagnant d'un instrument à corde ; d'autre part, la lyrique chorale chantée par un chœur qui danse avec un accompagnement musical (instrument à cordes, et éventuellement *aulos*, percussion), le poète étant l'équivalent d'un metteur en scène. Une distinction générale de ce type est déjà attestée chez Platon, dans les *Lois* (764d), où, dans le cadre des concours, les chants en solo (μονῳδία « monodie ») sont distingués des chants par un chœur (χορῳδία « chorodie »). Dans la lyrique en solo, les strophes se répètent de façon identique ; c'est le cas chez Alcée, Sappho et Anacréon. Dans la lyrique chorale, du moins à partir de Stésichore, l'unité de base est la triade, formée d'une strophe, d'une antistrophe qui reprend le même rythme que la strophe et d'une épode dont le rythme est différent ; c'est le cas chez Pindare et Bacchylide. Depuis les grammairiens alexandrins, ces deux catégories de strophes étaient distinguées par des signes employés différemment. C'est ce que nous révèle le grammairien

19. Parmi les nombreux travaux sur la métrique de la poésie archaïque, voir en particulier D. Korzeniewski, *Griechische Metrik*, Darmstadt, 1968. On recommandera les articles de J. Irigoin sur la métrique des lyriques, qu'elle soit monodique ou chorale ; voir en particulier pour la lyrique monodique « Côlon, vers et strophe dans la lyrique monodique grecque », *Revue de Philologie* 31, 1957, p. 234-238 ; « La structure des vers éoliens », *L'Antiquité classique* 25, 1956, p. 5-19 ; et pour la lyrique chorale « Architecture métrique et mouvement du chœur dans la lyrique chorale grecque », *Revue des Études grecques* 106, 1993, p. 283-302.

Héphestion (IIe s. ap. J.-C.) dans son petit opuscule très intéressant sur les *Signes* employés dans les manuscrits des poètes. Il fait la distinction entre ce qu'il appelle le chant « monostrophique » (μονόστροφον) et le chant « par péricope » (κατὰ περικοπήν) avec strophe, antistrophe et épode. Dans la poésie monostrophique, les strophes, étant identiques, sont séparées par la *paragraphos* (un court trait droit « inscrit à côté », qui a donné en français le paragraphe en changeant de genre), tandis que la *coronis* (un court trait « recourbé ») marque la fin du poème ; en revanche, dans la poésie triadique, la *paragraphos* sépare strophe et antistrophe qui sont identiques, alors que la *coronis* sépare l'antistrophe de l'épode. La fin du poème triadique est indiqué par un autre signe, un astérisque. Héphestion fait remonter ce système de signes aux éditeurs alexandrins, Aristophane de Byzance et Aristarque. L'usage de tels signes est confirmé par les papyrus.

Bien entendu, ces distinctions formelles s'accompagnent d'une différence importante dans les conditions de l'exécution. La poésie chorale est exécutée dans des cérémonies plutôt à caractère public, essentiellement religieuses, ou dans les célébrations de victoire aux jeux panhelléniques, alors que la poésie monodique a pour cadre des fêtes privées, des banquets. La thématique n'est donc pas la même : l'inspiration personnelle de la poésie monodique [20], surtout chez Sappho, contraste avec la poésie publique [21], mythique, morale et religieuse de la poésie chorale. La langue poétique varie aussi d'un genre à l'autre, à partir d'un fonds homérique, en fonction des aires géographiques où le genre est né ou s'est développé. La lyrique monodique est marquée par l'origine du poète : Alcée et Sappho, tous deux originaires de Lesbos, écrivent en une langue poétique issue du dialecte éolien de cette île ; Anacréon de Téos écrit en ionien d'Asie. La langue de la lyrique chorale, en revanche, quelle que soit l'origine du poète (Pindare est issu d'un pays éolien et Bacchylide d'un pays ionien), est un dorien littéraire, qui s'explique parce que la lyrique chorale est devenue populaire en pays dorien (Sparte ; cités doriennes de la Grèce occidentale).

Nous remonterons aux sources de cette poésie chantée avec notre collègue italien Ettore Cingano, qui nous parlera des origines de la lyrique chorale, en remontant jusqu'à Homère, et qui discutera des critères de distinction entre lyrique monodique et lyrique

20. Voir B. C. MacLachlan, « Personal Poetry », dans D. E. Gerber, *op. cit.* (n. 2), p. 133-220.

21. Voir E. Robbins, « Public Poetry » *ibid.*, p. 223-287.

chorale avec un réexamen sensé de la théorie moderne « pansymposiaque ». Une communication sera consacrée à la lyrique monodique, celle de Philippe Brunet sur Sappho. Trois communications traiteront de la lyrique chorale, essentiellement représentée par Bacchylide et Pindare. Ce sont les communications de Mme Dominique Arnould, de Jean Yvonneau et Gauthier Liberman.

Comme nous l'avons annoncé dès le début, l'objet du colloque est de traiter non seulement de la poésie archaïque dans son ensemble, mais aussi des prolongements de la poésie archaïque chantée. D'abord à travers la poésie théâtrale du ve siècle : les chants du chœur dans la tragédie grecque, qui alternent avec les parties parlées, sont un héritage de la lyrique chorale archaïque avec une coloration dorienne de la langue et un accompagnement de l'*aulos* ; il y a aussi quelques monodies chantées par des personnages qui peuvent être considérées comme une continuation de la lyrique monodique, bien que la langue poétique ne soit pas différente de celle des parties chorales. Les auteurs tragiques étaient donc pour ces parties lyriques à la fois des poètes et des compositeurs ; et ils étaient appréciés pour leur musique comme pour leur texte[22]. Mais les auteurs tragiques ont inséré ce lyrisme dans le drame. Deux communications sont consacrées aux problèmes de l'insertion du lyrisme dans le drame chez deux des trois grands tragiques : Eschyle et Sophocle. Le lyrisme reste présent aux côtés de la tragédie à Athènes au ve siècle (et après le ve s. !), puisque les chœurs d'hommes et les chœurs d'enfants, représentant chacune des dix tribus athéniennes, exécutent chaque année aux Grandes Dionysies, avant les représentations théâtrales, des dithyrambes, c'est-à-dire des hymnes chantés et dansés en l'honneur de Dionysos, le dieu qui préside à la fête[23]. Le théâtre comique d'Aristophane, outre que les parties chorales prolongent aussi la tradition lyrique parfois en la parodiant ou en parodiant la lyrique des tragiques[24], livre aussi indirectement bien des renseignements sur les poètes lyriques au ve siècle, en particulier sur le nouveau dithyrambe. C'est l'objet de la communication de Monique Trédé.

22. Sur cet aspect de la tragédie, voir A. Bélis, « Euripide musicien », dans G.-J. Pinault éd., *op. cit.* (n. 1), p. 27-51.

23. Sur le dithyrambe, voir D. F. Sutton, *Dithyrambographi Graeci*, Munich, 1989 ; B. Zimmermann, *Dithyrambos : Geschichte einer Gattung* (*Hypomnemata*, 98), Göttingen, 1992.

24. Sur les chœurs d'Aristophane, voir L. P. E. Parker, *The Songs of Aristophanes*, Oxford, 1997.

Nous pousserons les prolongements jusqu'à l'époque byzantine et à la Renaissance. Jean Irigoin montrera la continuité et l'évolution des mètres de la lyrique archaïque depuis le VIIe av. J.-C. jusqu'aux mélodes byzantins des Ve-VIIe siècles ap. J.-C. Cette communication ouvrira notre colloque, car elle commence par une présentation synthétique éclairante de la poésie « mélique » archaïque avant d'expliquer son évolution et sa résurgence à l'époque byzantine. Pierre Laurens nous révélera les efforts et les réussites des poètes de la Renaissance composant en latin pour rivaliser avec la grâce « transmarine » de la poésie grecque du vieil Anacréon, surtout après la redécouverte des *Anacreontea* publiés par Henri Estienne en 1554, redécouverte célébrée aussi par les poètes français de la Pléiade.

Il n'est pas utile de prolonger trop longtemps un exposé introductif, étant donné la richesse des communications à venir. Mais il convient de rappeler le contraste qu'il y a entre la fidélité avec laquelle cette poésie archaïque a été conservée jusqu'à l'époque hellénistique dans la bibliothèque d'Alexandrie et la perte irréparable qui s'en est suivie. Même pour le poète dont nous avons conservé l'œuvre la plus étendue, Pindare, dont on lit quatre livres sur les odes de victoire aux jeux panhelléniques, la perte est considérable. Ces quatre livres d'épinicies ne forment qu'un quart du total des seize livres que comptait l'œuvre dans l'édition d'Aristophane de Byzance. Quatorze livres sont perdus ou conservés sous forme de fragments : un livre d'hymnes [25], un livre de péans [26], deux livres de dithyrambes [27], deux livres de chants processionnels, trois livres de parthénées (ou chœurs de jeunes filles) [28], deux livres d'hyporchèmes, un livre d'éloges, un livre de thrènes [29]. Dans le naufrage qu'a subi la littérature grecque, les épaves de la poésie archaïque

25. Pour les hymnes en général dans la poésie grecque, voir W. D. Furley, J. M. Bremer, *Greek Hymns*, 2 vol. I, *The Texts in Translation* ; II, *Greek Texts and Commentary*, Tübingen, Mohr Siebeck, 2001.

26. Pour les péans de Pindare, voir l'édition récente de I. Rutherford, *Pindar's Paeans. A reading of the Fragments with a Survey of the Genre*, Oxford, 2001. Sur le genre du péan, voir aussi L. Käppel, *Paian. Studien zur Geschichte einer Gattung*, Berlin, 1992 ; S. Schröder, *Geschichte und Theorie der Gattung Paian*, dans *Beiträge zur Altertumskunde*, 121, Stuttgart-Leipzig, 1999.

27. M. J. H. van der Weiden, *The Dithyrambs of Pindar : Introduction, Text and Commentary*, Amsterdam, 1991.

28. Voir Cl. Calame, *Les chœurs de jeunes filles en Grèce archaïque.* I, *Morphologie, fonction religieuse et sociale*, Rome, 1977.

29. Voir M. Cannatà Fera, *Pindaro, Trenodie*, Rome, 1990.

sont maigres et éparses, souvent réduites à des fragments cités çà et là par les Anciens ou conservés dans des florilèges, avant que les sables d'Égypte, en rendant des rouleaux ou débris de rouleaux de papyrus depuis la seconde moitié du XIXe siècle, ne nous aident à combler certaines lacunes. On a connu ainsi, à partir de 1865, grâce à un papyrus du Louvre les restes d'un chœur de jeunes filles d'Alcman avec des scholies. La résurrection des dithyrambes et des épinicies de Bacchylide date des dernières années du XIXe siècle (1897). Au début du XXe siècle, en 1908, les péans de Pindare ont été mieux connus par la publication d'un papyrus d'Oxyrhynchus, suivi d'autres. Depuis lors, les découvertes papyrologiques, plus ou moins spectaculaires ne cessent d'améliorer notre connaissance de la poésie archaïque, rendant caduques des éditions qu'il faut sans cesse remettre à jour[30]. Dans la deuxième moitié du XXe siècle, presque à la même date, un papyrus de Cologne nous a donné le texte le plus long et le moins mutilé que l'on ait d'Archiloque (1974) ; et un papyrus de Lille, publié en 1976, conserve des fragments lyriques sur le mythe d'Œdipe, de Jocaste et de leurs deux fils, Étéocle et Polynice, que l'on attribue généralement à Stésichore[31]. Mais il ne restait pratiquement rien d'un poète aussi éminent que Simonide, célèbre à l'époque des guerres médiques par ses épigrammes comme par ses épinicies et parfaitement connu encore à l'époque de Platon où l'un de ses poèmes est l'objet de discussions entre Socrate et les sophistes (*Protagoras* 339a sqq.). Il a fallu attendre la fin du XXe siècle (1992) pour qu'un fragment relativement important d'un poème élégiaque renouvelle notre connaissance de Simonide[32].

Et même quand les textes de la poésie lyrique ont été sauvegardés, nous avons perdu une partie essentielle, la musique, et dans le cas de la lyrique chorale, l'orchestique. Les poètes lyriques ou tra-

---

30. Voir D. Page, *Supplementum Lyricis graecis*, Oxford, 1974, qui est un complément à ses deux éditions citées à la n. 11. Significatif est également un ouvrage comme celui de J. M. Bremer, A. M. van Erp Taalman Kip, S. R. Slings, *Some Recently Found Greek Poems. Text and Commentary*, dans *Mnemosyne Suppl.*, Leiden, Brill, 1987 (nouveaux fragments d'Archiloque, commentaire à Hipponax, Alcée, Stésichore). Pour les papyrus relatifs à chacun des poètes concernés, voir Mertens-Pack III (= base de données MP^3), catalogue expérimental en ligne sur le site CEDOPAL (Université de Liège) régulièrement mis à jour.

31. La publication la plus récente est celle de G. O. Hutchinson *op. cit.* (n. 11), p. 18-23, avec le commentaire p. 113-119.

32. Voir M. L. West, *op. cit.* (n. 2), vol. 2, 2e éd., 1992 ; D. Boedeker, D. Sider, *The New Simonides. Contexts of Praise and Desire*, Oxford, 2001.

giques étaient non seulement des auteurs, mais aussi des compositeurs. Or il est exceptionnel que des partitions musicales aient été conservées[33]. C'est pourtant le cas d'un compositeur « lyrique » archaïsant du IIe siècle ap. J.-C., Mésomède de Crète, qui chantait ses propres compositions, suivant une tradition remontant à Alcée et Sappho, au VIIe siècle av. J.-C. Annie Bélis, avec beaucoup de science, nous montrera comment s'unissent mot, rythme et son dans la composition lyrique. Et étant donné qu'elle joindra la musique à la parole, nous pourrons clore notre colloque par une exécution musicale qui fera revivre ce qu'était l'osmose entre parole, mètre et chant dans la lyrique grecque.

Il est émouvant d'évoquer que, grâce à un chanteur et une musicienne de l'ensemble Kérylos qu'Annie Bélis dirige et que je tiens à remercier pour leur généreuse participation, Emmanuel Leclercq et Nathalie Berland, cette résurrection totale de la poésie lyrique va se produire dans le cadre prestigieux de la bibliothèque de Théodore Reinach, de celui qui fut, à son époque, l'un des grands spécialistes de la musique grecque[34]. C'est pour nous la meilleure façon d'honorer sa mémoire.

Jacques JOUANNA

33. Sur la musique grecque, voir M. L. West, *Ancient Greek Music*, Oxford, University Press, 1992 ; la très belle contribution de l'une des participants du colloque, A. Bélis, *Les musiciens dans l'Antiquité,* Paris, Hachette, 1999 (en particulier le chapitre « Écrire la musique : compositeurs et notateurs », p. 157-177). Sur les partitions musicales, voir E. Pöhlmann, *Denkmäler Altgriechischer Musik. Sammlung, Übertragung und Erlaüterung aller Fragmente und Fälschungen*, Nuremberg, 1970.

34. Th. Reinach, *La musique grecque*, Paris, 1926 ; réimpr. Paris, 1979.

D'ALCMAN ET PINDARE AUX MÉLODES BYZANTINS : CONTINUITÉ ET ÉVOLUTION DES MÈTRES LYRIQUES

Parmi les auditeurs de ce XIIIe colloque de la Villa Kérylos, ceux qui ont reçu le programme ont pu s'étonner, à l'avance, d'un contraste entre le titre général, « La poésie grecque antique », et le détail des communications où reviennent les mots lyrique et lyrisme (sept fois pour quatorze communications), ou bien des noms de poètes lyriques, d'Alcman et Sappho à Pindare et Bacchylide. Je ne livrerai pas un secret en vous disant que le programme, conçu d'abord pour la poésie lyrique des origines au ve siècle, s'est trouvé élargi à la poésie dramatique dans ses parties lyriques, puis à des créations plus récentes, des hymnes de Mésomède aux poèmes anacréontiques. Mais pourquoi y ajouter les mélodes byzantins des ve-viie siècles ?

En reprenant mes notes, je m'aperçois que le titre originel de ma communication était « Évolution de la poésie lyrique grecque de Pindare à Romanos le Mélode ». Je voulais montrer comment, à mille ans de distance, le plus grand des poètes liturgiques byzantins répondait à sa manière au plus grand des créateurs de la lyrique chorale, dont près du quart de l'œuvre, quatre livres sur dix-sept, nous est parvenu par la voie des manuscrits byzantins. Un programme ambitieux dont l'exposé exigerait beaucoup plus que les trente minutes réglementaires. Je me contenterai donc d'aborder quelques points dont la connaissance me paraît indispensable pour mieux apprécier des poèmes chantés dont nous ne possédons plus la partition, à de très rares exceptions près.

Je partirai de ce qui me paraît être le point de vue — ou plutôt d'oreille — des Grecs eux-mêmes. Est lyrique toute poésie destinée à être chantée avec un accompagnement musical qui n'est pas nécessairement celui d'une lyre. On ferait donc mieux de parler de poésie mélique — le recueil de Denys Page a pour titre, en latin,

Poetae melici graeci —, le *melos* grec désignant le « chant », cette articulation (penser aux *melea* homériques, les « membres ») entre la parole et la musique qui fournira plus tard son surnom à Romanos le Mélode. Il faut rappeler que Platon (*Gorgias* 502c 5-7) énumère comme éléments constituants de toute poésie le *melos*, le *ruthmos* et le *metron* ; sans eux, il ne reste que du *logos*, c'est-à-dire de la prose.

Pour les Grecs du début de l'époque hellénistique, qui ont établi le « canon des neuf lyriques », le lyrisme est un genre propre à l'époque archaïque et au tout début de l'époque classique, un genre mort dont les représentants majeurs sont au nombre de neuf ; j'aurai plus loin l'occasion de les nommer tous. Alcman et Pindare, réunis dans le titre de ma communication, occupent les places extrêmes dans la chronologie du canon, comme le rappelle une épigramme de l'*Anthologie palatine* (IX, 184) ; Sappho, seule femme à y figurer, mériterait plutôt d'être considérée, hommage flatteur, comme la dixième Muse (*ibid.*, 571 ; voir aussi 66 et 506). C'est seulement au temps d'Auguste que le poète Antipater de Thessalonique atteste un canon des neuf poétesses (*ibid.*, 26) où paraît entre autres, à côté de Sappho, Corinne, la seule des huit autres dont la tradition papyrologique nous ait transmis des fragments importants. Le cas de Corinne est l'occasion de rappeler, comme je l'avais fait d'une manière plus générale l'an passé à pareille époque, au début du colloque de la Villa Kérylos sur « Tradition classique et modernité »[1], l'importance des découvertes papyrologiques pour notre connaissance du lyrisme grec, de l'Alcman du musée du Louvre au Bacchylide du British Museum (devenu pour les papyrus comme pour les livres British Library), en passant par le Stésichore de Lille, et, plus exceptionnelle, celle des découvertes archéologiques, comme la mosaïque d'Anacréon trouvée à Autun avec un poème en partie inédit. Je peux aussi annoncer qu'un nouveau papyrus du plus grand des mélodes byzantins, Romanos, va être publié le mois prochain dans le *Jahrbuch* byzantin de Vienne[2].

Pour la période archaïque et le début de la période classique, du dernier quart du VIIe siècle au milieu du Ve siècle, la poésie

1. « La transmission des textes et son histoire », dans *Tradition classique et modernité* (Cahiers de la Villa Kérylos, 13), Paris, 2002, p. 1-20, en particulier 5-8.

2. En voici maintenant la référence : S. E. Porter, W. Porter, « *P. Vindob.* G. 26225 : A new Romanos Melodus papyrus in the Vienna collection », *Jahrbuch der Österreichischen Byzantinistik* 52, 2002, p. 135-148 et pl. 1.

lyrique comporte deux genres majeurs, distincts par leur forme et par leur exécution[3]. Je commencerai par l'exécution.

La poésie monodique est destinée à un chanteur unique (« mono- ») s'accompagnant d'un instrument à cordes (qu'il s'agisse d'une lyre ou d'un autre instrument comme le *barbitos*). La poésie chorale est composée pour un chœur soutenu par une instrumentation plus riche (en particulier l'*aulos*, sorte de clarinette ou de hautbois, et une percussion) ; elle comporte des danses d'ensemble. Le nombre des chanteurs-danseurs, ou choreutes, variait selon les circonstances. Il était de cinquante dans les dithyrambes d'hommes et d'enfants présentés par chacune des dix tribus à la fête attique des Grandes Dionysies. A la fin de cette fête, quatre jours étaient consacrés aux représentations dramatiques : trois pour les tétralogies, avec des chœurs de douze, puis quinze choreutes ; un seul jour pour les comédies, avec vingt-quatre choreutes dans chaque pièce. Tragiques ou comiques, les chœurs dramatiques sont comme un prolongement, jusqu'à la fin du Ve siècle, de la grande lyrique chorale dont Bacchylide et Pindare, morts aux alentours de l'an 450, étaient les derniers représentants.

Pour ce qui est de la forme, la poésie lyrique s'oppose à la régularité de composition de l'épopée homérique, faite d'une suite de vers identiques, des hexamètres dactyliques distribués *kata stikhon*, « ligne par ligne ». Elle comporte toujours des strophes, c'est-à-dire un assemblage de vers à forme fixe ou libre, assemblage répété à intervalle régulier.

Dans la lyrique monodique, les strophes, faites toujours de vers à forme fixe, se partagent entre le distique (deux vers identiques : *a a*, ou différents : *a b*) et le tristique (deux vers identiques suivis d'un vers différent : *a a b*), parfois disposé sur quatre lignes, mais de véritables tétrastiques paraissent exclus. Créations de poètes dont le nom, à tort ou à raison, leur est resté attaché (strophe alcaïque, strophe sapphique), ces strophes sont devenues canoniques et les poètes latins (Catulle, Horace) les ont reprises à leur compte. La fig. 1 (p. 4) reproduit la fin du livre I des odes de Sappho dans un papyrus du IIe siècle de notre ère. Ce livre, qui rassemblait les odes composées en strophes sapphiques, contenait 1 320 lignes, à raison de quatre lignes par strophe, soit un total de 330 strophes séparées

3. Deux synthèses sont devenues classiques, celle de C. M. Bowra, *Greek Lyric Poetry. From Alcman to Simonides*, 2e éd., Oxford, 1961, et, limitée aux poètes monodiques, celle de G. M. Kirkwood, *Early Greek Monody. The History of a Poetic Type*, Ithaca-Londres, 1974.

les unes des autres par un petit trait horizontal (*paragraphos*), une *coronis* venant s'y ajouter pour marquer à la fois la fin de l'ode et la fin du livre dont le numéro est précisé dans la souscription.

. . .
νύκτ[. . .].[
πάρθενοι δ[
παννυχιcδο.[.]ạ.[
càν ἀείδοι.ν φ[ιλότατα καὶ νύμ-
5 φαc ἰοκόλπω.
ἀλλ' ἐγέρθẹịc, ἠϊθ[ε
cτεῖχε coìc ὑμάλιḳ[ac
ἦπερ ὄccov ἀ λιγύφω̣[νος
9 ὔπνον [ἴ]δωμεν

ΜΕΛΩΝ Α
ΧΗΗΗΔΔ

FIG. 1. — Sappho, derniers vers et souscription du livre I des *Odes* (fr. 30 Lobel-Page = fr. 30 Campbell) d'après le papyrus d'Oxyrhynchus 1231 (conservé à la Bodleian Library, Oxford). — Les petits traits horizontaux (dits *paragraphoi*) séparent les strophes ; l'addition d'un signe supplémentaire (dit *corônis*) marque la fin de l'ode et du livre. Le mot coupé à la fin de la ligne n° 4 confirme que les deux dernières lignes de chaque strophe constituent un vers unique de 16 syllabes (11 + 5).

ἀcυννέτημμι τὼν ἀνέμων cτάcιν,
τὸ μὲν γὰρ ἔνθεν κῦμα κυλίνδεται,
τὸ δ' ἔνθεν, ἄμμεc δ' ὂν τὸ μέccον
4 νᾶϊ φορήμμεθα cὺν μελαίναι
χείμωνι μόχθεντεc μεγάλωι μάλα·
πὲρ μὲν γὰρ ἄντλοc ἰcτοπέδαν ἔχει,
λαῖφοc δὲ πὰν ζάδηλον ἤδη,
8 καὶ λάκιδεc μέγαλαι κὰτ αὖτο,
χόλαιcι δ' ἄγκυρραι

FIG. 2. — Alcée, fragment 326 Lobel-Page (= fr. 208 Campbell et 208 Liberman). Dans cette ode, qui nous est parvenue incomplète, les strophes sont séparées par la *paragraphos* ; les deux dernières lignes de chaque strophe constituent un vers unique de 19 syllabes (9 + 10).

Avant que je m'explique sur le nombre des vers — trois pour quatre lignes —, jetons un coup d'œil sur la fig. 2, une ode en strophes alcaïques transmise par la tradition indirecte (Héraclite, *Problèmes homériques* 5 ; Apollonios Dyscole, *Traité des pronoms* 119b) : les deux dernières lignes de la strophe, qui comptent respectivement neuf et dix syllabes, ne constituent en fait qu'un seul vers de dix-neuf syllabes. Pour régulariser la mise en colonnes des poèmes, grammairiens et libraires ont coupé en deux le vers terminal de la strophe alcaïque et étendu cette présentation au troisième vers de la strophe sapphique. Ainsi s'explique que, dans les deux types de strophe, la fin de la troisième ligne ne coïncide pas toujours avec une fin de mot ou, en d'autres termes, qu'un mot soit partagé entre les deux dernières lignes, ce qui exclut que celles-ci représentent deux vers. Mais pour les poètes latins qui, comme Catulle et Horace, imiteront les strophes de la poésie lesbienne, il s'agira bien d'un quatrième vers.

Par rapport à la lyrique monodique, la lyrique chorale mérite, pour sa forme, le nom de grande lyrique. Loin d'être lié par l'exemple de ses devanciers, le poète crée librement, à chaque composition, les vers qu'il va constituer en strophes : tout est original. En raison de sa longueur, je n'ai pas reproduit le schéma métrique de la strophe de la 1re *Olympique* de Pindare : elle compte 11 vers de longueur inégale dont le schéma de la fig. 3 peut donner une idée. Dans l'édition alexandrine, peut-être même dès le IVe siècle, comme il a été fait pour la strophe alcaïque et la strophe sapphique, les vers les plus longs ont été coupés en deux éléments, dits *côla* ou « membres », et la strophe compte ainsi 17 lignes qui sont autant de *côla*, aussi bien dans les papyrus antiques que dans les manuscrits byzantins. La strophe constituée, le poète choral a le choix entre deux modes de composition. Ou bien il répétera ce schéma de strophe tout au long de l'ode (type monostrophique). Ou bien il adoptera une structure supérieure, la triade : la strophe est suivie d'un élément identique, l'antistrophe, et l'ensemble est complété par un élément strophique différent, l'épode, le tout constituant une triade de type *A A B* ; la triade sera répétée autant de fois qu'il le faudra pour mener l'ode à son terme. C'est le cas dans la 1re *Olympique* de Pindare, dont l'épode compte 8 vers (schéma métrique sur la fig. 3, p. 6), divisés en 13 *côla* chez les éditeurs alexandrins. La liberté dont jouit le poète dans la mise au point de sa composition, qu'elle soit monostrophique ou triadique, a pour contrepartie une lourde contrainte. Il doit déterminer à l'avance, en établissant son plan, quel sera le contenu de chaque strophe ou même de chaque triade : toute addition ou suppression ultérieure de quelques vers ne pourra se faire que par un échange vers pour vers ; sinon, c'est une

1	⏑ – ⏑ ⏖ – ⏑ – – ⏑ ⏑ – ⏑ – – ⏑ – ⏑ – ‖	*ia cr cho ba ia* ‖
2	⏑ – – ⏑ ⏑ – – | ⏑ ⏖ | ⏑ – ⏑ – ‖	*(cr) cho cr ia* ‖
3	– ⏑ – ⏑ – ⏑ – ⏑ ⏑ – – ⏑ – ‖	*tr·(cr) cho cr* ‖
4	⏑ – – ⏑ – – ⏑ ⏑ – ⏑ – ⏑ – ⏑ ⏑ – – ‖	*ba gl* ‸*pher* ‖
5	⏑ ⏑ – ⏑ – ⏑ ⏑ – – ⏑ – ⏑ – ‖	*chodim* – ⏑ – ⏑ – ‖
6	– – ⏑ ⏑ – ⏑ – – ⏑ – ⏑ – ‖	‸*gl* – ⏑ – ⏑ – ‖
7	⏑ ⏑ ⏑ – ⏑ ⏑ – – ⏑ – ‖	‸*chodim cr* ‖
8	⏑ – – ⏑ – – ⏑ ⏑ – ⏑ – – ⏖ – ⏑ – – ‖‖	*ba gl cho ba* ‖‖

FIG. 3. — Schéma métrique de l'épode de la 1re *Olympique* de Pindare (476 av. J.-C.). — Les deux signes employés correspondent à la durée des syllabes : un demi-cercle pour la brève, un tiret pour la longue (qui équivaut à deux brèves) ; la disposition du schéma met en évidence la présence, à l'intérieur de chaque vers, d'un même élément métrique (longue + brève + brève + longue) dit choriambe. A droite du schéma sont donnés en abrégé les noms des éléments constitutifs de chaque vers.

strophe ou même une triade entière qu'il lui faudra insérer ou supprimer. Tout un travail préparatoire s'impose à lui, dont le lecteur d'aujourd'hui apprécie les fruits sans penser aux contraintes qu'ils ont exigées.

Les mêmes remarques valent pour les chœurs dramatiques, qui sont issus de la lyrique chorale. Leur composition laisse un petit peu plus de liberté au poète en raison d'un assouplissement de la forme monostrophique ou triadique. En règle générale, un *stasimon* tragique, chant du chœur séparant deux épisodes de la pièce, est constitué par une suite de couples de strophes différentes (*AA BB CC*), autrement dit une série de strophes différentes accompagnée chacune de son antistrophe ; cette séquence est souvent terminée par une strophe unique qui fait fonction d'épode (*AA BB CC D*).

Du point de vue de la langue, tout genre lyrique présente une coloration dialectale, en relation étroite avec son lieu ou sa région d'origine, et devenue traditionnelle. Pour la lyrique monodique, Alcée et Sappho, originaires de l'île de Lesbos, composent leurs poèmes en respectant les particularités, notamment accentuelles, du dialecte local, le lesbien, dit aussi éolien d'Asie ; Anacréon de Téos, un port de la côte asiatique de l'Égée, entre Smyrne et Éphèse, utilise l'ionien d'Asie. Pour la lyrique chorale, la situation est plus compliquée. Son plus ancien représentant, Alcman, un lydien venu s'installer à Sparte, utilise le dialecte local, le laconien. Mais le succès de ce genre qui se trouve rapidement apprécié dans tout le monde grec occidental, avec Stésichore d'Himère, en Sicile, et Ibycos de Rhégion, dans l'actuelle Calabre, puis s'étend en Grèce propre, a entraîné la création d'une langue composite à couleur éolo-dorienne qui se caractérise négativement par l'exclusion d'éléments ioniens ; quelle que soit leur origine dialectale et quel que soit le dialecte parlé par leur commanditaire, les représentants de la lyrique chorale utilisent tous la même langue littéraire, aussi bien Simonide et Bacchylide, natifs de l'île ionienne de Céos, que Pindare, un béotien, lorsqu'il compose un dithyrambe pour les Athéniens. Voilà nommés, comme promis, les neuf poètes du canon des lyriques. Les chœurs de la tragédie, genre attique par excellence, présenteront en raison de leur forme lyrique une couleur éolodorienne quelque peu atténuée.

Après les derniers représentants de la lyrique chorale traditionnelle, à savoir Pindare et Bacchylide, les formes poétiques vont s'assouplir pour des motifs que j'exposerai plus loin. Vers la fin du ve siècle, le nome des *Perses*, où Timothée de Milet célèbre la victoire de Salamine, nous est connu par un rouleau de papyrus exceptionnel, une copie postérieure d'une cinquantaine d'années à la mort de l'auteur ; la composition du nome, qui semble écrit comme de la prose, est très libre, sans recherche de correspondance entre des éléments strophiques, au point que, dans le recueil de D. Page (*Poetae melici graeci*, Oxford, 1962, p. 404-413) comme dans celui de D. A. Campbell (*Greek Lyric*, t. V, Cambridge [Mass.]-Londres, 1993, p. 94-111), la restitution de quelque 250 vers des *Perses* est publiée sans aucune division en strophes, et les signes colométriques que présente le papyrus ne sont pas reproduits avec le texte ni même mentionnés dans l'apparat critique. Les *Hymnes à Apollon*, chantés à Delphes en l'an 128 av. notre ère par des choreutes professionnels athéniens, ont été récemment réédités et commentés par Annie Bélis [4] ; ils offrent l'avantage exceptionnel d'être pourvus de leur partition musicale originale, mais leur composition n'admet pas plus de contraintes strophiques que le nome de Timothée. Pour retrouver l'équivalent d'une ode de Pindare, il faut descendre beaucoup plus bas dans le temps, au-delà de Mésomède de Crète dont nous parlera justement Annie Bélis [5].

Au ve siècle de notre ère apparaît une poésie liturgique chrétienne dont la forme rappelle de près celle de la grande lyrique chorale. On pourrait la définir, de manière formelle, comme une prédication en forme de récitatif, composée de strophes identiques ; ces strophes, chantées plutôt que psalmodiées, sont suivies d'un

4. *Corpus des inscriptions de Delphes*, t. 3 : *Les Hymnes à Apollon,* Paris, 1992.
5. Voir *infra*, dans ce volume, p. 223-235.

refrain que chantent les fidèles[6]. Le nom que lui attribuent les Byzantins, *kontakion* (dérivé de *kontax* au sens de cylindre de bois sur lequel on peut enrouler quelque chose), peut faire penser que le texte de ces homélies chantées était inscrit sur un *rotulus*, c'est-à-dire un rouleau de papyrus ou de parchemin utilisé transversalement[7], le texte occupant ainsi une colonne unique, comme dans les rouleaux d'*Exultet* latins de l'Italie du Sud. C'est seulement au milieu du XIXe siècle qu'un moine de Solesmes, Dom Pitra, futur cardinal, a découvert les principes de la composition strophique et métrique de ces œuvres. Les strophes sont faites de vers différents les uns des autres et répétés à l'identique de strophe en strophe ; prises à la suite, les lettres initiales de chaque strophe constituent un acrostiche qui donne le sujet du poème ou révèle le nom de l'auteur.

⏑̇ ⏑ – ⏑ ⏑ – –̇ ⏑ ⏑ –̇ ⏑ – ⏑ ⏑	**ab**
⏑̇ ⏑ –̇ ⏑ ⏑ – – ⏑ ⏑ –̇ ⏑ – ⏑ ⏑	**ab**
⏑ –̇ ⏑ ⏑ – ⏑ ⏑ –̇ ⏑ ⏑ – ⏑	**ee**
⏑ – ⏑ – ⏑ – ⏑ ⏑ – ⏑ ⏑ ⏑ –̇ ⏑ ⏑ – ⏑ ⏑	**dex**
⏑ –̇ ⏑ – ⏑ –̇ ⏑ ⏑ – ⏑ ⏑	**de**
–̇ ⏑ ⏑ ⏑ – –̇ ⏑ ⏑ – ⏑ ⏑	**xe**
⏑ –̇ ⏑ – ⏑ ⏑ –̇ ⏑ – ⏑	**dd**
⏑ ⏑̇ ⏑ – ⏑ ⏑ ⏑ – ⏑ ⏑̇ ⏑ –̇ ⏑̇ ⏑ ⏑ –	**ff**
⏑̇ ⏑ – ⏑ ⏑ – ⏑ ⏑̇ ⏑̇ –̇ ⏑̇ ⏑̇ ⏑ – ⏑	**xx**
|: ⏑ – ⏑ – ⏑ ⏑ ⏑ ⏑ – ⏑ ⏑ – :| .	**dx**

FIG. 4. — Schéma métrique de la strophe, suivie d'un court refrain (ligne 10), du premier *Hymne de la Nativité* de Romanos le Mélode (vers 525 ap. J.-C.). — Les deux signes dits de brève et de longue dans le schéma de Pindare, représentent ici respectivement les syllabes dépourvues d'accent et les syllabes accentuées (accent d'intensité) ; le point surmontant certains signes indique des possibilités de variation. A droite du schéma, les lettres signalent des éléments identiques (à la 3e ligne il faut lire *cc* et non *ee*).

La fig. 4 représente, comme il a été fait dans la fig. 3 pour une épode de Pindare, le schéma de la strophe du premier *Hymne de la Nativité* de Romanos le Mélode, composé à Constantinople dans la première moitié du VIe siècle ; la ligne 10 correspond au court refrain chanté par les fidèles. Les lettres placées dans la marge de

6. Voir J. Grosdidier de Matons, *Romanos le Mélode et les origines de la poésie religieuse à Byzance*, Paris, 1977.

7. Dans le papyrus de Vienne tout juste publié (voir ci-dessus la n. 2), exemplaire très soigné en majuscule penchée du VIe-VIIe siècle, le texte du kontakion de « L'entrée à Jérusalem » est disposé en lignes longues de 60 à 80 lettres qui occupaient une trentaine de centimètres ; il devait donc s'agir d'un *rotulus* de papyrus.

droite jouent un rôle comparable à celui des indications abrégées qui se trouvent à côté du schéma de la 1re *Olympique* et dénomment les éléments constituants du vers. Les ressemblances formelles entre les deux schémas sont grandes. Toutefois, et ceci est fondamental, pour l'hymne de Romanos les signes de longue et de brève ne correspondent pas à la durée de la syllabe, comme c'était le cas pour Pindare et ses devanciers, mais à la présence ou à l'absence d'un accent sur la syllabe. La métrique quantitative de la période archaïque et classique, qui oppose syllabes brèves et syllabes longues dans un rapport de un à deux, a fait place à une métrique accentuelle. L'accent de mot ne jouait aucun rôle dans la première alors que la seconde est fondée sur l'homotonie — c'est-à-dire l'identité de place des accents dans le vers, d'une strophe à l'autre — et l'isosyllabie, l'égalité du nombre des syllabes dans un vers déterminé.

Tout cela mérite explication, je dirais plutôt réclame explication. En effet, la semaine dernière, au cours d'un colloque sur Eschyle, j'ai fait l'expérience pénible de l'indifférence — je n'ose pas dire l'ignorance — de savants hellénistes pour l'évolution de la langue grecque au cours de l'Antiquité. Pour eux, le grec est une langue écrite dont il est superflu de chercher à restituer la prononciation authentique. Les efforts tentés par Stephen G. Daitz, depuis plus de vingt ans, en faveur d'une prononciation restituée ne trouvent guère d'écho malgré leur constance [8]. Je souhaite que ceux d'un de ses disciples, Philippe Brunet, présent à notre colloque, soient accueillis, en France et ailleurs, aussi bien que l'ont été ses représentations dramatiques où les vers grecs sont déclamés ou chantés selon la prononciation attique du ve siècle ; les hellénistes de tous âges devraient lire les pages qu'il vient de publier sous le titre : « Le grec, langue idéale du chant ? » [9], bien adapté au sujet de notre colloque.

Voici un exemple surprenant de prononciation fautive : la plupart des hellénistes rendent par le son *f* la lettre grecque *phi*, qui notait dans la Grèce archaïque et classique le son *ph*, une labiale sourde suivie d'un souffle sourd ; la spirantisation de la lettre *phi*, c'est-à-dire son passage à *f*, n'apparaît à Athènes qu'au début de la période impériale. Il est donc trompeur d'affirmer, comme je l'ai entendu dire la semaine passée, que des suites de mots comportant la

8. Il a enregistré et publié l'*Iliade* et l'*Odyssée* entières de 1990 à 1998.

9. Dans *Musique et poésie dans l'Antiquité*. Textes réunis par G.-J. Pinault, Clermont-Ferrand, 2001, p. 11-26.

lettre *phi* à l'initiale ou à l'intérieur expriment chez Eschyle un sentiments de « peur », selon un procédé expressif qui se retrouverait dans le grec *fobos* comme dans l'anglais *fear* ou le français *frayeur*.

Il me paraît donc nécessaire de dire ici quelques mots sur l'accent grec et sa transformation, en rapport avec l'évolution du vocalisme grec au cours du millénaire qui sépare le temps de Pindare et celui de Romanos.

Une remarque préliminaire porte sur les signes d'accentuation. Ils ont été créés à l'époque alexandrine non pas en vue des lecteurs d'aujourd'hui ou des candidats à une épreuve de thème grec, mais seulement pour éviter aux lecteurs d'Homère des difficultés dans l'identification de quelques mots (comme en français *a* et *à*, *ou* et *où*) ou pour souligner chez des poètes archaïques des particularités d'accentuation en accord avec l'origine dialectale du genre qu'ils pratiquent (barytonèse des oxytons en lesbien, intonation aiguë de la pénultième longue accentuée en dorien). Jusqu'à la fin de la période impériale, le livre grec, fût-ce le plus soigné, ne comporte pas d'accentuation régulière. Il faudra attendre le IXe siècle et les débuts de l'écriture minuscule pour commencer à rencontrer une accentuation systématique.

La réalité de l'accent est indépendante de sa notation graphique. Dans la Grèce archaïque et classique, l'accent est de nature musicale. La syllabe intonée, avec son noyau vocalique, est prononcée sur une note plus haute que les autres syllabes du mot ; l'intervalle est au plus d'une quinte, soit trois tons et demi, à en croire Denys d'Halicarnasse (*La composition stylistique* 11, 15). Si le noyau vocalique est long (voyelle longue ou diphtongue), la montée de la voix se fait soit sur la première moitié du noyau (accent circonflexe), soit sur la seconde moitié (accent aigu), conformément aux lois de l'accentuation grecque ou selon des alternances morphologiques bien connues qu'il serait superflu d'énumérer ici. Dans un vers, la suite des accents de mots amorce ainsi une ligne mélodique. Les deux *Hymnes à Apollon*, de l'an 128 av. notre ère, fournissent de bons exemples de la manière dont les deux poètes lyriques, Athénaios et Liménios, auteurs du texte et de la partition, respectent la ligne mélodique accentuelle. Eux-mêmes — ou le lapicide ? — vont même jusqu'à dédoubler dans le texte les voyelles longues ou diphtongues, qu'elles soient accentuées ou non [10]. Mais il

10. Le traitement des diphtongues et leur dédoublement sont riches d'enseignement sur la prononciation du grec au IIe siècle, mais il ne semble pas que les phonéticiens s'y soient vraiment intéressés.

FIG. 5. — Les premiers mots de l'*Odyssée* et de l'*Iliade*, surmontés d'une notation musicale visant à représenter les mouvements de l'intonation sur les voyelles longues et les diphtongues : elle est descendante pour le circonflexe (**ΜΟΥ**ΣΑ, **ΜΗ**ΝΙΝ) et ascendante pour l'aigu (ΘΕ**Α**) ; pour les diphtongues dont le second élément est une nasale (**ΑΝ**ΔΡΑ, **ΕΝ**ΝΕΠΕ), l'accent graphique est identique, mais l'intonation varie selon la place de celui-ci, ascendante s'il porte sur la syllabe antépénultième (ΕΝΝΕΠΕ), descendante pour la pénultième (ΑΝΔΡΑ) et dans ce cas, en raison du mot suivant (ΜΟΙ) qui est un pronom enclitique, un second accent, dit d'enclise, affecte la syllabe finale du premier mot (l'accentuation traditionnelle figurée à la seconde ligne ne rend pas compte de la réalité phonétique).

faut donner au terme « diphtongue » une acception plus large que ne le font d'ordinaire les hellénistes : devant consonne ou en fin de mot, le groupe formé par une voyelle et une sonante (*y, w, m, n, r, l*) constitue une diphtongue susceptible de deux intonations différentes. Le premier vers de l'*Odyssée* en fournit deux bons exemples que le schéma lui-même commente (voir fig. 5). On constate ainsi que les poèmes homériques commencent l'un et l'autre, malgré les apparences pour qui s'en tient à la lettre des accents (si je peux me permettre cette expression), par une syllabe intonée du circonflexe.

Au cours de la période alexandrine, à la suite des conquêtes d'Alexandre qui ont rendu hellénophones des populations de langues diverses, le système phonique du grec s'est trouvé transformé profondément. Changement de timbre des voyelles, simplification des diphtongues (qui deviennent des digrammes, d'où les noms des lettres dites « simples », *e-psilon* et *u-psilon*, par opposition aux digrammes *ai* et *oi* dénotant respectivement le même son) et disparition de l'opposition de durée entre voyelles brèves et voyelles longues ou diphtongues ont ruiné les principes du fonctionnement accentuel. L'élément musical de l'accent, avec sa montée, exigeait une tension plus forte des organes de la voix. Désormais, c'est l'intensité qui, dans l'accentuation de la langue grecque, l'emporte sur la hauteur. On continuera, pendant des siècles, à composer des vers à l'imitation d'Homère sans l'aide d'un

Gradus ad Parnassum que supplée une excellente mémoire, mais les fautes d'orthographe dues à la discordance entre une prononciation simplifiée et une graphie traditionnelle entraîneront la création de manuels d'orthographe ; Jean Schneider en a retracé récemment l'histoire, qui couvre un millénaire et demi [11].

Pour la poésie, la disparition de l'opposition de durée entre les voyelles brèves et les voyelles longues ou les diphtongues ruinait un pan de la métrique quantitative, fondée sur l'opposition entre syllabes brèves et syllabes longues, mais la tradition était soutenue solidement par la lecture ou la déclamation des œuvres anciennes. C'est pourquoi la nouvelle nature de l'accent, qui n'est en fait que la prédominance de l'élément d'intensité, se manifesta d'abord discrètement dans la poésie grecque de l'époque impériale, avec le fabuliste Babrios (IIe s.) dont les choliambes, ou trimètres iambiques scazons imités du poète archaïque Hipponax, ont toujours un accent sur la syllabe pénultième longue propre à ce type de vers. Après des essais plus ou moins timides chez des auteurs chrétiens des IIIe et IVe siècles, la poésie accentuelle trouvera son plein développement chez les mélodes des trois siècles suivants, avec un souffle qui rappelle la grande lyrique chorale, comme le suggère, à défaut de l'oreille, le schéma rythmique de la strophe d'un *kontakion* de Romanos reproduit sur la fig. 4 (p. 8).

Cependant, beaucoup plus tôt, dans le dernier tiers du Ve siècle av. notre ère, l'accent avait joué indirectement un rôle décisif dans l'évolution de la poésie lyrique, d'abord avec le nouveau dithyrambe, puis dans les œuvres dramatiques, et dans les débuts du nome citharodique. L'examen de ce rôle apporte un éclairage nouveau sur les rapports entre le poésie lyrique et musique, depuis les origines du lyrisme jusqu'à cette transformation. Déjà, avant le milieu du Ve siècle, on avait vu apparaître chez Pindare et Bacchylide, les derniers représentants de la lyrique chorale, un artifice qui permet d'obtenir dans une ode triadique une composition comparable à celle d'une ode monostrophique : en égalisant le nombre des temps marqués dans le système strophe/antistrophe d'une part, et dans l'épode de l'autre, le poète assure au chœur, dont les pas sont en accord avec les temps marqués, des déplacements de même ampleur dans chacun des éléments strophiques de l'ode. Dans les années 435-

11. J. Schneider, *Les traités orthographiques grecs antiques et byzantins* (Corpus Christianorum. Lingua Patrum, 3), Turnhout, 1999.

430, Mélanippide de Mélos compose des dithyrambes dépourvus de responsion[12] entre strophe et antistrophe (Aristote, *Rhétorique* III, 1409b, 26-27). A partir de 420-418, Euripide commence à renoncer, ici et là, à une responsion stricte entre strophe et antistrophe ; il fait des compositions lyriques libres en apparence, mais comportant, entre les éléments qu'il veut mettre en correspondance, l'égalité des temps marqués, notamment dans trois duos de reconnaissance, de construction mésodique (*A B A*) dans *Ion* (en 418), avec une double construction mésodique (*A B A C D C*) dans *Iphigénie en Tauride* (en 414), de type épodique (*A A B*) dans *Hélène* (en 412). Aristophane ne tarde pas à pasticher ce procédé d'Euripide : dans les *Thesmophories* (en 411), la parodos comporte deux strophes (v. 312-330 et 352-371) dont les trois premiers vers ont une composition métrique et verbale identique annonçant une responsion, alors que la suite est métriquement différente tout en comportant le même total de temps marqués[13]. Mais le poète comique était déjà allé beaucoup plus loin dans la même pièce, avec le pastiche qu'est la monodie d'Agathon (v. 101-129). C'est le développement de la musique dans la seconde moitié du Ve siècle, avec le nouveau dithyrambe, puis le nome citharodique, qui a libéré la poésie lyrique de la contrainte de la responsion. Finis les systèmes monostrophique ou triadique, chaque strophe se développe pour elle-même au gré du poète. Le nome de Timothée de Milet, *Les Perses*, montre bien les effets de cette libération, au point que, comme il a été dit plus haut[14], l'édition du texte grec par D. Page ou par D. A. Campbell ne comporte pas de division en strophes. En l'an 128 av. notre ère, Athénaios et Liménios, les auteurs des deux *Hymnes à Apollon* gravés avec leur partition sur le mur sud du Trésor des Athéniens, à Delphes, ont composé leurs péans en strophes libres. Mais la présence de la partition musicale gravée au-dessus des mots du texte permet d'observer une particularité remarquable : le poète musicien tient compte de l'accent et s'arrange pour que la syllabe intonée soit chantée sur une note plus haute ou du moins égale, mais jamais plus

12. Ce nom, calqué pour la forme sur le latin *responsio*, exprime la reprise, d'un vers à l'autre ou d'une strophe à l'autre, d'un même schéma métrique, c'est-à-dire de la même suite de syllabes longues et de syllabes brèves.

13. Pour ces odes de Pindare et de Bacchylide, pour les trois duos de reconnaissance d'Euripide et pour le passage d'Aristophane, je me permets de renvoyer à mon article des *Mélanges Jean Soubiran* (*Pallas* 59, 2002, p. 91-101).

14. *Supra*, p. 7.

basse que les autres syllabes du mot, ou, en d'autres termes, dans une formulation négative, aucune syllabe atone du mot n'est chantée sur une note plus haute que la syllabe intonée. Cette pratique, qui respecte les usages de la langue parlée où la syllabe qui porte l'accent était prononcée plus haut que le reste du mot, remonte sans aucun doute au temps du nouveau dithyrambe. Les partisans de la musique « moderne » ont alors fait éclater les cadres de la lyrique chorale, avec sa responsion stricte de vers à vers, de strophe à strophe, de triade à triade, en adoptant une composition libre, la seule qui permette au musicien de tenir compte de la ligne mélodique esquissée par les accents de mot tout au long du vers, comme il est fait dans les hymnes de Delphes, et comme il était déjà fait, sans aucun doute, dans les *Perses* de Timothée. Il s'ensuit que, dans la période antérieure, la lyrique chorale, avec ses formes si contraignantes, n'offrait pas au poète-musicien la possibilité de respecter l'accent des mots. Les essais tentés ici et là pour tenter de découvrir une corrélation accentuelle entre des vers en responsion strophique n'aboutissent finalement qu'à une impasse dont Philippe Brunet, dans l'article déjà cité [15], décrit fort bien les abords : il montre que dans les odes triadiques, la seule variation possible est celle qui opposerait, une fois pour toutes, la mélodie de l'antistrophe à celle de la strophe, avec reprise dans chaque triade ; pour les odes monostrophiques, toute variation paraît exclue. Dans les couples strophe-antistrophe des chœurs dramatiques, qui ne se répètent pas, tenir compte de la place des accents resterait à la rigueur théoriquement possible par l'emploi d'une mélodie différente dans la strophe et dans l'antistrophe, mais le témoignage de Denys d'Halicarnasse sur l'*Oreste* d'Euripide est décisif : dans le chant amébée entre Électre et le chœur, qui sert de parodos à la tragédie, la comparaison que fait le rhéteur entre les accents de mots et les notes de la partition (*La composition stylistique* 11, 19-22), montre bien que, comme il le dit, « les paroles sont subordonnées à la mélodie, et non la mélodie aux paroles ». Les deux papyrus d'Euripide pourvus d'une notation musicale, tous deux du IIIe siècle av. notre ère, confirment le témoignage de Denys : la syllabe accentuée est parfois chantée sur une note plus basse qu'une autre syllabe du mot. Celui de Leyde (*P. Leiden* inv. 510) contient la fin de l'épode du deuxième stasimon (v. 784-792) d'*Iphigénie à Aulis*. Le papyrus de Vienne (*P. Vindob.*

15. Voir le livre cité *supra*, n. 9, aux p. 20-25.

G. 2315) donne quelques vers de l'antistrophe du premier stasimon (v. 338-343) de l'*Oreste*[16]. En revanche, dans la même tragédie, la monodie du Phrygien (v. 1369-1502) présente un mode de composition libre comparable à celui qu'Agathon, jeune rival d'Euripide, pratiquait depuis peu dans ses tragédies et que Timothée mettra en œuvre dans son nome des *Perses*. Ce type de composition poétique sans responsion permet au poète-musicien de tenir compte des accents de mots dans sa ligne mélodique et d'éviter toutes les contradictions auxquelles donnait lieu, nécessairement, l'emploi d'une même mélodie avec toutes les strophes d'un poème lyrique. Elle lui permet aussi de faire des fantaisies et d'introduire dans sa partition des complications exigeant non plus des chanteurs amateurs répétant sur le même air des *strophes* en nombre variable (le sommet est atteint avec l'ensemble des 26 strophes et antistrophes de la IVe *Pythique* de Pindare), mais des professionnels, les technites dionysiaques, chanteurs de métier (comme ceux qui ont interprété les deux *Hymnes de Delphes*). C'est ce qui est expliqué dans les problèmes musicaux attribués à Aristote, en réponse à la question : « Pourquoi les nomes n'étaient-ils pas composés avec des antistrophes ? » (*Problemata* XIX, 15 [918b 13-29]).

Obtenu par la suppression des contraintes strophique et antistrophique, l'accord entre la ligne verbale accentuelle et la mélodie ne tardera pas à rencontrer d'autres difficultés. A partir du moment où la composante d'intensité de l'accent l'emporte sur la composante musicale, il se produit une discordance entre le rythme quantitatif du vers, obtenu traditionnellement par le retour à intervalle régulier d'une syllabe longue, et une amorce de rythme de caractère intensif, en désaccord avec celui du vers comme l'avait été en son temps l'accent de mot avec la ligne mélodique musicale. Il faudra plusieurs siècles pour que la situation se stabilise. A des tentatives progressives, comme le trimètre scazon de Babrios au IIe siècle, déjà mentionné, ou quelques hymnes chrétiennes des IIIe et IVe siècles, succède le kontakion des Ve-VIIe siècles dans lequel certains ont voulu voir une imitation des homélies poétiques en syriaque d'Éphrem (mort en 373). Quoi qu'il en soit d'éventuelles influences orientales, cette nouvelle forme poétique est une réussite en plein accord avec la prononciation du grec de l'époque, où il n'y a plus de

16. Analyse musicale détaillée et reproduction des deux papyrus par Annie Bélis, sous le titre « Euripide musicien », dans le recueil mentionné à la n. 9, p. 27-51 (en particulier p. 40-43 et fig. 1-4).

différence de durée entre les anciennes voyelles brèves et voyelles longues, où les diphtongues sont réduites à des voyelles simples notées par un digramme, et où l'accent d'intensité est devenu le fondement du rythme. Avec des vers qu'il construit librement, comme le faisait Pindare en son temps, et qu'il assemble à sa guise pour les constituer en strophes, comme Pindare, le mélode byzantin utilise toutes les ressources de la langue parlée de son temps. La contrainte qu'il s'impose, c'est de respecter au long du kontakion le schéma de la strophe initiale, avec le même nombre de syllabes dans chaque vers (isosyllabie) et la même place réservée aux accents (homotonie). A près de mille ans d'écart, les accents de mots, esquisse d'une ligne mélodique dont le respect par le poète-musicien avait fait renoncer à la responsion, sont devenus le cadre rythmique du vers en plein accord avec l'évolution de la langue, permettant ainsi un retour au principe même de la responsion. Mais le genre du kontakion n'aura pas une vie plus longue que l'ode chorale traditionnelle : un peu plus d'un siècle et demi dans l'un et l'autre cas.

Jean IRIGOIN

ENTRE SKOLION ET ENKOMION : RÉFLEXIONS SUR LE « GENRE » ET LA PERFORMANCE DE LA LYRIQUE CHORALE GRECQUE

a mio padre (28.9.1922-10.5.2003)
οὐκ ἔθανες, μετέβης δ' ἐς ἀμύμονα χῶρον
καὶ ναίεις μακάρων νήσους...

Dans la présente communication, j'ai l'intention de traiter un problème lié à la dénomination même de « lyrique chorale » : en effet, peut-on parler de la lyrique chorale grecque comme d'un genre en soi ? En outre, dans la disparition totale de deux des trois éléments qui définissent la lyrique chorale (la danse et la musique), y a-t-il un critère objectif pour distinguer le mode d'exécution d'un poème lyrique et, par conséquent, pour définir avec assurance les poèmes choraux vis-à-vis des poèmes monodiques et, de même, les poètes choraux vis-à-vis des poètes monodiques ?

La définition de « mélique (ou lyrique) chorale » ne pose aucun problème[1] ; le mot μέλος renvoie au chant d'un chœur rythmé par un pas de danse et soutenu par une mélodie instrumentale (d'habitude l'instrument est la kithara ou la phorminx, l'aulos étant plus rare)[2]. L'interaction des trois éléments — musique, chant et danse — est décrite de façon superbe dans le proème de la première ode *Pythique* de Pindare qui, selon les mots d'Ed. Fraenkel, constitue « perhaps the greatest praise of music ever written »[3] : « Lyre d'or, apanage commun d'Apollon et des Muses

1. Le terme « mélique » était courant en Grèce jusqu'à l'époque d'Aristophane de Byzance ; il a été ensuite remplacé par « lyrique » : voir R. Pfeiffer, *History of Classical Scholarship from the Beginnings to the End of the Hellenistic Age*, Oxford, 1968, p. 182 sq.

2. Le terme μέλος exprime avec plus de précision la notion d'un poème chanté et accompagné par un instrument de musique sur un rythme de danse (voir Platon, *République* 398d). Il convient de rappeler qu'en grec archaïque le terme χορός indiquait en premier lieu la danse, ou l'espace destiné à la danse, ou bien l'ensemble des choreutes.

3. Ed. Fraenkel, *Horace*, Oxford, 1957, p. 277.

aux tresses violettes, à ta voix le pas rythmé des choreutes ouvre la fête, et les chanteurs obéissent à tes signaux, lorsque, vibrante, tu fais résonner les premières notes des préludes qui guident les chœurs » (trad. de A. Puech)[4]. La période de pleine floraison « littéraire » de la lyrique chorale se situe entre la fin du VIIIe siècle av. J.-C. et le milieu du Ve, bien que les chants et les danses d'un chœur dans le cadre de festivals religieux ou de tout rassemblement communautaire tel que le banquet, les victoires aux jeux, etc., aient jalonné la vie des villes grecques tout au long des siècles jusqu'à la fin de l'Antiquité, à partir des premiers témoignages que l'on retrouve curieusement dans le genre soliste par excellence, la poésie épique.

L'*Iliade* et les autres poèmes nous révèlent que l'épopée connaissait déjà quelques types d'exécutions chorales chantées et dansées, qui étaient liées à des occasions spécifiques : le péan adressé à Apollon par les Achéens (Homère, *Iliade* I, 472 sqq.), le chant funèbre (*threnos* : pour Patrocle, Hector, Achille) entonné par un chœur professionnel et ponctué par les plaintes des femmes (*Iliade* XVIII, 50 sqq. ; XXIV, 720 sqq. ; *Odyssée* XXIV, 60 sqq.) ; dans Hésiode et dans les Hymnes homériques les fêtes des dieux sont accompagnées par le chant et la danse des Muses, des nymphes, des Grâces, au son de la cithare d'Apollon (Hésiode, *Théogonie* 1-21, 63-75 ; *Bouclier* 201 sqq. ; *Hymne homérique à Apollon* 182 sqq. ; *Hymne homérique à Hermès* 450 sqq. ; *Hymne homérique* XIX, 19 sqq. ; XXVII, 11 sqq.) ; le chant, la musique et la danse animent les cérémonies de mariage, les fêtes à la campagne et en ville dans le bouclier d'Achille de l'*Iliade* (XVIII, 490 sqq., 569 sqq., cf. 590 sqq.) et dans le *Bouclier* hésiodique, 272-285 ; entre autres, je voudrais rappeler le chant du chœur pour Linos dans Hésiode, fr. 305 M.-W.

Tout est clair, donc, en ce qui concerne la définition de la lyrique chorale et de son mode d'exécution ; mais les choses se compliquent quand on s'adresse aux textes mêmes des lyriques grecs pour aborder une classification. En effet, jusqu'à il y a très peu d'années, la grande majorité des manuels de littérature grecque nous rapportait que, parmi les neuf poètes lyriques du canon alexandrin (*Anthologie palatine* IX, 184 ; 571 ; scholie à Pindare

4. Pindare, *Pythiques* I, 1-4 : Χρυσέα φόρμιγξ, Ἀπόλλωνος καὶ ἰοπλοκάμων | σύνδικον Μοισᾶν κτέανον· τᾶς ἀκούει μὲν βάσις ἀγλαΐας ἀρχά, | πείθονται δ' ἀοιδοί σάμασιν | ἁγησιχόρων ὁπόταν προοιμίων ἀμβολὰς τεύχῃς ἐλελιζομένα.

Olympiques I, 10 sq. Drachm.), trois seulement étaient monodiques (Sappho, Alcée, Anacréon), tandis que six étaient choraux : les deux « tercets » formés par Alcman, Stésichore et Ibycus ; Simonide, Pindare et Bacchylide.

Cette distinction très nette a été acceptée tacitement jusque dans les années 70, quand une indication stichométrique (la lettre N) dans un tout petit fragment de la *Geryoneis* de Stésichore (= *S* 27 II 6 Davies) a révélé que la longueur de ce poème était au moins de 1 300 vers ; cette découverte — bien que fondée sur un seul détail — a provoqué le refus généralisé d'un Stésichore « choral », en vertu de la conviction indémontrable : a) que tous ses poèmes étaient de longueur identique ; b) qu'un chœur n'aurait pas pu soutenir l'effort physique de chanter et danser si longtemps, ni de mémoriser un texte d'une telle longueur ; un savant a même remarqué que le public aurait pu s'ennuyer en écoutant un chant choral si long ! La célèbre définition donnée par Quintilien (*De institutione oratoria* X, 1, 62) de Stésichore comme le poète qui a soutenu sur sa lyre le poids de l'épopée a aussi ressuscité les analogies entre ce poète et la poésie épique. La vieille interprétation « chorale » que les savants chérissaient a été soudainement abandonnée en faveur du dogme opposé d'un Stésichore entièrement monodique ; par suite, la vague monodique s'est déversée sur Ibycus, qui est devenu à son tour un ferme exemple de lyrique monodique, bien que dans son cas — contrairement à Stésichore — aucun nouveau témoignage concernant la longueur de ses poèmes n'ait surgi des sables d'Égypte. Dans les mêmes années, le « revival » monodique a été renforcé par une série de travaux — d'ailleurs fort intéressants — centrés sur l'institution et la fonction du banquet dans la société grecque : par conséquent, le *symposion* est bientôt devenu le seul cadre dans lequel situer l'exécution de tout poème — lyrique, iambique, ou élégiaque — à quelques exceptions près, et depuis lors on peut parler d'une théorie monodique « pansymposiaque » qui a pris pied dans les études sur la lyrique grecque.

Pourtant, si l'on se tourne vers le témoignage des sources anciennes pour trouver un appui à cette inébranlable division entre poètes monodiques et poètes choraux, on découvre que la réalité est tout à fait différente : si surprenant que cela puisse paraître, la distinction entre poètes monodiques et choraux n'est attestée nulle part dans l'Antiquité, pas plus qu'il n'est possible de mettre en lumière une distinction entre le « genre » de la poésie monodique et celui de la poésie chorale. A ce qu'il semble, en dépit de leur penchant pour la classification et pour les *protoi heuretai*, les Anciens n'éprouvaient aucun intérêt à préciser quel auteur était monodique et quel autre était choral : dans un *seul* passage des *Lois* (764d-e) Platon amorce une division générique de la *mousiké* entre monodie (μονῳδία) et chorodie (χορῳδία), mais dans le cadre limité de l'assignation de juges aux ἀγῶνες musicaux. De plus, Platon inclut dans la monodie — à côté de la *kitharodia* et de l'*auletiké* — un genre comme la *rhapsodia* qui n'appartient absolument pas au genre lyrique, puisqu'il se rapporte à la récitation de la poésie épique[5].

Comme M. Davies l'a remarqué il y a quelques années, la division entre poètes monodiques et poètes choraux remonte en réalité au tournant du XVIIIe siècle, et trouve sa source dans la réflexion des frères F. et A. W. Schlegel, ensuite développée par K. O. Müller dans son excellente histoire de la littérature grecque[6]. En se fondant surtout sur un critère géographique et dialectal, Müller repéra dans les poètes du canon alexandrin deux traditions fondamentales de la lyrique grecque, l'une éolienne, l'autre dorienne : d'un côté donc, les poètes des îles grecques orientales et de la côte, Sappho, Alcée et l'ionien Anacréon ; de l'autre, les poètes de la Grèce centrale (Alcman, Simonide, Pindare, Bacchylide) et occidentale (Stésichore, Ibycus), qui employaient le même dialecte littéraire avec un fonds dorien, des traits propres à l'épopée et des formes épichoriques. La distinction entre ces deux groupes de poètes concernait aussi la forme et le mètre : par rapport aux poètes dits monodiques, la strophe des poètes choraux se déroule de façon plus étendue et complexe quant au schéma métrique, la structure triadique y est plus fréquente et en principe la longueur des poèmes beaucoup plus accentuée.

Pourtant, une reconsidération du problème révèle que les Anciens avaient raison : à bien y voir, une division stricte entre poésie chorale et monodique risque de créer un contraste trop

---

5. Sur le passage de Platon voir aussi les remarques de R. Pfeiffer, *op. cit.* (n. 1), p. 282 sq.

6. K. O. Müller, *History of the Literature of Ancient Greece*, Londres, 1840, p. 164 sqq. ; voir M. Davies, « Monody, Choral Lyric, and the Tyranny of the Hand-Book », *Classical Quarterly* 38, 1988, p. 58 sqq. Sur les traces de Müller, voir C. M. Bowra, *Greek Lyric Poetry from Alcman to Simonides*, Oxford, 1961², p. 10 sqq. Avant Davies, l'absence totale d'une distinction entre lyrique chorale et monodique dans les sources avait été déjà constatée par H. Färber, *Die Lyrik in der Kunsttheorie der Antike*, Munich, 1936, p. 16 ; A. E. Harvey, « The Classification of Greek Lyric Poetry », *Classical Quarterly* 5, 1955, p. 159 n. 3 ; G. Most, « Greek Lyric Poets », dans *Ancient Writers. Greece and Rome*, vol. I, T. J. Luce éd., New York, 1982, p. 89 sq.

marqué et injustifié entre diverses catégories ou groupes de poètes, un contraste qui ne trouve aucun appui dans le caractère éminemment occasionnel et pragmatique de la lyrique grecque archaïque. Il est à présent reconnu que les poètes considérés comme monodiques, tels Sappho et Alcée, ont composé aussi des poèmes destinés au chant choral et à la danse, dans le cadre de mariages (*epithalamia*), de concours de beauté et de cérémonies cultuelles (Sappho, fr. 30 ; 43 ; 103-111 ; 140a Voigt [cf. *Anthologie palatine* IX, 189] ; Alcée, fr. 307-08 Voigt/Liberman : le premier est un hymne, un péan ou un proème, le second un hymne) [7]. En outre, un exemple de la souplesse méthodologique nécessaire quand on aborde la distinction entre poètes monodiques et choraux à l'époque archaïque nous est fourni — dans le genre de la poésie iambique — par deux fragments d'un poète monodique par excellence, Archiloque, qui se réfèrent à l'exécution de poèmes lyriques : le premier fragment concerne le dithyrambe (fr. 120 West : ὡς Διωνύσου ἄνακτος καλὸν ἐξάρξαι μέλος | οἶδα διθύραμβον... ; « ... Je sais comment entonner le dithyrambe de Dionysos... »), tandis que dans le second le poète même s'apprête à « entonner en premier le péan lesbien, accompagné par le son de l'aulos » (fr. 121 West : αὐτὸς ἐξάρχων πρὸς αὐλὸν Λέσβιον παιήονα) ; dans ces deux fragments l'usage du verbe technique ἐξάρχειν nous indique que le poète entonne le chant et que le chœur est prêt à le suivre, tout au moins en chantant un refrain [8] ; dans le même cadre se situe le péan symposiaque d'Alcman, fr. 129 Calame : θοίναις δὲ καὶ ἐν θιάσοισιν | ἀνδρείων παρὰ δαιτυμόνεσσι | πρέπει παιᾶνα κατάρχην ; « Dans les banquets et dans les chœurs, auprès des convives des syssities, il convient d'entonner le péan » (trad. de Cl. Calame), ce qui veut dire « ... one

7. La constatation que les poètes éoliens « monodiques » avaient composé aussi des poèmes pour des chœurs se trouve déjà chez K. O. Müller, *op. cit.* (n. 6), p. 165. Plus récemment, on verra T. B. L. Webster, *The Greek Chorus*, Londres, 1970, p. 72 sqq. (cf. 84 pour l'hymne à Artémis d'Anacréon, fr. 348 P.) ; Cl. Calame, *Les chœurs de jeunes filles en Grèce archaïque*, Rome, 1977, I, p. 126 sq., 367-372 ; A. Lardinois, « Who Sang Sappho's Songs ? », dans *Reading Sappho. Contemporary Approaches*, E. Greene éd., Berkeley-Los Angeles-Londres, 1996, p. 150-172, qui soutient la performance chorale des fr. 6-16-19-27-121 ; A. Aloni, *Saffo. Frammenti*, Florence, 1997, p. LVIII-LXIII ; 60 *ad* fr. XXI. Sur les poèmes de noces de Sappho voir aussi E. Contiades-Tsitsoni, *Hymenaios und Epithalamion. Das Hochzeitslied in der frühgriechischen Lyrik*, Stuttgart, 1990, p. 68 sqq.

8. Pour la valeur du verbe (ἐξ)άρχειν, voir J. A. Davison, *From Archilochus to Pindar*, Londres, 1968, p. 9 sqq. ; G. Nagy, *Pindar's Homer*, Baltimore-Londres, 1990, p. 362. Cf. Alcman, fr. 4 ; 84 C. (contexte choral) ; Pindare, *Néméennes* III, 10 : Μοῖσα... ἄρχε. Voir *infra* ἀρχεσίμολπος (Stésichore fr. 250 D.) et ἄρχετο μολπῆς (Homère, *Odyssée* VI, 101).

performer (or diner) starting with a solo (κατάρχειν), and the rest of the company joining in »[9].

Ces premières observations révèlent qu'il serait fort incorrect de parler de poètes exclusivement choraux ou monodiques, ou bien de maintenir que la lyrique chorale est un genre en soi, différent du genre de la lyrique monodique. En effet, je crois fermement qu'on peut parler d'un seul genre, dénommé « poésie lyrique » : ce genre comprend un corpus riche et articulé de poèmes différents qu'on peut classifier comme des sous-genres : épinicies, thrènes, enkomia, skolia, hymnes, dithyrambes, péans, prosodia, parthénées, hyporchèmes, etc.[10]. C'est un fait que la plupart d'entre eux pouvaient être destinés à une performance soit chorale, soit monodique. Je veux ainsi souligner le fait que le mode d'exécution reste à l'extérieur de la définition du genre et ne peut être considéré comme une caractéristique immanente, « intrinsèque » d'un *eidos* lyrique ; dans la grande classe des poèmes méliques, rares sont les sous-genres qu'on peut désigner comme intrinsèquement monodiques ou comme choraux « par nature » pour ainsi dire. Dans la vaste production des poètes considérés comme choraux tels que Simonide, Pindare et Bacchylide, plusieurs poèmes étaient très probablement destinés à une exécution monodique : un certain nombre de sous-genres (épinicies, hymnes et enkomia ; peut-être aussi les péans et les skolia) pouvait être chanté soit par un soliste soit par un chœur.

En fait, à quelques exceptions près (et en laissant les épinicies de côté), la définition d'un poème comme appartenant à tel sous-genre ne fournit *a priori* presque jamais un indice clair de son mode d'exécution[11]. Loin d'être indissolublement lié à la classification du poème, le mode de performance était dans la majorité des cas déterminé par l'occasion, c'est-à-dire par les circonstances, les buts, les ressources financières et les attentes du particulier ou de la communauté qui avait commandé le poème. Je suis tenté de dire que seul dans le cas des parthénées et des hyporchèmes on peut se référer à une situation d'exécution précise qui correspondait à leur fonction initiatique au sein de la société : ils étaient toujours chantés

9. J'emprunte cette définition à I. Rutherford, *Pindar's Paeans*, Oxford, 2001, p. 52, qui remarque que la danse était exclue du péan symposiaque (cf. p. 66).

10. Les sous-genres sont à rapprocher des εἴδη de Platon : cf. *Lois* 700a-b.

11. Remarquer en outre que la classification de certains poèmes était disputée parmi les éditeurs alexandrins : cf. la *Cassandre* de Bacchylide (fr. 23 S.-M. = *Dithyrambes*, fr. 2 Ir., péan ou dithyrambe : *scholies* p. 128 S.-M.), les poèmes de Xénocritos de Locres (péans ou dithyrambes : Pseudo-Plutarque, *De Musica* 1134e) ; Aristote, fr. 842 P. (péan ou *skolion*) ; voir aussi l'hyporchème de Pratinas, fr. 708 P.

par des chœurs de jeunes filles et de jeunes hommes, qui reflétaient l'image et la cohésion de la cité ; on pourrait peut-être songer aussi au péan et au dithyrambe, mais dans le cas de ce dernier seulement pour la période archaïque et classique qui précède les transformations du nouveau dithyrambe, puisque le mode de performance et les traits distinctifs de quelques sous-genres ont été soumis à un changement radical au cours du temps. Le dithyrambe était à l'origine un chant choral cultuel qui célébrait Dionysos (voir Archiloque, fr. 120 West, cité *supra*), et il en est ainsi durant les siècles suivants, mais vers la fin du IVe siècle av. J.-C. il devint un poème astrophique chanté par un soliste qui visait spécialement à souligner les innovations musicales[12]. A l'époque hellénistique les grammairiens donnaient le terme générique de « dithyrambe » aux poèmes lyriques ayant un sujet narratif héroïque.

Une deuxième réflexion générale, elle aussi d'ordre « négatif », doit être prise en compte. Il est impossible de se fonder sur des éléments tels que le mètre ou la structure triadique (strophe, antistrophe et épode) ou monostrophique pour déterminer le mode d'exécution d'un poème, puisque :

1) on trouve des types différents de mètre (glyconiens, dactylo-épitrites, etc.) soit dans les sous-genres considérés habituellement comme monodiques, soit dans ceux censés être choraux ;

2) dans le même sous-genre on trouve des poèmes dotés d'une structure triadique aussi bien que des poèmes monostrophiques, formés de strophes juxtaposées ayant le même schéma métrique. Les poèmes monostrophiques sont, parmi les épinicies, l'*Olympique* XIV, les *Pythiques* VI et XII, les *Néméennes* II, IV, IX et l'*Isthmique* VIII de Pindare ; de la même manière, la structure de l'enkomion, un sous-genre que beaucoup de savants aujourd'hui aiment considérer comme carrément monodique, pouvait être soit monostrophique (par ex. Pindare, fr. 122 ; 124a, b M. ; Bacchylide, enkom. fr. 20 B ; 20 C S.-M. = 3 ; 5 Irigoin), soit triadique (l'enkomion d'Ibycus pour Polycrate, fr. S 151 D. ; Pindare, fr. 123 M.). Comme O. Crusius l'avait suggéré au tournant du XIXe siècle, il faut donc en conclure que la triade strophique était dégagée des pas de danse du chœur, sa fonction et sa nature étant « purement musicales »[13] : il s'ensuit qu'en principe les odes triadiques pouvaient être chantées indifféremment par un chœur ou par un soliste, et le même critère

---

12. Voir J. H. Hordern, *The Fragments of Timotheus of Miletus*, Oxford, 2002, p. 21 sq.

13. Voir O. Crusius, *Commentationes Ribbeckianae*, Lipsiae, 1888, p. 9-14.

doit être appliqué aux odes monostrophiques, ce qui est démontré par le *Péan* V de Pindare (fr. 52 e M.) et par le *Dithyrambe* XVIII S.-M. (= 4 Ir.) de Bacchylide, deux poèmes dont la destination chorale est indiquée dans le texte même ; pourtant, tous les deux ont une structure monostrophique. Si, selon les données, aucun des traits ou des critères formels ne possède plus de valeur pour définir de nos jours l'identité chorale ou monodique des textes, nous devons par conséquent nous montrer prêts à une approche différente, et à modifier la notion même de banquet qui s'est imposée dans les études récentes : celles-ci ont sanctifié le *symposion* comme lieu unique et immuable pour la performance de toute poésie lyrique autre que la poésie religieuse (hymnes, dithyrambes, prosodia, etc.). En associant la notion de banquet dans un espace limité — et des sujets et chansons qu'on y traitait — avec le mode d'exécution monodique, ces études se sont engagées essentiellement dans une seule direction, du choral au monodique. Autrement dit, en redéfinissant le cadre et l'occasion de la poésie lyrique, elles ont considérablement réduit et limité l'espace de l'exécution chorale de nombreux sous-genres lyriques.

Il faut reconnaître que dans la majorité des cas nous manquons dans les textes d'indices sur le mode de performance relativement à l'occasion ou au cadre rituel, qui nous permettraient de vérifier si les poèmes de Stésichore, d'Ibycus, de Pindare et d'autres poètes étaient chantés par un chœur ou par un soliste. Nous sommes donc dans l'impossibilité de dire si le locuteur est à identifier avec un soliste ou bien avec les voix des choreutes : y a-t-il moyen de reconnaître avec assurance qu'un poème était destiné à une exécution chorale ?

Un exemple efficace de ce que j'appellerai un « témoignage positif » offert par le texte et/ou par le contexte d'un poème en ce qui concerne son mode de performance choral nous est offert par les parthénées d'Alcman et de Pindare, ainsi que par les dithyrambes de Bacchylide où le chœur (ou la danse) est nommé [14] : voir par ex. Pindare, fr. 94b, 39 (parthénée) : ... ἤλυθον ἐς χορόν... ; 94c M. (parthénée) : Ὁ Μοισαγέτας με καλεῖ χορεῦσαι | Ἀπόλλων ; Bacchylide, *Dithyrambes* XVIII, 130-31 S.-M. (= III, 78-79 Ir.) : Δάλιε, χοροῖσι Κηίων | φρένα ἰανθείς...

Mais nous disposons aussi d'un témoignage à mon avis absolument digne de foi à l'égard du fragment lyrique le plus ancien

14. Pour les parthénées d'Alcman, je renvoie à l'étude de Cl. Calame, *op. cit.* (n. 7), vol. II.

dont on ait connaissance, composé en mètre dactylique et dialecte dorien par Eumelos de Corinthe (VIIIe-VIIe s. av. J.-C.). Pausanias raconte en plus d'un passage (IV, 4, 1 ; 33, 2 ; V, 19, 10) que les gens de Messène chargèrent Eumelos de composer en l'honneur d'Apollon un poème destiné à être chanté à Délos par un un chœur instruit par le poète même : ... πρῶτον Μεσσήνιοι τότε τῷ Ἀπόλλωνι ἐς Δῆλον θυσίαν καὶ ἀνδρῶν χορὸν ἀποστέλλουσι· τὸ δέ σφισιν ᾆσμα προσόδιον ἐς τὸν θεὸν ἐδίδαξε Εὔμηλος [15]. Ici, le contexte, plutôt que le texte, nous offre tous les détails nécessaires pour la reconstruction du cadre religieux et littéraire, et du mode d'exécution du poème [16]. La relation professionnelle entre poète et commanditaire — la communauté des Messéniens — y est attestée ; nous sommes aussi informés par Pausanias qu'Eumelos a instruit le chœur (*chorodidaskalos*) et que le poème était un prosodion, chanté et dansé par un chœur d'hommes au cours d'une procession conduite à l'occasion d'une fête religieuse en l'honneur d'Apollon à Délos.

Deux autres cas indubitables d'exécution chorale nous sont fournis par un fragment de Pindare (fr. 112 M.) et de Bacchylide (fr. 2 Ir. = 15 S.-M.) cités par Athénée (XIV, 631c) comme exemples d'hyporchèmes où « le chœur chante et danse en même temps » : ἡ δ' ὑπορχηματική ἐστιν ἐν ᾗ ᾄδων ὁ χορὸς ὀρχεῖται. φησὶ γοῦν ὁ Βακχυλίδης [...] καὶ Πίνδαρος δέ φησιν... Athénée ne laisse aucun doute sur le mode d'exécution de ces poèmes ; je reviendrai plus loin sur le fragment de Bacchylide [17].

Stésichore

En ce qui concerne Ibycus et Stésichore, ceux-ci sont désignés aujourd'hui par la plupart des spécialistes comme des poètes monodiques citharodiques, plutôt que comme des poètes lyriques *stricto sensu*.

En abordant Stésichore, il faut remarquer que personne ne s'est engagé à vérifier si — mis à part l'indication stichométrique mentionnée auparavant — le texte fournit des indices intéressants, voire décisifs, concernant la performance. Je commence par un fragment, qui est d'ailleurs plutôt un témoignage, de l'historien

15. Pausanias, IV, 4, 1 ; le Périégète cite aussi deux vers « qui seuls sont reconnus comme authentiques » (Pausanias, IV, 33, 2 = Eumelos, fr. 696 Page).

16. D'après la plupart des sources anciennes, le prosodion était accompagné par l'aulos : voir par exemple Proclus, *Chrestomathia Poetica ap.* Phot. 320a.

17. Voir *infra*, p. 30.

Timée (pré-Alexandrin de la première moitié du IVe s. av. J.-C.), qui nous a été conservé par Athénée : ... μετὰ τὸ δεῖπνον ἐκεῖνοι (*scil.* οἱ τοῦ Διονύσου συμπρέσβεις) μὲν τῶν Φρυνίχου καὶ Στησιχόρου, ἔτι δὲ Πινδάρου παιάνων τῶν ναυτῶν τινας ἀνειληφότες ᾖδον... [18]. Le cadre est celui d'un banquet se déroulant à bord d'un bateau au temps de Denys, le tyran de Syracuse, au cours duquel les marins forment un chœur pour entonner des (morceaux choisis de) poèmes de Stésichore, de Phrynichos et de Pindare. L'intérêt de ce passage réside dans le fait qu'il décrit l'opposé de ce que le supporters de la théorie « panmonodique » maintiennent quand ils parlent de la « reperformance » des poèmes lyriques [19] : un chœur de marins chante un poème du soi-disant « monodique » Stésichore, qui est associé à Pindare, auteur de maints poèmes *choraux* religieux, et à Phrynichos, que les Anciens admiraient pour la beauté de ses *chœurs* tragiques [20].

Je voudrais à présent souligner l'importance que revêtent pour mon étude deux petits fragments qui prennent place au début de deux poèmes de Stésichore : les fr. 250, ἀρχεσίμολπος (suppléer Μοῖσα), « <Muse> qui marque le début du chant et de la danse », et 193 D., δεῦρ' αὖτε θεὰ φιλόμολπε (« ici à nouveau déesse qui aime le chant et la danse »). La valeur chorale de μέλπω / μολπή (« chant accompagné par la danse ») est la seule attestée dans les contextes épiques : voir par ex. Homère, *Iliade* I, 472-474 ; *Hymne homérique à Mercure* 451 sq. ; *Hymne homérique* XIX, 19-24 ; Hésiode, *Scutum* 201-207. Dans la lyrique archaïque, l'accent de μέλπω / μολπή porte encore plus sur le chant choral que sur la danse : les deux termes se réfèrent à des exécutions chorales de péans (Bacchylide, fr. 4.57 S.-M. = péan I, 57 Ir. ; Pindare, *Péans* II, 96 ; VI, 17 M.), dithyrambes (Pindare fr. 75.11 M.), hymnes (Lasos, fr. 702.1 P.) [21], épinicies (Pindare, *Olympiques* I, 102 ; VI, 97 ; X, 84 ;

---

18. Athénée, VI, 250b-c = Timée, *FGrHist* 566 F 32.

19. Voir par exemple M. Davies, *art. cit.* (n. 6), p. 56 sq.

20. Voir Phrynichos, *TrGF* 3 TT 9 ; 10 ; 13 ; 17 Snell. Pour les témoignages concernant la performance chorale de Stésichore, je reprends ici dans les grandes lignes — avec de nouvelles remarques et en tenant compte des études récentes — mes enquêtes précédentes : « L'opera di Ibico e di Stesicoro nella classificazione degli antichi e dei moderni », *AION* (sez. filol.-lett.) 12, 1990 (1992), p. 208-215 ; « Indizi di esecuzione corale in Stesicoro », dans *Tradizione e innovazione nella cultura greca da Omero all'età ellenistica* I, R. Pretagostini éd., Rome, 1993, p. 347-361, auxquelles je renvoie pour un examen plus détaillé et pour la bibliographie. Voir aussi F. D'Alfonso, *Stesicoro e la performance corale*, Rome, 1994.

21. Hymne composé pour une fête en l'honneur de Déméter (voir G. A. Privitera, *Laso di Ermione*, Rome, 1965, p. 22 ; 24).

Néméennes I, 20 ; Bacchylide, *Épinicies* XIII, 190 S.-M. = XIII, 102 Ir.), ou à des poèmes choraux cultuels (Stésichore fr. 232. 2 D. ; Pindare, *Pythiques* III, 78, 90 ; Bacchylide, *Épinicies* XIII, 94 S.-M. = XIII, 40 Ir.) [22].

La valeur de l'*hapax* ἀρχεσίμολπος dans le fr. 250 de Stésichore trouve son homologue dans l'expression ἄρχετο μολπῆς, qui indique le rôle de Nausicaa lorsqu'elle joue avec ses servantes en Homère, *Odyssée* VI, 101 : « Nausicaa menait le chœur... » Les nymphes du chœur d'Artémis dans l'*Odyssée* (VI, 102 sqq.) et le réseau sémantique créé par les termes παίζειν (v. 100, 106), ἄρχειν et μολπή indiquent que nous sommes là en présence d'une scène chorale : les gestes rythmiques des jeunes filles sont accompagnés par le chant : « ... dans la mesure où elle donne le signal du chant et de la danse, Nausicaa assume pour ses suivantes la fonction de chorège. » [23] Les vers homériques suggèrent qu'au début du fr. de Stésichore la Muse était invoquée en tant qu'« initiatrice du chant choral et de la danse », assumant le rôle symbolique du χορηγός qui entonne l'exécution chorale du poème [24]. De plus l'épithète φιλόμολπος du fr. 193 D. de Stésichore se retrouve dans des contextes choraux et les trois autres occurrences dans la poésie lyrique sont aussi placées dans le proème et se réfèrent à la performance du texte : φιλόμολπος est l'épiclèse d'Apollon dans le premier vers du premier parthénée d'Alcman (fr. 1 C.) et renvoie apparemment à un contexte virginal choral au début d'un poème (cité n. 22) en dialecte béotien, que j'attribue à Corinne dans une étude à paraître. Chez Pindare, *Néméennes* VII, 9, Aegina est φιλόμολπος parce qu'elle fête avec musique, danse et chant choral la victoire de Sogenes [25].

22. Autres occurrences « chorales » en *PMG* 692, fr. 2.1-5 : ... παρθένυ κόρη... [λι]γοὺ δὲ μέλψον[θ]... φιλόμολπον... ; *SLG* 73 I 9.15. Pour les deux ou trois exceptions à la valeur chorale voir mes « Indizi... », *art. cit.* (n. 20), p. 340 sq., n. 10-11. Sur μέλπω / μολπή on verra A. Pagliaro, *Saggi di critica semantica*, Florence, 1961[2], p. 19 sqq.

23. Cl. Calame, *op. cit.* (n. 7), I, p. 166.

24. La fonction chorégique d'Apollon est attribuée aux Muses en deux proèmes d'Alcman, fr. 4 (Μῶσ' ἄγε Μῶσα... μέλος νεοχμὸν ἄρχε παρσένοις ἀείδην, « commence un nouveau chant pour les jeunes filles... ») ; 84 C. ; voir aussi Stésichore, fr. [278] D. et Pindare, *Néméennes* III, 10, Μοῖσα... ἄρχε. Remarquer que chez Athénée (V, 180e) le fragment de Stésichore est cité avec d'autres textes concernant des performances chorales, tels que Hésiode, *Scutum* 205 ; Archiloque, fr. 121 W. (péan) ; Pindare, *Pythiques* I, 4.

25. Callimaque appelle Délos φιλόμολπος (*Hymne à Délos* 197) pour ses fêtes marquées par les chants choraux (v. 300 sqq.). Voir aussi φιλησίμολπος et son équivalent ἐρασίμολπος, que Pindare attribue en *Olympiques* XIV à deux Grâces associées à la danse et au chant choral.

A ces fragments on pourrait ajouter le fr. 232 D., †μάλα† τοι μάλιστα | παιγμοσύνας <τε> φιλεῖ μολπάς τ᾽ Ἀπόλλων... Au v. 2 φιλεῖ μολπάς Ἀπόλλων est équivalent à l'épithète φιλόμολπος (Ἀπόλλων) dans un parthénée d'Alcman, fr. 1 C. Pour ce qui concerne l'association de μολπάς avec l'*hapax* παιγμοσύνας, le lien de παίζειν avec la danse et la fête est renforcé par l'expression φιλοπαίγμονος ὀρχηθμοῖο (Homère, *Odyssée* XXIII, 134) et φιλοπαίγμονες ὀρχηστῆρες (Hésiode, fr. 10a, 19 M.-W.)[26].

De tout cela, il ressort que, dans ses proèmes, Stésichore employait (au moins) trois fois un terme (μολπή) qui peut en éclaircir le mode de performance, puisque chez les autres poètes du VIIIe au Ve siècle il renvoie constamment au contexte d'une exécution chorale. A ce sujet, une autre considération s'impose, qui concerne le sens du nom Στησίχορος, de l'expression χορὸν ἱστάναι, « instituer, organiser, disposer un chœur »[27]. Dans le traité *Sur la musique* du Pseudo-Plutarque, celle-ci se réfère au citharède mythique Philammon, qui aurait « disposé les premiers chœurs autour du sanctuaire delphique »[28] : dans le cas d'une fête religieuse, il s'agit sans doute du chant du chœur accompagné par la danse. L'expression revient à propos d'Arion de Mytilène, l'inventeur du dithyrambe (Souda, *s. v.* Ἀρίων : ... πρῶτος χορὸν στῆσαι) ; elle se retrouve maintes fois dans la littérature grecque, soit dans les textes lyriques (y compris les chœurs de la tragédie et de la comédie) soit dans les textes en prose[29]. De plus, même si l'ex-

26. Pour le lien entre παίζειν et ὀρχεῖσθαι, cf. le fameux vers de l'œnochoé du Dipylon (*CEG* 432, seconde moitié du VIIIe s. av. J.-C.) : ὅς νῦν ὀρχηστῶν πάντων ἀταλώτατα παίζει. Voir aussi Plutarque, *Solon* VIII, 5 : ... παίζειν καὶ χορεύειν.

27. Cf. Souda, *s. v.* Στησίχορος : ἐκλήθη δὲ ὁ Στησίχορος ὅτι πρῶτος κιθαρῳδίᾳ χορὸν ἔστησεν. Cf. G. Nagy, *op. cit.* (n. 8), p. 61 sq., 371. Στησιχόρη est aussi le nom d'une Muse sur le vase François (environ 570 av. J.-C.).

28. Pseudo-Plutarque, *de Musica* 1132a : ... Φιλάμμονα... χορούς πρῶτον περὶ τὸ ἐν Δελφοῖς ἱερὸν στῆσαι ; cf. Phérécyde, *FGrHist* 3 F 120.

29. Voir par exemple Bacchylide, *Épinicies* XI, 112 S.-M. (= 11.74 Ir.) ; Sophocle, *Électre*, v. 280 ; Euripide, *Alceste*, v. 1155 ; *Électre*, v. 178 ; *Iphigénie à Aulis*, v. 676 ; Aristophane, *Les oiseaux*, v. 219 ; *Les nuées*, v. 271 ; Platon epigr. 16.5-6 P. ; Théocrite, XVIII, 3 ; *Anthologie palatine* IX, 189, 3 ; Plutarque, *Moralia* 219e ; Aristide or. 50.43 Keil. Afin de nier la possibilité d'un Stésichore choral, C. O. Pavese (*Tradizioni e generi poetici nella Grecia arcaica*, Rome, 1972, p. 245 sq.) et M. Lefkowitz s'efforcent de démontrer que dans le nom Στησίχορος « ... *choros* signifies not choir, but *dance*... there is no reason to assume that [it] refers to " choruses of song " » (M. Lefkowitz, dans *First-Person Fictions. Pindar's Poetic « I »*, Oxford, 1991 [1988], p. 192) : mais il est hors de doute que dans un grand nombre des passages cités *supra* — ainsi que dans le dossier complet que j'ai recueilli — l'expression χορὸν ἱστάναι implique le trait du « chant du chœur » aussi bien que de la « danse ».

pression ἀγησίχοροι... προοίμιοι dans Pindare, *Pythiques* I, 4, et les mots <Μοῖσαι> στησίχορον ὕμνον ἄγοισαι dans un fragment mélique (*PMG* 938c) se réfèrent au seul trait de « danse », ils renvoient à une performance qui est accompagnée par le chant du chœur[30].

Un exemple intéressant de l'exécution chorale d'un poème de Stésichore nous vient du fr. 212 Page de l'*Orestie*, cité par la scholie à Aristophane, *La paix* 797c Holwerda :

> τοιάδε χρὴ Χαρίτων δαμώματα καλλικόμων
> ὑμνεῖν Φρύγιον μέλος ἐξευρόντας ἁβρῶς
> ἦρος ἐπερχομένου
>
> « Il nous faut chanter sur un ton délicat ces chants publics des Grâces à la belle chevelure, après avoir trouvé une mélodie phrygienne à l'approche du printemps. »

L'énonciation programmatique indique qu'on a ici le commencement du poème : la *persona loquens* annonce qu'elle s'apprête à entonner un poème accordé sur une mélodie phrygienne.

Dans ce fragment, un certain nombre d'indices référentiels et sémantiques arrachent Stésichore du sillon de la tradition épique, où il a été relégué en tant qu'auteur de longs poèmes à sujet héroïque, et le rapprochent manifestement du contexte des performances de la lyrique chorale. L'occasion du chant, un festival civique, est énoncée par l'*hapax* δαμώματα, qui signifie « hymns composed for public delivery by choruses »[31] ; le verbe δαμόομαι est employé par Pindare dans le proème de l'*Isthmique* VIII, 8 quand il proclame son intention de « composer des chants pour la communauté »[32]. Les verbes χρή... ὑμνεῖν (fr. 212.1 sq.) soulignent le lien entre poète et communauté ; ils renvoient au motif du χρέος chez

30. Sur la 1re *Pythique* voir *supra*, p. 17, et mon commentaire dans B. Gentili, P. Angeli Bernardini, E. Cingano, P. Giannini éd., *Pindaro. Le Pitiche*, Milan, 1995, p. 329 ; sur *PMG* 938c, voir F. D'Alfonso, *op. cit.* (n. 20), p. 73 sqq. ; Cl. Calame, *op. cit.* (n. 7), I, p. 107, n. 131 : « le chant interprété par les Muses sert de prélude à l'exécution chorale. » Remarquer, à côté de Στησίχορος, l'anthroponyme Ἁγησιχόρα qui indique l'une des chorèges dans un parthénée d'Alcman, fr. 3 C. 57, 77, *passim*.

31. H. W. Smyth, *Greek Melic Poets*, Londres, 1900, p. 266 ; voir aussi les remarques d'A. Delatte, dans *Antiquité classique* 7, 1938, p. 26. La présence des Grâces confirme l'ambiance de la fête.

32. Dans le proème du deuxième Péan de Pindare pour la communauté d'Abdère le chœur s'apprête à chanter avec une énonciation très proche du fr. de Stésichore : Ἰάονι τόνδε λαῷ | παι]ᾶνα [δι]ώξω (*Péans* II, 3 sq. M.). Pour la présence du δᾶμος comparer le parthénée d'Alcman, fr. 26.74 C. Pour l'emploi du déictique dans le proème, qui indique l'objet de l'énonciation, voir Bacchylide, *Dithyrambes* fr. 20.3 S.-M. (= 6.3 Ir.) : τοιόνδε μέλος ; Pindare, *Pythiques* II, 3 sq.

Pindare et Bacchylide ; la formule χρή + verbe à l'infinitif annonce souvent dans le proème l'intention du poète de célébrer le commanditaire (public ou privé) qui est le destinataire principal du chant [33]. L'origine de ce lien remonte vraisemblablement à une époque antérieure, dans un contexte de cérémonies religieuses : il peut impliquer l'obligation de louer la divinité de la part du poète et/ou du chœur, c'est-à-dire de la communauté ou du groupe de personnes réunies au banquet ou pour une fête : pour χρή ou πρέπει + infinitif dans les contextes religieux et symposiaques cf. Alcman, fr. 129 C. ; Xénophane, fr. 1.13 G.-P. ; Pindare, *Parthénées*, fr. 94b, 33-37 M. ; Bacchylide, fr. 15.3 S.-M. (= fr. 2.3 Ir. : cité *infra*).

Quant au verbe ἐξευρίσκειν, relatif à l'invention poétique, il est attesté chez Alcman (fr. 91.2 C.), Bacchylide (*Péans*, fr. 5.4 S.-M. = 2.4 Ir.) et Pindare [34].

Je voudrais mettre en évidence le pluriel du participe ἐξευρόντας dans le vers 2 : à vrai dire, il s'agit d'une correction du singulier ἐξευρόντα des mss, suggérée il y a longtemps par Kleine pour éviter un hiatus tout à fait inhabituel [35] ; le pluriel ἐξευρόντας a été ensuite accepté par presque tous les éditeurs à partir de Dindorf [36]. Il peut se rapporter à un sujet pluriel, à identifier donc non pas avec le « je » du poète, mais avec le chœur qui s'apprête à chanter le poème : cette thèse (et la correction de Kleine) se voit renforcée par la comparaison avec le commencement d'un hyporchème de Bacchylide qui montre la même structure syntaxique et grammaticale (fr. 15 S.-M. = fr. 2 Ir.) :

Οὐχ ἕδρας ἔργον οὐδ' ἀμβολᾶς,
    ἀλλὰ χρυσαίγιδος Ἰτωνίας
χρὴ παρ' εὐδαίδαλον ναὸν ἐλ-
    θόντας ἁβρόν τι δεῖξαι <μέλος> [37]

---

33. Cf. par ex. Pindare, *Olympiques* I, 102 (avec la même allusion à la mélodie) ; 3.6 sq. ; 6.1 sqq., 27 ; *Pythiques* IV, 1 sq. ; *Isthmiques* III, 7 ; Bacchylide, *Épinicies*, XIV, 20 S.-M. (= 14.11 Ir.). Pour le motif du χρέος chez Pindare on verra W. Schadewaldt, *Der Aufbau des pindarischen Epinikion*, Halle 1928, 19 sqq. ; E. L. Bundy, *Studia Pindarica*, Berkeley-Los Angeles, 1986², 10 sq., 53 sqq. Pour la tournure χρή + infinitif du verbe, voir G. Redard, *Recherches sur* ΧΡΗ. ΧΡΗΣΘΑΙ. *Étude sémantique*, Paris 1953, 52 sq.

34. Par exemple, *Pythiques* I, 60 : ἐξεύρωμεν ὕμνον ; *Olympiques* I, 110 ; III, 4 ; fr. 122.14 M. (τοιάνδε ἀρχὰν εὑρόμενον σκολίου : voir *infra*) ; cf. *Olympiques* IX, 80 ; Aristophane, *Les grenouilles*, v. 399 sq. Sur ce verbe on verra B. Gentili, *Poesia e pubblico nella Grecia antica*, Rome, 1995³, p. 69 sq.

35. O. F. Kleine, *Stesichori Himerensis Fragmenta*, Berolini, 1828, p. 84.

36. G. Dindorf, *Aristophanis comoediae* IV, pars III (scholia graeca), Oxonii, 1838, p. 100.

37. Μέλος est supplément de F. Blass ; rapprocher aux vers de Stésichore et Bacchylide l'expression de Himérios or. 9.4 Colonna, ἁπαλὸν μέλος εὑρεῖν.

« Ce n'est pas notre affaire de rester assis et d'atermoyer. Il nous faut aller près du temple de l'Itonienne (Athéna) à l'égide d'or, une belle œuvre d'art, pour y produire quelque <chant> délicat » (trad. de J. Duchemin).

Tout comme dans le fr. de Stésichore, la tournure χρή + l'infinitif du verbe est liée ici à un participe aoriste pluriel se référant au chœur qui « danse pendant qu'il chante », comme l'affirme Athénée (XIV, 631c) en citant le premier vers du fragment. De plus, l'épithète ἁβρόν qui spécifie chez Bacchylide la mélodie qui convient pour l'occasion a son correspondant chez Stésichore dans l'adverbe ἁβρῶς, qui qualifie le μέλος phrygien.

Remarquer que l'allusion au chœur dans le pluriel ἐξευρόντας est possible même si l'on accepte que le fr. 210 P./D., avec le pronom singulier πεδ' ἐμεῦ, contenait les vers de l'*Orestie* qui précédaient le fr. 212[38] : notoirement, dans les poèmes assurément choraux l'emploi de la 1re personne au singulier est tout à fait normal (voir par ex. Pindare *Péans* II, 24 sqq. ; IV, 21 sqq. ; fr. 94b, 11, 15, 33 sqq. ; 94c M. [parthénées] ; Bacchylide, *Dithyrambes* XVI, 2 ; XIX, 37 S.-M. = II, 2 ; V, 21 Ir.), de même que l'alternance dans le même poème du « je » et du « nous » des locuteurs (cf. Pindare, *Olympiques* II, 2, 83, 89 sqq. ; XIII, 3, 104, 106 ; *Pythiques* V, 72, 76, 80, 108). On retrouve d'ailleurs le même procédé dans les chœurs tragiques : voir par exemple l'alternance entre le « je » et le « nous » du chœur dans Sophocle, *Philoctète*, v. 1176-1196 ; dans le stasimon d'Euripide, *Médée*, v. 646-662, le chœur dit γενοίμαν (646), puis εἴδομεν (654), puis ἐμοί (662) ; Médée elle-même, dans l'épisode suivant, alterne le pluriel avec le singulier des verbes, des pronoms et des adjectifs (765-771 : γενησόμεσθα, ἀναψόμεσθα, μολόντες, v. 773-777 λέξω, ... ἐμὴν αἰτήσομαι, μοι)[39]. Par conséquent, il est impossible — et souvent même inutile — d'essayer de dégager avec précision le « je » du poète et le « nous » du chœur représentés dans la *persona loquens* qui chantait et dansait le texte face à un public.

Il convient par contre de dégager le terrain des rares conjectures suggérées par les éditeurs de Stésichore après le pluriel ἐξευ-

38. Stésichore, fr. 210.1 Page/D. : Μοῖσα σὺ μὲν πολέμους ἀπωσαμένα πεδ' ἐμεῦ.

39. On verra l'étude détaillée de M. Kaimio, dont je ne partage pas tous les points de vue : *The Chorus of Greek Drama within the Light of the Person and Number Used*, Helsinki, 1970, spécialement p. 31 sqq., 150 sqq. ; C. Carey, « The Performance of the Victory Ode », *American Journal of Philology* 110, 1989, p. 561 sqq. Sur les nuances de la *persona loquens* dans la poésie mélique voir Cl. Calame, « Éros revisité : la subjectivité discursive dans quelques poèmes grecs », *Uranie* 8, 1998, p. 100-103.

ρόντας de Kleine. Tandis que seul Schneidewin se bornait à maintenir l'intenable hiatus ἐξευρόντα ἁβρῶς[40], Page suggérait dans son apparat de lire ἐξευρόντα σ' ἁβρῶς ou μ' ἁβρῶς, en insérant donc un pronom singulier[41]. Sa double proposition — aussi brillante qu'elle soit — doit néanmoins être rejetée en raison de la syntaxe : dans cette interprétation, le pronom σε / με occuperait une place tout à fait inconséquente et illogique dans la phrase : les nombreuses tournures parallèles qui se fondent sur χρή + infinitif nous montrent en effet que le pronom personnel (dans ce cas, σε ou με) est en principe placé *avant* χρή ; ou bien, il peut être placé *entre* les deux verbes (cf. par ex. Pindare, *Pythiques* IV, 1 sq. : Σάμερον μὲν χρή σε... στᾶμεν). En tout cas, le pronom n'est *jamais* placé *après* les deux verbes, et encore moins est-il séparé d'eux par un troisième verbe en apposition, comme ce serait le cas dans ce fragment (χρή... ὑμνεῖν... ἐξευρόντα μ' | σ' ἁβρῶς). En somme, l'*ordo verborum* nous empêche d'accepter le pronom singulier suggéré par Page, que ce soit σε ou με[42]. Encore moins convaincant me paraît le choix draconien de Davies, qui se détache de son prédécesseur Page pour placer sans

40. F. G. Schneidewin, *Delectus poesis Graecorum elegiacae, iambicae, melicae*, Gottingae, 1839, p. 332 ; voir aussi B. Marzullo, *Frammenti della lirica greca*, Florence, 1967², p. 146, qui juge le pluriel du participe « improbabile », en se fondant à tort sur l'emploi du singulier ποιητής dans les vers de la *Paix* d'Aristophane, v. 796 sq. qui reprend Stésichore : τοιάδε χρὴ Χαρίτων δαμώματα καλλικόμων τὸν σοφὸν ποιητὴν | ὑμνεῖν... Cet argument me paraît assez faible, puisqu'il est évident que le témoignage d'Aristophane ne peut avoir une valeur absolue : en citant les vers de Stésichore le comédien pouvait bien reformuler quelques mots pour les adapter au nouveau contexte (ou bien il peut avoir influencé le singulier ἐξευρόντα des mss). Dans la reprise des premiers vers de l'*Orestie* de Stésichore aux vers 775 sqq. de la *Paix* (= fr. 210 D., cité n. 38), témoignée par la scholie *ad Pac.* 775 Holwerda, les éditeurs de Stésichore jugent que les mots ... τοῦ φίλου χόρευσον... sont un rajout d'Aristophane.

41. D. Page, *Poetae Melici Graeci*, Oxford, 1962, p. 115. La proposition de Page n'affaiblit pas la possibilité que le poème (ou au moins le proème) soit chanté par un chœur (voir *infra*).

42. Le cas est différent quand le sujet de l'infinitif est un nom au lieu d'un pronom ; cf. Xénophane, fr. 1.13 G.-P. : χρὴ δὲ θεὸν... ὑμνὲν εὔφρονας ἄνδρας. La correction ἐξευρόντα μ' ἁβρῶς, reléguée par Page dans son apparat, a été acceptée par A. Aloni (*Lirici greci. Alcmane, Stesicoro, Simonide*, Milan, 1994, p. 58) et par M. Vetta (*Symposion. Antologia dai lirici greci*, Naples, 1999, p. 111), en dépit de mes remarques (dans *art. cit.* [n. 20], 1993, p. 355, n. 34). Il est curieux que pour réfuter le pluriel ἐξευρόντας que j'avais soutenu dans l'article cité, H. Lloyd-Jones (*Classical Quarterly* 45, 1995, p. 420) renvoie à un vers de Sophocle (*Trachiniennes*, v . 393) qui renforce ma thèse : Τί χρή, γύναι, μολόντα μ' Ἡρακλεῖ λέγειν ; contrairement au fragment de Stésichore, le pronom personnel est placé ici — selon l'habitude — *entre* les deux verbes qui forment la tournure χρή + infinitif, et il en est de même pour le participe μολόντα.

raison entre *cruces* un verbe qui — on vient de le voir (cf. *supra* et n. 34) — est employé maintes fois dans des contextes similaires [43].

Pour une fois que les premiers vers d'un poème de Stésichore sont conservés, nous trouvons donc une référence directe au contexte qui est très proche des proèmes d'Alcman, de Pindare et de Bacchylide, et autorise les remarques suivantes : Stésichore a composé son *Orestie* en réponse à une commande de la communauté, pour une performance lors d'une fête au printemps (v. 3). Les péans printaniers étaient souvent associés à Apollon, et quelques sources anciennes rappellent le chant des péans en Grande Grèce en cette saison. L. Delatte a inscrit ce fragment dans un festival « qui avait pour but de purifier les participants et au cours [duquel] on chantait des péans en commun » [44].

A vrai dire, Aristoxène et Iamblique rapportent que les péans entonnés au cours des cérémonies de purification étaient des poèmes de longueur limitée, qu'ils étaient improvisés et chantés par un chœur amateur dans un milieu restreint d'initiés ; il ne s'agissait donc pas de thèmes narratifs, mais le sujet était cultuel, religieux, étroitement lié aux cérémonies de purification. Pour ces raisons, je situerais plutôt la performance de l'*Orestie* de Stésichore dans le cadre religieux d'un festival d'Apollon, en considérant : 1) l'association habituelle d'Apollon avec les Grâces et le printemps [45] ; 2) que le rôle d'Apollon dans la purification d'Oreste était raconté dans un poème de Stésichore, selon le témoignage du fr. 217.14 sqq. D. et de la scholie à Euripide, *Oreste*, v. 268 Schwartz ; 3) qu'une tradition archaïque plaçait le culte d'Oreste et l'histoire de sa purification par Apollon dans les cités du Détroit (Rhégion, etc.), c'est-à-dire, dans la région de Stésichore ; 4) que le lien avec Apollon est confirmé par la version du mythe d'Oreste dans la onzième *Pythique* de Pindare, qui fut composée — le proème nous le dit — pour un festival daphnéphorique à Thèbes. La mention du printemps et le contexte thébain se retrouvent dans le proème

43. M. Davies, *Poetarum Melicorum Graecorum Fragmenta* I, Oxonii, 1991, p. 208 ; sa solution a été reprise par F. De Martino, O. Vox, *Lirica greca* I, Bari, 1996, p. 265. Le choix textuel de Davies est influencé par sa thèse générale, qui vise à transformer en poètes strictement monodiques Stésichore, Ibycus, Simonide et la majorité des lyriques archaïques : voir M. Davies, *art. cit.* (n. 6), et mes remarques dans *art. cit.* (n. 20), 1990, p. 210, n. 72.

44. A. Delatte, *art. cit.* (n. 31), p. 25 sq. ; voir Théognis, 776 sqq. ; Aristoxène, fr. 117 W. ; *schol.* Homère *Iliade* XXII, 391b, V p. 339 sq. E. ; Jamblique, *Vie de Pythagore* 110d.

45. Sur ces points je renvoie à mon analyse dans *art. cit.* (n. 20), 1993, p. 356 sqq.

choral de l'*Oreste* de Corinne (= *PMG* 690.8-12), justifiant ainsi le lien entre le mythe de ce héros et les fêtes en l'honneur d'Apollon.

Ceci dit, si l'on accepte mon interprétation il faut reconnaître qu'il n'y a pas moyen de préciser quel était le rôle du chœur dans l'*Orestie* de Stésichore, un poème certes long, puisque les éditeurs alexandrins l'avaient reparti en deux livres (cf. fr. 213-214 D.). Dans le silence des sources anciennes, je crois qu'on peut en général envisager deux possibilités pour les poèmes lyriques d'une certaine longueur : a) le poids du chant était soutenu par un citharède soliste, tandis que la fonction principale du chœur était la danse ; à l'occasion, le chœur chantait aussi des refrains ou des parties d'accompagnement ; b) le texte entier était chanté par le chœur, qui dansait en même temps de façon solennelle et stylisée, en économisant ses ressources physiques [46]. Je me borne à citer l'hypothèse de Vetta, qui en reprenant mes réflexions précédentes, a écrit : « Il lungo spettacolo monodico del citarodo era normalmente preceduto da un' introduzione corale destinata a collocare il racconto nel contesto concreto della festa. Il proemio era lo strumento con cui il poeta, di volta in volta, collegava la sua esibizione e la presenza della comunità agli aspetti specifici della ricorrenza. » [47]

Ibycus et la performance de l'enkomion

De nos jours, l'opinion courante considère Ibycus comme un poète citharodique monodique pour deux raisons, à bien les considérer, totalement opposées : a) ses poèmes étaient aussi longs que ceux de Stésichore ; b) ils étaient composés pour les banquets, donc

46. Voir aussi les remarques de C. Carey, *art. cit.* (n. 39), p. 563 sq.

47. M. Vetta, *op. cit.* (n. 42), p. 106 sq., qui renvoie à A. Aloni, dans *AION* 12, 1990, p. 99-130. Je profite de cette note pour préciser que je n'ai jamais soutenu — comme le voudrait Vetta — « la coralità integrale della citarodia eroica » : voir mes considérations dans les art. cités (n. 20), respectivement p. 212 sqq., 353, 360 sq. Une troisième possibilité de performance, à savoir que le chœur s'en tenait à danser, me paraît moins convaincante à la lumière du verbe ὑμνεῖν dans le fr. 212.2. Dans le cas d'une performance limitée à la danse qui accompagne le chant soliste d'un citharode, décrite déjà dans l'*Odyssée* (VIII, 260-265), il vaudrait mieux parler de performance « choreutique » plutôt que « chorale ».

Je ne suis guère convaincu par les arguments apportés récemment par A. Barker, qui plaide la cause d'un Stésichore monodique à tout prix en se fondant sur une analyse purement musicale des fragments (sur les traces de M. L. West, *Classical Quarterly* 21, 1971, p. 9 sqq.). Barker ignore soit le contexte de la performance des poèmes, soit toute bibliographie sur la question ; voir son article dans *Quaderni urbinati di Cultura classica*, n. s. 67, 2001, p. 7 sqq., repris dans *Euterpe. Ricerche sulla musica greca e romana*, Pise, 2002, spécialement 45, n. 12.

pour une performance monodique. En ce qui concerne la première hypothèse, elle se fonde sur le fait que dans l'Antiquité le nom d'Ibycus était souvent associé et même confondu avec celui de Stésichore, étant donné que les deux poètes provenaient du même milieu colonial de l'Occident et traitaient les mêmes sujets héroïques, souvent liés au cycle épique [48]. Il faut toutefois remarquer qu'il n'existe pas un seul témoignage attestant que les poèmes d'Ibycus aient été aussi longs que ceux de Stésichore, ceci en admettant que le critère de la longueur fixé par les savants d'aujourd'hui soit valable pour décider si la performance d'un poème grec archaïque pouvait être soutenue par un chœur [49]. Bien au contraire, en comparaison avec l'œuvre de Stésichore celle d'Ibycus a été recueillie dans un nombre limité de rouleaux de papyrus (7 livres contre 26 pour Stésichore) et aucun de ses poèmes ne porte un titre correspondant à un thème épique, comme c'est le cas avec Stésichore [50] ; enfin, sa renommée auprès des Anciens ne se fondait pas sur de longs récits mythologiques, mais sur de courts poèmes relatifs à l'amour des garçons (voir TB 15 Davies) et une bonne partie de son œuvre, qui inclut les récentes trouvailles de papyrus, renvoie au (sous-)genre de la lyrique symposiaque : à l'enkomion, qui pouvait être solennel ou homéoérotique (fr. S 151 ; S 257a ; 286-288 Davies, voir *infra*). L'un au moins de ses thèmes épiques — la rencontre chargée d'éros entre Hélène et Ménélas à Troie — était raconté dans un dithyrambe (fr. 296 D.), un genre éminemment choral à cette époque. Finalement, le fait qu'il composa des épinicies — comme il ressort de quelques bribes de papyrus — renforce la possibilité d'une performance chorale pour une partie au moins de ses poèmes [51].

48. Voir par exemple les jeux funèbres pour Pélias (Athénée IV, 172 DE) et Ibycus, fr. 295-297 D. ; sur l'association de Stésichore et Ibycus, je renvoie à mon analyse dans *art. cit.* (n. 20), 1990, p. 189-208.

49. Je partage l'opinion de G. O. Hutchinson, *Greek Lyric Poetry*, Oxford, 2001, p. 116, à propos de Stésichore : « Grave doubts have been expressed at the idea of a chorus chanting enormous poems... Yet it might be difficult to show that these doubts (which I feel myself) have a more absolute foundation than modern musical conventions. » On se demande d'ailleurs qui est censé de nos jours établir la limite de longueur minimum ou maximum pour qu'un poème lyrique pût être chanté par un chœur ou par un soliste : sur quels critères devrait-on se fonder ?

50. Comme U. Mancuso l'avait remarqué il y a longtemps, « ... il fatto che gli antichi citavano Ibico per libri prova che nessuna delle poesie era abbastanza vasta per formare un libro da sé e per essere citata sotto il suo proprio titolo » (*La lirica classica greca in Sicilia e nella Magna Grecia*, Pise, 1912, p. 307).

51. Voir les fr. 323 ; S 166 ; S 220 ; 221 D. qui, dans l'interprétation très convaincante de J. P. Barron, ont été composés pour des athlètes de Sparte, Leontinoi et peut-être

Il est temps d'aborder la deuxième hypothèse, à savoir la classification moderne d'Ibycus comme poète monodique dans le cadre exclusif du banquet. Lors des dernières décades du siècle passé, de nombreuses études ont approfondi le cadre social et historique relatif à la composition et à la performance de la poésie grecque archaïque : la centralité du symposion a été justement reconnue. Selon O. Murray, « Choral lyric, involving dance and praise of a god or a hero, found its natural home in the religious festival ; but monodic lyric poetry and elegiac poetry seemed in scope and theme essentially a product of the aristocratic *symposion* »[52]. En somme, le ton et les thèmes plus personnels de la poésie symposiaque, ainsi que le caractère clos et couvert des salles, limitant l'espace pour le chant et la danse, ont amené à la conclusion que *toute* poésie symposiaque comporte une exécution monodique. Une reconsidération de la relation entre le genre de l'enkomion et les poèmes érotiques dédiés aux jeunes garçons, appelés en grec παιδικά ou παιδιά (cf. Athénée, XIII, 601a), peut contribuer à une représentation plus objective et articulée du mode d'exécution des poèmes ainsi que des différentes occasions de banquet auxquelles ils étaient destinés.

On remarquera que le problème de la définition de la « lyrique chorale » en entraîne un autre, celui du « je » poétique et de la valeur des déclarations à la première personne. Les thèmes érotiques étaient traités avec la même intensité par les poètes élégiaques (cf. les fragments homéoérotiques de Solon, 16-17 G.-P., de Simonide, 21-22 West^2, et le deuxième livre de Théognis, 1231-1389), par les poètes dénommés monodiques (Anacréon et Sappho), aussi bien que par les poètes méliques tels qu'Ibycus, Pindare et Bacchylide. Le lexique et un ton explicitement érotique indiquent que certains fragments d'Ibycus (fr. 286-288 ; S 257a D.), de Pindare (fr. 123 M. pour Théoxène ; cf. fr. 127-128) et de Bacchylide (fr. 17-19 S.-M. = 1-3 Ir.) appartenaient à des poèmes érotiques[53]. Dans ces cas on peut envisager pour la première performance un chant monodique dans le cadre d'un symposion restreint, d'autant plus qu'il s'agit de poèmes courts, où l'élément mythique-narratif était

Athènes (« Ibycus : *Gorgias* and Other Poems », *Bulletin of the Institute of Classical Studies* 31, 1984, p. 19 sqq. ; voir aussi E. A. B. Jenner, dans *ibid.* 33, 1986, p. 59 sqq.).

52. O. Murray, « Sympotic History », dans *Sympotica. A Symposium on the Symposion*, O. M. éd., Oxford, 1990, p. 9.

53. Le sujet homéoérotique du mythe nous autorise à définir aussi comme poèmes érotiques d'Ibycus l'ode à Gorgias (fr. 289a) et le fr. 309 D.

vraisemblablement exclu — ou bien avait une fonction paradigmatique [54].

Pourtant, je crois qu'il faut aussi réfléchir sur le destinataire, et constater que le sujet des enkomia était influencé par le rang social et le rôle politique du particulier — rois, tyrans, puissants aristocrates — qui commandait le poème. Je ne veux pas par là affirmer que tous les enkomia de Pindare et Bacchylide avaient une destination chorale : je vise plutôt à une interprétation qui refuse l'équation stricte entre « poésie symposiaque et poésie monodique ». Cette équation se fonde sur la conviction qu'un poème au ton intime, chargé d'érotisme ou de compliments sur la beauté d'une personne, était incompatible avec une exécution chorale : il aurait plutôt dû être murmuré par une seule personne comme on le ferait de nos jours [55]. En réalité, la distinction fondamentale ne concerne pas le contraste entre « choralité » et monodie, mais le fait que ces poèmes étaient tout de même *toujours chantés en public* devant un auditoire, ce qui a contribué à leur survie et diffusion. Dans la culture grecque archaïque l'intimité du contenu était sans doute « ... assez bien intégrée à la vie collective pour qu'une exécution chorale fût possible », et nous avons à faire avec « ... l'expression communautaire et ritualisée de sentiments qui, pour nous, comptent parmi les plus individuels » [56]. F. G. Welcker a remarqué il y a longtemps que — tout comme les épinicies — les poèmes érotiques étaient composés selon les règles d'un langage hautement

54. Cf. F. Ferrari, dans *Studi classici e orientali* 38, 1988, p. 192, n. 38. Références sur l'amour homéoérotique et sur les thèmes symposiaques dans *art. cit.* (n. 20), 1990, p. 220, n. 105 ; on verra aussi Cl. Calame, *The Poetics of Eros in Ancient Greece*, Princeton, 1999 (1992), spécialement chap. I, III, V ; E. Stehle, *Performance and Gender in Ancient Greece*, Princeton, 1997, p. 213-255. Bien sûr, rien n'empêche de songer à une performance chorale de ces mêmes poèmes quand ils étaient à nouveau présentés dans les banquets, selon les modalités dont nous informe Plutarque (*Quaest. conv.* 615b) : voir A. E. Harvey, *art. cit.* (n. 6), p. 162 sq. ; M. Vetta, dans *Poesia e simposio nella Grecia antica*, M. V. éd., Rome, 1983, p. XXXI sq., 119 sqq. Sur les aspects performatifs de la lyrique chorale, on verra le beau livre de J. Herington, *Poetry into Drama. Early Tragedy and the Greek Poetic Tradition*, Berkeley-Los Angeles, 1985, dont je ne partage pourtant pas tous les points de vue.

55. Cette idée se retrouve en partie déjà chez K. O. Müller, *op. cit.* (n. 6), p. 165 : « Thoughts and feelings peculiar to an individual could not, with propriety, be sung by a numerous chorus. » 150 ans après Müller, M. Davies, *art. cit.* (n. 6), p. 55, tombe de façon plus marquée dans les mêmes préjugés subjectifs afin de nier toute possibilité de chant choral pour les enkomia.

56. Les deux citations viennent respectivement de J. Schneider, « Usage de la première personne et autobiographie dans la poésie lyrique archaïque », dans *L'invention de l'autobiographie d'Hésiode à Saint Augustin*, M.-F. Baslez, Ph. Hoffmann et L. Pernot éd., Paris, 1993, p. 26, et de Cl. Calame, *art. cit.* (n. 39), p. 105 (cf. p. 98 sq.).

stylisé et sophistiqué, voire formulaire et conventionnel, dans un cadre culturel tout à fait différent du nôtre ; le chant des παιδικοὶ (ou παιδεῖοι) ὕμνοι évoqué par Pindare (*Isthmiques* II, 1 sqq.) et par Bacchylide (*Péans*, fr. 4.80 S.-M. = 3.80 Ir.) doit être interprété dans cette dimension conventionnelle (cf. chez Bacchylide la mention des *symposia* au v. 79)[57]. Je crois qu'il est possible de développer la remarque de L. Kurke selon laquelle l'élément érotique des poèmes homéoérotiques (*paideioi hymnoi*) était surtout « ... a conventional form of communal praise and affirmation of social pre-eminence » et revêtait « ... an important social function in context » ; elle les compare aux parthénées d'Alcman, où l'admiration de toute la communauté à l'égard de *Hagési-chore* et de Agido est énoncée par le chœur[58].

Ces observations acquièrent d'autant plus de valeur, si l'on considère les destinataires des ἐγκώμια : non pas des *paides*, mais des adultes, des personnes de haut rang qui occupaient un rôle politique de premier plan dans leur cité : Polycrate, tyran de Samos, Hiéron, tyran de Syracuse, Théron, tyran d'Acragas, Alexandre, roi de Macédoine, pour lesquels Ibycus, Pindare et Bacchylide ont composé des enkomia (Pindare, fr. 118-121 ; 124d-126, plus les hyporchèmes pour Hiéron, fr. 105-106 ; Bacchylide, fr. 20 B ; 20 C S.-M. = 3 ; 5 Ir.). Or, dans l'enkomion d'Ibycus pour Polycrate (fr. S151 D.), dont il nous manque peu de vers, il est impossible de repérer des thèmes manifestement érotiques ou une adresse « personnelle » sur un ton intime : nous lisons l'éloge de la beauté du destinataire — comparé avec la beauté « héroïque » de Troilos, Cyanippos et Zeuxippos (v. 44-46 : ἐρόεσσαν μορφὰν... κάλλεος) ; l'éloge de la beauté comporte l'éloge de la puissance et du prestige du destinataire, par un réseau d'allusions mythiques et d'éléments narratifs puisés dans le matériel épique. La dénomination d'« enkomion » pour l'ode à Polycrate a engendré chez les savants la ferme conviction que — pareillement aux fragments plus spécifiquement homéoérotiques d'Ibycus (286-288 D.) — la performance

57. On verra à cet égard F. G. Welcker, *Kleine Schriften* I, Bonn, 1844 (1834), p. 220 sqq., spécialement 228 sqq. ; P. von der Mühll, dans *Museum Helveticum* 21, 1964, p. 168 sqq. ; L. E. Rossi, dans *Annali della Scuola normale superiore di Pisa* (cl. Lett.-Filos.), III, 1, 1973, p. 134 sq. Sur la fonction de propagande politique de l'épinicie, je renvoie à mon commentaire des *Pythiques* I et II de Pindare (cité n. 30), p. 10-20.

58. L. Kurke, « The strangeness of " song culture " : Archaic Greek poetry », dans *Literature in the Greek and Roman Worlds. A New Perspective*, O. Taplin éd., Oxford, 2000, p. 78. Il faut dire que pour Kurke la performance des enkomia était néanmoins monodique.

avait forcément un caractère monodique ; l'exécution aurait eu lieu dans l'espace restreint et sélectionné du banquet pour les « happy few », à la cour de Polycrate. Pourtant, cette *communis opinio* néglige le but premier de la lyrique encomiastique, qui ne diffère en rien du but des épinicies.

Le ton général des enkomia de Pindare et Bacchylide — si fragmentaires soient-ils — n'est pas différent dans l'enkomion pour Polycrate, et il paraît très proche du genre de l'épinicie : l'élément érotique y est absent, et on y trouve des thèmes mythiques, gnomiques, l'éloge du destinataire, l'allusion à des évènements historiques récents : ainsi, un enkomion de Bacchylide (fr. 20 C S.-M. = 5 Ir.) associe le souvenir des victoires de Hiéron dans les jeux au thème symposiaque ; il a été chanté dans le cadre d'un banquet à Aetna, pour un auditoire plus restreint que la *Pythique* I de Pindare, composée pour la même raison mais pour une autre occasion [59] : « A Hiéron je dois envoyer la fleur aimable des Muses, *en l'honneur de ses juments alézanes*, aux *compagnons de son banquet*... à Aetna *bien bâtie*... » (v. 1-10, trad. de J. Duchemin). La mention de la victoire de Hiéron et de la fondation d'Aetna en 476/475 av. J.-C. ont une finalité politique et commémorative (allusion au culte dont le tyran jouira en tant que héros fondateur). Il en est de même pour l'hyporchème de Pindare pour Hiéron, fr. 105 M. (cf. le fr. 119 M. pour Théron d'Acragas).

Ce n'est donc pas seulement l'état fragmentaire des témoignages et des sources qui nous empêche d'établir une claire distinction entre enkomion et épinicie au niveau de la forme et du contenu ; d'ailleurs, l'allusion aux symposiastes et à l'occasion du banquet dans les fragments (Pindare, fr. 124ab ; 124c ; 125 M. ; Bacchylide, enkom. fr. 20 B, C S.-M. = 3 ; 5 Ir.) n'appartient pas seulement au lexique des σκόλια ou des ἐγκώμια : on retrouve les mêmes thèmes par exemple chez Pindare, *Olympiques* I, 14 sqq. ; *Pythiques* IV, 293 sqq. ; *Néméennes* IV, 13 sqq. Comme pour les épinicies composés pour les rois et les tyrans où l'éloge du vainqueur revêt une fonction politique, l'enkomion composé en l'honneur des mêmes personnes poursuit précisément le même but de propagande [60]. Je crois qu'il est possible d'étendre l'envergure de la

59. Voir mon commentaire à Pindare, *Pythiques* I (cité n. 30), p. 9.

60. Voir Pindare, fr. 121.3 sqq. M. pour le roi Alexandre de Macédoine, fils d'Amyntas : « ... Il convient aux vaillants qu'on les célèbre... dans les beaux chants, car cela seul parvient à une gloire immortelle, tandis que meurent les exploits que l'on tait » (trad. de A. Puech).

réflexion de M. Vetta, selon lequel il y avait jadis des poèmes choraux qui étaient destinés aux banquets princiers [61]. Vetta se réfère seulement aux enkomia à son avis classés par erreur comme épinicies par les éditeurs alexandrins, tels que Pindare, *Olympiques* II ; *Pythiques* IV ; *Isthmiques* II : mais on peut imaginer que les destinataires des enkomia à plein titre préféraient à une mise en scène plus chorégraphique et de prestige — en correspondance avec leur rang social — afin d'obtenir en retour une bonne renommée et la reconnaissance de la communauté, qui était aussi un des buts premiers des autres poèmes commandés (épinicies, hyporchèmes) [62].

L'effet de louange pouvait être plus efficace en situant le laudandus/destinataire — et le chant du texte — dans le cadre élargi d'une cérémonie publique : un festival, un banquet à la cour du roi en présence d'un large auditoire : un contexte, à bien y voir, différent de l'espace limité d'un symposion privé où l'on chantait de courts poèmes érotiques dédiés aux jeunes garçons (*paidika*). Autrement dit, je crois qu'il faut distinguer des genres différents de banquet : celui restreint des jeunes aristocrates et des *hetairia* d'Alcée [63], d'Anacréon, des fragments d'Ibycus à l'exclusion de l'ode à Polycrate, est très différent du symposion des tyrans, des princes ou rois, qui pouvait avoir lieu dans le cadre élargi d'une occasion publique (c'est-à-dire moins privée). Si l'on considère qu'il n'y avait point de distinction marquée entre épinicies et enkomia pour ce qui concerne le mètre, la longueur et l'emploi de la structure triadique ou monostrophique, je trouve beaucoup plus plausible d'envisager pour cet enkomion une exécution chorale solennelle à la cour de Polycrate, qui lui aurait assuré plus de prestige et de renommée (κλέος, cf. v. 46-48) par rapport à une exécution monodique en tout identique à celles qui avaient lieu chaque jour dans l'ensemble des cités de Grèce archaïque [64].

Un exemple intéressant de cette catégorie de poèmes nous vient de la soi-disant XIe *Néméenne* de Pindare, qui a été rangée

61. M. Vetta, *art. cit.* (n. 54), p. XXV.

62. Hiéron de Syracuse a commandé des épinicies, des enkomia et des hyporchèmes à Pindare (*Olympiques* I ; *Pythiques* I ; II ; III ; fr. 105-106 ; 124 d-126 M.) et à Bacchylide (*Épinicies* III ; IV ; V ; fr. 20 C S.-M.), Théron d'Acragas des épinicies et un enkomion à Pindare (Pindare, *Olympiques* II ; III ; fr. 118-119 M.). A. Burnett a suggéré pour ces poèmes une performance chorale (« Performing Pindar's Odes », *Classical Philology* 84, 1989, p. 292 sq.) ; cf. C. Carey, *art. cit.* (n. 39), p. 564 sq.

63. Voir sur ce sujet G. Liberman, *Alcée. Fragments* I, Paris, 1999, p. LVI-LVIII.

64. Sur la classification et sur la performance de l'ode à Polycrate voir les doutes de A. E. Harvey, *art. cit.* (n. 6), p. 174 sq.

(avec les *Néméennes* IX et X) par les éditeurs alexandrins dans le livre des poèmes pour les vainqueurs à Némée pour la seule raison que le rouleau des *Néméenne*s n'était pas entièrement rempli et qu'il restait de l'espace dans le rouleau de papyrus pour y ranger les poèmes au sujet particulier. Le texte nous dit (v. 1 sqq.) qu'il s'agit d'un enkomion *composé pour une cérémonie civique, communale* en l'honneur d'Aristagoras de Ténédos, un citoyen de haut rang, afin de célébrer son rôle politique important : son entrée dans le collège des prytanes, la principale magistrature de la cité [65] : « Fille de Rhéa, patronne des prytanées, Hestia... Reçois avec bienveillance Aristagoras en ton sanctuaire, avec bienveillance reçois près de ton sceptre splendide ses compagnons qui, respectueux de ton culte, savent maintenir ferme et droite Ténédos. Ils t'honorent [...] de leurs libations fréquentes, et souvent aussi de la graisse des victimes ; il font résonner la lyre et le chant ; à leurs tables toujours servies, la loi de Zeus hospitalier est observée » (v. 1-9, trad. de A. Puech). Ces vers qui ouvrent le poème sont sans aucun doute très différents de ceux que l'on chantait dans les banquets d'Anacréon, d'Alcée et d'Ibycus en d'autres occasions. Le texte montre que la célébration avait probablement lieu dans la mairie, qu'il s'agissait d'une cérémonie religieuse se déroulant dans un espace large et suivie par un banquet sacrificiel auquel participait un grand nombre de citoyens et de compagnons du jeune homme : un contexte qui rappelle de près un enkomion de Pindare que je m'apprête à traiter. On conviendra que si ces observations sont valables pour un poème qui n'était pas une épinicie, il faut se garder de classer trop hâtivement l'enkomion comme un genre strictement monodique. Dans cette perspective, H. W. Smyth avait remarqué il y a plus d'un siècle la différence ambiguë entre enkomion et skolion : « ... the enkomion differed... from the more private skolion by the greater stateliness of its theme [...] the distinction between epinikion and enkomion is not made by the poets themselves and often eludes definition. Both words are in fact actually used of the same poem. » [66]

65. Cf. M. Vetta, *art. cit* (n. 54), p. XXVI sq.

66. H. W. Smyth, *op. cit.* (n. 31), p. LXXVII et n. 1. Il vaut la peine de rappeler que l'autre face de l'enkomion pours les vivants, le thrène funèbre, était aussi destiné à un auditoire élargi qui ne comptait pas seulement la famille du décédé ; pour l'exécution chorale du thrène, voir M. Cannatà Fera, *Pindarus. Threnorum fragmenta*, Rome, 1990, p. 39 ; on retrouve par exemple dans le fr. 128c M. de Pindare les motifs encomiastiques des épinicies : mythe, gnome, realité historique.

Je voudrais terminer avec un témoignage sur le skolion qui illustre les problèmes que l'on rencontre en essayant de ranger dans le lit de Procuste du banquet monodique les nombreux poèmes issus d'occasions si différentes. Nous sommes assez bien informés sur le fameux enkomion pindarique pour Xénophon de Corinthe grâce à Athénée (XIII, 573e-f = Pind. fr. 122 M.). Il convient de citer tout d'abord le contexte du poème, tel que nous le raconte Athénée, et puis le texte de Pindare : « Les citoyens privés à Corinthe promettent à Aphrodite que si leur prières sont exaucées, ils iront jusqu'à lui dédier des prostituées. Puisque cette tradition existait..., Xénophon de Corinthe, en partant pour les jeux olympiques, promit à la déesse qu'en cas de victoire il lui dédierait des prostituées. Pindare composa d'abord un *enkomion* sur sa commande [= XIIIe *Olympique*]... ; plus tard il composa aussi un *skolion*, qui fut chanté au cours du sacrifice ; il écrivit le début du poème en s'adressant aux prostituées qui prirent part à la célébration quand Xénophon était présent et accomplissait le sacrifice. Voilà pourquoi il a dit [= fr. 122] : " Ô souveraine de Chypre, voici qu'en ton sanctuaire / Xénophon a conduit une troupe de jeunes femmes, cinquante corps voués à son service / en sa joie d'avoir vu se réaliser tous ses vœux… " Mais le début du poème est le suivant : " Jeunes filles très hospitalières / servantes de Peithò dans l'opulente Corinthe, / qui faites fumer sur l'autel les larmes blondes de l'encens pâle / tandis que souvent votre pensée s'envole / vers la mère céleste des amours, Aphrodite. [...] Mais je me demande, ce que vont dire les maîtres de l'Isthme / en *me* voyant trouver (εὑρόμενον) un tel exorde pour un *skolion* doux comme le miel /et l'associer à des femmes publiques " (trad. de A. Puech).

En puisant dans l'œuvre de Chaméléon sur Pindare, Athénée nous raconte donc que Xénophon avait chargé le poète de célébrer son double triomphe athlétique avec un ἐγκώμιον (qui est pour nous l'épinicie *olympique* XIII) ; ensuite on a chanté un σκόλιον — remarquer que σκόλιον est la définition que Pindare même donne de son poème (fr. 122.14) — dans l'enceinte du sanctuaire d'Aphrodite (v. 17) en présence des hiérodouloi, qui ont aussi participé au sacrifice (*thysia*) en l'honneur de la déesse. S'en tenant à la distinction apparemment bien tranchée entre *skolia* (= poèmes monodiques) et *enkomia* qui étaient destinés à une exécution chorale solennelle et imposante, van Groningen a soutenu dans son livre *Pindare au banquet* une exécution monodique pour le fr. 122 M. : « Le scolie est chanté par un seul exécutant, l'ἐγκώμιον par un chœur. Cette distinction en entraîne une autre ; le scolie trouve sa place naturelle dans l'atmosphère plus intime du banquet, l'éloge convient à une occasion plus solennelle. »[67] Mais à vrai dire, Athénée affirme tout autre chose, c'est-à-dire que Pindare composa « un skolion... chanté au cours du sacrifice », et non pas d'un banquet au ton intime.

En marge à ce passage, il nous faut traiter un problème concernant l'expression παρὰ τὴν θυσίαν, que je traduis « au cours du sacrifice » ; au contraire, pour van Groningen, l'expression « ... ne peut signifier " durant le sacrifice ", mais " à côté, en marge du sacrifice ", ou... " à l'occasion du sacrifice " [...] la fête a compris deux parties, ... la partie strictement religieuse [...] des sacrifices [...] ensuite une partie mondaine comportant repas et beuverie, au cours duquel les hiérodoules se sont transformées en hétaïres. C'est dans cette seconde moitié que le scolie est en place »[68]. Cette interprétation vise — en conformité avec l'opinion de ce savant à propos des scolies — à exclure la possibilité d'une performance chorale du poème : « Nous sommes convaincus qu'il a été chanté par un exécutant unique [...] pourquoi (pas) le poète en personne ? » (p. 15) ; d'autre part, van Groningen reconnaît que « Xénophon a fait vœu d'organiser une *grande fête*, au banquet de laquelle il inviterait un *grand nombre* de hiérodoules... » (p. 45).

Or, tout d'abord l'interprétation de παρὰ τὴν θυσίαν dans le sens de « pendant, au cours » du sacrifice[69], et non pas de « en marge du sacrifice, dans un deuxième moment », est confirmée par l'expression analogue παρὰ (τὸ) δεῖπνον en deux passages des *Moralia* de Plutarque, où elle ne peut que signifier « au cours du / pendant le / au milieu du » repas (Plutarque, *Moralia* 674e ; 737a)[70].

De plus, il est évident que dans ce cas le contexte de la performance n'est pas l'espace intime d'un banquet limité aux amis de Xénophon, mais l'espace agrandi de l'enceinte d'un sanctuaire, au cours d'une cérémonie publique précédée par un banquet sacrificiel qui était offert à la communauté par un des ses membres du plus haut rang. Je crois qu'il faut songer à un contexte assez proche du

67. B. A. van Groningen, *Pindare au Banquet*, Leyde, 1960, p. 16 sq.

68. Id., *ibid.*, p. 21 ; cf. O. Imperio, « Pindaro e la pietra di paragone », *Eikasmos* 11, 2000, p. 60, n. 5.

69. C'est aussi l'interprétation de D. E. Gerber, *Euterpe*, Amsterdam, 1970, p. 389 : « ... the banquet *during the course of which* Pindar's scolion was sung... ».

70. Par contre, à l'appui de son interprétation, B. A. van Groningen, *op. cit.* (n. 67), p. 88, cite un passage de Galien (VI, 550) où παρὰ τὸ δεῖπνον signifierait « à la fin du repas ».

cadre rituel de la Ve *Pythique* de Pindare, qui évoque un sacrifice à la fête des Carnées à Cyrène (cf. v. 76 sqq.). Il est donc tout à fait incorrect de rapporter ici le mot σκόλιον à une exécution monodique. Dans son article sur la classification de la poésie lyrique grecque (cité n. 6), A. E. Harvey a d'ailleurs soutenu de façon très convaincante que le sens de σκόλιον comme « court poème monostrophique » destiné à une exécution symposiaque monodique ne reflète absolument pas sa valeur originelle à l'époque archaïque, puisqu'il naît du sens plus limité que le mot a acquis dans le système de classification des Alexandrins ; pour conclure, le sens de « court poème monostrophique » est issu au IIIe siècle av. J.-C. de la nécessité de créer une distinction autant claire et marquée que possible entre les différents termes concernant les (sous-)genres lyriques [71].

Un détail mineur mais significatif dans l'histoire des études sur la lyrique grecque, qui est passé inaperçu, nous permet de comprendre pourquoi les savants qui ont récemment abordé le problème du mode d'exécution du skolion et de l'enkomion se sont trompés en désignant ce poème comme « monodique » [72]. Ils renvoient tous au livre de van Groningen pour nier l'exécution chorale des skolia, sans s'être aperçus que, quand il écrivit son livre à la fin des années 50, van Groningen n'avait pas connaissance de l'article de Harvey, qui avait paru depuis peu de temps, en 1955 (il n'est mentionné nulle part chez van Groningen) : il s'ensuit que ses remarques à l'égard du skolion doivent être modifiées à la lumière de l'étude importante de Harvey qui a aussi reconsidéré les témoignages des Anciens. Il faudra aussi remarquer qu'à la différence de van Groningen, la majorité des savants soutient aujourd'hui la thèse en vertu de laquelle les enkomia étaient aussi chantés par un soliste : l'espace du chœur s'est donc rétréci davantage.

71. Sur la relation entre skolion et enkomion, voir A. E. Harvey, *art. cit* (n. 6), p. 161-164 ; I. Gallo, *Studi sulla biografia greca*, Naples, 1997 (1969), p. 73-76 ; T. B. L. Webster, *op. cit.* (n. 7), p. 104 sq. En s'appuyant aux conclusions de van Groningen, M. Davies, *art. cit.* (n. 6), p. 55 et n. 26, renvoie aux p. 162 sq. de l'article de Harvey, mais n'en tire aucune conclusion. Sur la possibilité que les *skolia* aient aussi été chantées par un chœur, voir M. Vetta, *art. cit.* (n. 54), p. 119 ; G. Nagy, *op. cit.* (n. 8), p. 107, n. 124 ; E. Pellizer, dans *Sympotica*, *op. cit.* (n. 52), p. 180.

72. Voir par exemple M. Davies, *art. cit.* (n. 6), p. 55 sq. ; E. Fabbro, « Considerazioni sul peana simposiale », dans *OINHPA TEYXH. Studi triestini di poesia conviviale*, K. Fabian, E. Pellizer et G. Tedeschi éd., Turin, 1991, p. 76 ; E. Stehle, *op. cit.* (n. 54), p. 253, n. 132, à propos de Pindare, fr. 123 M. (enkomion pour Théoxène).

Ces réflexions nous amènent à la conclusion suivante : le mode d'exécution d'un poème — choral ou monodique — n'était dicté ni par un statut immanent, ni par son sujet, mais exclusivement par l'occasion, et l'on se souviendra de la diversité d'occasions qui caractérisait la production lyrique à l'époque archaïque et classique. La perte du contexte et de toute information concernant le pacte entre le poète et le commanditaire qui est à l'origine de chaque poème nous empêche de fixer une distinction trop stricte entre exécution chorale ou monodique. Selon mon interprétation, un autre facteur qui peut avoir pesé dans le choix du mode de performance d'un poème aurait été le patronage, c'est-à-dire les ressources financières du commanditaire (ou de la communauté), si l'on considère la remarquable différence de frais entre une chorégie et la performance d'un soliste [73].

Ettore CINGANO

73. Dans le domaine du dithyrambe et de la tragédie, sur les aspects diverses de la chorégie voir P. Wilson, *The Athenan Institution of the* Khoregia, Cambridge, 2000, chap. 2, 3.

THÉOGNIS INSPIRATEUR DE SOPHOCLE ?

Le recueil de 1 400 vers que nous ont légué les manuscrits sous le nom de Théognis est l'un des plus importants témoignages d'un genre littéraire qui a marqué l'histoire de la littérature grecque ancienne, la poésie gnomique. L'œuvre, qui, dans sa majeure partie [1], date du VIe siècle av. notre ère [2], comporte, en effet, bon nombre de maximes et de conseils qui reflètent la morale grecque traditionnelle : il faut honorer les dieux, respecter ses parents, aimer ses amis et haïr ses ennemis, craindre la démesure et rechercher le juste milieu... Ces admonestations vertueuses s'inscrivent par moments dans un contexte historique précis : Théognis se plaint de son époque et de sa cité, Mégare, où la vieille aristocratie dont il est membre n'est plus respectée, tandis que les nouveaux riches se comportent mal. Si le recueil comporte également des passages d'un type différent — morceaux composés pour être chantés dans les banquets ou poèmes adressés à des jeunes gens dont l'auteur sollicite les faveurs —, nous nous intéresserons ici uniquement au premier aspect de l'œuvre : Théognis auteur de préceptes moraux et de jugements désabusés sur le monde qui l'entoure.

A l'époque classique, les auteurs citaient volontiers Théognis dont les maximes étaient apprises dans les écoles. Isocrate, dans *A Nicoclès*, cite Théognis entre Hésiode et Phocylide et déclare ces poètes « les meilleurs conseillers pour la vie pratique », même si, ajoute-t-il, « ceux qui le déclarent aiment mieux suivre les conseils que se donnent les fous que les conseils de ces poètes » [3]. Dans le *Ménon* de Platon, Socrate cite successivement trois passages de

1. Il y a bien quelques éléments postérieurs, comme les vers 773-783, qui semblent faire allusion à l'invasion de Xerxès en 480.

2. Dans la mesure où le recueil constitue en partie une anthologie qui emprunte à différents auteurs, il est difficile de proposer une datation unique. L'œuvre du Théognis « authentique » est datée du VIe siècle en référence à la tyrannie de Théagène et à Phocylide qui, d'après un témoignage ancien, aurait été contemporain de Théognis.

3. Cf. Isocrate, *A Nicoclès* (II), § 43.

Théognis en montrant que Théognis se contredit puisqu'il parle de la vertu tantôt comme une chose qui s'enseigne, tantôt comme quelque chose qui ne peut se transmettre [4].

Ces auteurs anciens aimaient également à faire figurer dans leurs œuvres des morceaux gnomiques. Il n'est pas rare de trouver des maximes ou des réflexions générales morales chez les historiens, les philosophes, les orateurs et même les dramaturges. Jusqu'à présent, les critiques ont surtout rapproché le recueil de Théognis de l'œuvre d'Euripide [5]. Notre propos est ici de montrer l'intérêt des rapprochements possibles avec Sophocle [6]. En effet, on retrouve dans les tragédies de Sophocle, avec une formulation assez voisine, bon nombre des préceptes qui figurent dans le recueil attribué à Théognis. En outre, les deux dernières pièces de Sophocle, *Philoctète* et *Œdipe à Colone*, donnent une vision du monde assez sombre, qui renoue par les thèmes avec les plaintes de Théognis sur son époque.

S'il est difficile de parler d'influence directe de Théognis sur Sophocle en raison des conditions d'élaboration des deux livres attribués à Théognis, nous montrerons cependant qu'il existe entre les deux auteurs une véritable parenté d'esprit. Pour autant, la différence de perspective demeure importante : les vers de Théognis laissent transparaître un aristocrate amer, isolé au sein d'une cité

4. Cf. Platon, *Ménon* 95d-e.

5. L'ouvrage d'E. Harrison, *Studies in Theognis*, Cambridge, University Press, 1902 comporte un appendice 5, p. 314-321 qui s'intitule : « Theognis and the writers of the fifth century ». E. Harrison s'étend assez longuement sur les rapprochements possibles avec Pindare et Bacchylide, mais ne cite qu'un seul exemple sur l'imitation de Théognis dans la tragédie : les *Phéniciennes* d'Euripide, v. 438-440. Il ne dit pas un mot de Sophocle. Les rapprochements entre Théognis et Euripide ont été étudiés par deux auteurs déjà anciens : Von Leutsch, *Philologus*, « Die Grieschischen Elegiker. Erster Artikel : Theognis », 1870, p. 504-548, notamment p. 516, et W. Nestle, *Untersuchungen über die philosophischen Quellen des Euripides*, Leipzig, 1902. Voir également A. Garzya, dans *Rivista di Filologia*, 1958, p. 225-239.

6. Curieusement, dans l'ouvrage de J. C. Opstelten, *Sophocles and Greek pessimism*, trad. du hollandais par J. A. Ross, Amsterdam, North-Holland publishing compagny, 1952, Théognis est assez peu évoqué. Il est rapproché d'Hésiode p. 162-163 et défini comme un auteur dont le pessimisme vient de ses dures conditions d'existence. Opstelten s'interroge, p. 165-170, sur la différence entre le pessimisme de Sophocle et celui de Théognis. Il s'appuie essentiellement sur deux passages, le troisième *stasimon* d'*Œdipe à Colone* et *Antigone*, v. 620 où il est question du mal qui semble un bien à celui qui est dans l'erreur. Sa conclusion se résume par cette phrase latine p. 167 : « *duo cum idem dicunt, non est idem.* » Pour Optstelten, la grande différence vient de ce que Théognis a un pessimisme fortement lié à son ressentiment personnel, tandis que Sophocle part d'un sentiment plus universel, moins lié à l'esprit du temps, qui est, en outre, surmonté.

en perdition, tandis que la tragédie sophocléenne est indissociablement liée à la démocratie et s'intègre pleinement au cadre de la cité.

*
* *

Les rapprochements entre Théognis et Sophocle permettent tout d'abord de mettre en évidence, sinon une influence directe, du moins l'existence de références communes aux deux œuvres. De fait, si certaines formulations de Théognis et Sophocle sont très proches, il est fort possible que les deux auteurs ne fassent que se référer à une source commune.

Pour montrer la proximité entre certains vers de Théognis et de Sophocle, nous partirons d'un rapprochement entre le prologue du livre de Cyrnos, l'ensemble le plus homogène du recueil, et un fragment de la *Polyxène* de Sophocle. Ces deux textes comportent l'idée qu'il est difficile de plaire à tous.

Chez Théognis, l'idée suit le célèbre passage où il est question du sceau de l'œuvre et où l'auteur se présente en donnant son nom et sa cité. Après avoir affirmé, non sans emphase, l'importance de ses vers, l'auteur semble faire une concession en déclarant qu'il ne saurait plaire à tous :

Théognis, v. 24-26 :

> Ἀστοῖσιν δ' οὔπω πᾶσιν ἁδεῖν δύναμαι·
> οὐδὲν θαυμαστόν, Πολυπαίδη· **οὐδὲ** γὰρ **ὁ Ζεὺς**
> οὔθ' ὕων πάντεσσ' ἁνδάναι οὔτ' ἀνέχων.
>
> « Sans doute, je ne puis de si tôt plaire à tous mes concitoyens. Rien d'étonnant, Polypaedès : pas même Zeus, qu'il déverse ou retienne la pluie, ne plaît à tous les hommes. » [7]

Commencer un recueil, après les invocations traditionnelles aux dieux et aux muses [8], par l'idée qu'il est impossible de plaire à tous est l'équivalent d'une précaution oratoire [9]. On trouve une idée

7. Sauf indication contraire, les traductions sont celles de Jean Carrière dans l'édition CUF.

8. Le recueil de Théognis commence sur quatre invocations, deux à Apollon, une à Artémis et une aux Muses et aux Grâces.

9. L'idée revient à trois reprises dans la suite du recueil, l'une d'elles étant manifestement un doublet de ces vers. Cf. Théognis 1184ab : « Je ne puis comprendre l'esprit qui anime mes concitoyens ; je ne leur plais en agissant ni bien ni mal » et 367-370 : « Je ne puis comprendre l'esprit qui anime mes concitoyens ; je ne leur plais en agissant ni bien ni mal ; beaucoup me raillent, aussi bien des bons que des mauvais — mais aucun de ces simples n'est capable de m'imiter. » Voir surtout parallèle avec v. 801-804 : « Il ne naîtra

comparable dans un fragment de Solon [10] qui déclare : « dans les grandes œuvres, il est difficile de plaire à tous. »

Il est pourtant frappant de voir que Sophocle, quand il reprend à son tour cette idée, utilise la même comparaison que Théognis et le même type de raisonnement *a fortiori*. Le contexte n'est plus littéraire, mais politique : un chef militaire — sans doute Agamemnon — explique qu'il ne saurait prendre des décisions qui satisfassent tous ses soldats :

Sophocle, fr. 524 [11], *Polyxène*, Agamemnon (?) :

Οὐ γάρ τις ἂν δύναιτο πρῳράτης στρατοῦ
τοῖς πᾶσιν εἶξαι καὶ προσαρκέσαι χάριν.
Ἐπεὶ **οὐδ' ὁ** κρείσσων **Ζευς** ἐμοῦ τυραννίδι
οὔτ' ἐξεπομβρῶν οὔτ' ἐπαυχμήσας φίλος,
βροτοῖς - δ' ἂν ἐλθὼν ἐς λόγον δίκην ὄφλοι.
Πῶς δῆτ' ἔγωγ' ἂν θνητὸς ἐκ θνητῆς τε φὺς
Διὸς γενοίμην εὖ φρονεῖν σοφώτερος·

« Car aucun chef d'armée ne pourrait céder à tous et rendre faveur à tous. En effet, pas même Zeus, qui a un pouvoir supérieur au mien, n'est apprécié quand il fait pleuvoir ou dessèche et, s'il venait à rendre des comptes aux mortels, il perdrait son procès. Comment donc, moi qui suis mortel né d'une mortelle, pourrais-je penser d'une manière plus habile que Zeus [12] ? »

On retrouve chez Sophocle comme chez Théognis la même séquence οὐδ' ὁ Ζεὺς, « pas même Zeus », qui indique le raisonnement *a fortiori*. Peut-on, pour autant, conclure à une influence directe de l'un sur l'autre [13] ? L'étude d'un autre rapprochement possible montre que les deux auteurs peuvent aussi se référer à une source commune.

Ce second rapprochement concerne un distique de Théognis qui se retrouve presque mot pour mot dans un fragment de la *Créuse* de Sophocle :

---

pas ni n'est né encore aucun homme qui parte chez Hadès sans avoir déplu à personne ; même celui qui règne sur les mortels et sur les Immortels, Zeus le Cronide, ne peut plaire à tous ici-bas. »

10. Éd. West, Solon, frag. 7 : ἔργμασιν ἐν μεγάλοις πᾶσιν ἁδεῖν χαλεπόν.

11. Nous citons les fragments dans l'édition de S. Radt, *Tragicorum Graecorum Fragmenta*, vol. 4 : *Sophocles*, Göttingen, Vandenhoeck & Ruprecht, 1977.

12. Les traductions de Sophocle sont de nous.

13. Dans son commentaire, B. A. Van Groningen, *Théognis, Le premier livre édité avec un commentaire*, Amsterdam, N. V. Noord-Hollandsche Uitgevers Maatschappij, 1966, p. 21, fait référence à un *ostracon* de Berlin n° 12.319 où le texte de Théognis figurerait, ce qui montre qu'il avait une certaine notoriété. Van Groningen renvoie à U. von Wilamowitz. Moellendorf, S. B. Berlin 1918, 742 sq.

Théognis, v. 255-256 :

Κάλλιστον τὸ δικαιότατον, λῷστον δ' ὑγιαίνειν,
πρᾶγμα δὲ τερπνότατον, τοῦ τις ἐρᾷ, τὸ τυχεῖν.
« Rien de plus beau que la justice, rien de plus utile que la santé, mais la chose la plus plaisante, c'est d'obtenir ce qu'on désire. »

Sophocle, fr. 356, *Créuse* :

Κάλλιστόν ἐστι τοὔνδικον πεφυκέναι,
λῷστον δὲ τὸ ζῆν ἄνοσον, ἥδιστον δ' ὅτῳ
πάρεστι λῆψις ὧν ἐρᾷ καθ' ἡμέραν.
« Rien de plus beau que d'être juste ; rien de plus utile que de vivre à l'abri des maladies, mais le plus agréable est, pour celui qui le peut, d'avoir en mains ce qu'il désire chaque jour. »

Les deux textes sont sensiblement identiques dans le contenu et dans la forme : ils présentent la même construction attributive reposant sur trois superlatifs successifs qui classent trois biens — justice, santé et le fait d'obtenir ce qu'on désire — en fonction d'une hiérarchie des valeurs : le beau, l'utile et l'agréable. Les variantes d'un texte à l'autre[14] ne changent rien à l'énoncé et peuvent correspondre à des nécessités métriques, puisque Théognis utilise le distique élégiaque, tandis que les vers de Sophocle sont en trimètres iambiques, vers des parties parlées de la tragédie.

Mais cette proximité de l'énoncé et de la formulation n'indique pourtant pas de manière certaine l'influence directe de Théognis sur Sophocle. Aristote, dans l'*Éthique à Nicomaque* (I, 9, 1098a25) et l'*Éthique à Eudème* (I, 1, 1214a5), cite ces vers[15] comme une inscription (ἐπίγραμμα) au sanctuaire de Léto à Délos. Théognis et Sophocle ont donc pu faire allusion, chacun de leur côté, à cette inscription qui était sans doute devenue un dicton populaire.

*

Une seconde difficulté empêche de parler d'influence directe de Théognis sur Sophocle : l'existence de morceaux ajoutés dans le recueil dissimule la part du Théognis authentique. Rappelons, en effet, quelques éléments concernant l'œuvre de Théognis. Il s'agit

14. Par exemple la formulation « vivre sans maladie » (τὸ ζῆν ἄνοσον) plutôt qu'« être en bonne santé » (ὑγιαίνειν), l'ajout de « chaque jour » chez Sophocle.

15. Le texte d'Aristote est très proche de Théognis, même si on trouve l'adjectif employé par Sophocle pour dire « le plus agréable ». Cf. *Éthique à Eudème*, 1214a5 : Κάλλιστον τὸ δικαιότατον, λῷστον δ' ὑγιαίνειν, πάντων ἥδιστον δ' οὗ τις ἐρᾷ, τὸ τυχεῖν ; *Éthique à Nicomaque* (I, 9, 1098a25) : Κάλλιστον τὸ δικαιότατον, λῷστον δ' ὑγιαίνειν, ἥδιστον δὲ πέφυχ' οὗ τις ἐρᾷ, τὸ τυχεῖν.

d'un recueil qui s'est constitué autour d'un noyau primitif, les recommandations de Théognis de Mégare à son disciple Cyrnos, selon toute vraisemblance, le fils de Polypaos. Par la suite et sans que la chronologie soit claire, les Anciens ont attribué à Théognis, dont les conseils moraux remportaient un véritable succès dans les écoles, toute une série de principes qui paraissaient pourvoir être intégrés à l'œuvre. Dans le recueil tel qu'il est aujourd'hui constitué, il est donc difficile de faire la part du Théognis authentique. Il est, en revanche, certain que nous y retrouvons des vers attribués à Tyrtée [16], à Mimnerme ou à Solon [17]. Sans doute y a-t-il également des emprunts que nous n'identifions pas.

Dans nos rapprochements, il nous paraît, dès lors, plus juste de ne pas parler d'influence directe de Théognis sur Sophocle, mais plutôt d'un fonds commun de la sagesse antique, attesté chez Théognis, dans le recueil tel qu'il nous a été transmis, et qui se retrouve chez Sophocle. Cependant, ce constat n'enlève rien à la très grande parenté d'esprit que l'on trouve par moments entre les deux œuvres.

*
* *

Les rapprochements possibles entre Théognis et Sophocle concernent aussi bien la morale commune grecque, des idées plus paradoxales ou encore certains constats désabusés sur le monde, typiques des deux dernières pièces de Sophocle.

Nous passerons très vite sur les thèmes, présents chez les deux auteurs, qui relèvent de la morale commune grecque et que l'on trouve donc partout, par exemple l'affirmation que les dieux châtient les criminels [18], l'idée qu'un bien mal acquis ne profite pas [19],

---

16. V. 1003-1006 = Tytée 12. 13-16

17. 153-154 = Solon 6. 3-4 ; v. 227-232 = Solon 13. 71-76 ; v. 585-590 = Solon 13. 65-70

18. Théognis, 143-144 : « Il n'a jamais échappé aux regards des Immortels, fils de Polypaos, le mortel qui a trompé un hôte ou un suppliant », à mettre en parallèle avec Sophocle, *Œdipe à Colone*, v. 278-281 : « et songez qu'ils regardent l'homme pieux, mais aussi les impies et que, jamais encore, je crois, un mortel sacrilège n'a échappé aux dieux. »

19. Théognis 197-202 : « Le bien qui nous vient de Zeus, que nous gagnons en toute innocence et justice, nous est acquis à tout jamais ; mais l'homme qui, sans attendre son heure, s'est, par cupidité ou à la faveur d'un serment déloyal, assuré d'injustes bénéfices, ne paraît réussir d'abord que pour retomber à la fin dans le malheur : c'est la volonté des dieux qui l'emporte. » A mettre en parallèle avec Sophocle, *Œdipe à Colone*, v. 1026-1027 : « Car les biens qu'on acquiert par une ruse malhonnête, on ne les conserve pas. »

l'insistance sur la situation d'ignorance où sont les hommes face à l'avenir [20], la mise en garde contre la démesure [21], l'invitation à saisir le moment opportun [22].

En revanche, il est plus intéressant de constater que certaines idées paradoxales de Théognis se retrouvent chez Sophocle. Nous prendrons comme exemple l'idée très pessimiste, formulée, semble-t-il, de manière authentique [23] par Théognis, selon laquelle la mort est préférable à la vie :

Théognis, v. 425-428 :

> Πάντων μὲν μὴ φῦναι ἐπιχθονίοισιν ἄριστον
> μηδ' ἐσιδεῖν αὐγὰς ὀξέλος ἡελίου,
> φύντα δ' ὅπως ὤκιστα πύλας Ἀίδαο περῆσαι
> καὶ κεῖσθαι πολλὴν γῆν ἐπαμησάμενον.

« Pour les habitants de la terre, le plus enviable de tous les biens est de ne pas naître et de ne pas voir les rayons du soleil ardent ; et quand on est né, de franchir au plus tôt les portes de l'Hadès et de reposer recouvert par beaucoup de terre » (CUF, trad. J. Carrière remaniée) [24].

Dans ce texte, il est frappant de voir que les pentamètres (« ne pas voir les rayons du soleil ardent » et « reposer recouvert par beaucoup de terre ») apparaissent comme une amplification poétique dans la mesure où ils n'ajoutent aucune idée nouvelle. Théognis ne fait sans doute qu'opérer une variation sur un thème déjà ancien. Quand on retrouve les mêmes idées au début du troisième *stasimon d'Œdipe à Colone*, il est donc impossible d'affirmer que Sophocle fasse directement allusion à Théognis. Il est, en revanche, frappant de voir à quel point Sophocle est proche de Théognis dans la formulation comme dans l'esprit :

---

20. Théognis, v. 135-138 : « Aucun homme, dans la poursuite d'une affaire, ne sait si l'issue en sera bonne ou mauvaise ; car souvent il prend le bon parti en croyant prendre le mauvais, le mauvais en croyant prendre le bon. » A mettre en parallèle avec le deuxième *stasimon* d'*Antigone* où il est question d'un homme à qui le mal semble un bien. Voir aussi la conclusion d'*Ajax* sur le thème de l'ignorance de l'avenir.

21. Chez les deux auteurs, ce thème est intimement lié au précédent, comme le montre un rapprochement entre les vers 159-160 de Théognis : « Ne tiens jamais, Cyrnos, un propos orgueilleux ; car personne au monde ne sait ce que la nuit, le jour prochain réservent à un homme » et les v. 943-946 des *Trachiniennes* : « Car si on compte sur deux jours ou plus, on est bien présomptueux. Demain, en effet, n'est pas tant qu'on n'a pas bien passé aujourd'hui. »

22. Chez Théognis, v. 401-402. Chez Sophocle, *Électre*, v. 75-76, par exemple.

23. C'est notamment l'avis de Jean Carrière, l'éditeur de Théognis dans la CUF. Cf. son commentaire p. 82.

24. Le terme ἐπιχθόνι « voisin » nous paraît désigner les hommes, par opposition aux dieux et donc ne pouvoir être rendu par « tous les biens sur terre ».

Œdipe à Colone, Chœur, 1224-1227 :

> Μὴ φῦναι τὸν ἅπαντα νι-
> κᾷ λόγον· τὸ δ', ἐπεὶ φανῇ,
> βῆναι κεῖθεν ὅθεν περ ἥ-
> κει, πολὺ δεύτερον, ὡς τάχιστα.

« Ne pas naître l'emporte sur tout discours. Puis, arrivé au jour, revenir là d'où l'on vient, le plus vite possible, arrive de beaucoup en second. »

Comme dans le fragment de *Créuse*, il y a ici une hiérarchie des biens, avec ce paradoxe que la mort, normalement considérée comme un mal, est présentée comme un bien préférable à la vie. Si l'on trouve de nombreux échos de la première idée — mieux vaut ne pas naître — dans la littérature grecque[25], le texte de Sophocle est l'un des rares avec Théognis[26] à reprendre le deuxième élément du thème : « mieux vaut mourir le plus vite possible. » La plupart des auteurs antiques se contentent, en effet, de reprendre la première idée qu'ils détournent pour lui donner un sens positif. Chez Bacchylide, par exemple, s'il vaut mieux ne pas naître, c'est parce qu'on a trop de chagrin ensuite à quitter la vie[27]. Chez Hérodote, le thème est illustré par l'histoire de Cléobis et Biton qui meurent, après que leur mère a prié la déesse Héra d'accorder à ses fils ce que l'homme peut obtenir de meilleur[28]. Mais il ne s'agit pas de n'importe quelle mort : les jeunes gens meurent d'une mort douce, qui arrive dans leur sommeil, et d'une mort glorieuse, qui survient après un exploit physique qui est aussi un acte de piété[29]. Aristote,

---

25. Van Groningen relève 12 auteurs qui donnent la citation. Elle figure notamment dans deux fragments d'Euripide : fr. 285, 1 sqq. N2 (Bellér.) : ἐγὼ τὸ μὲν δὴ πανταχοῦ θρυλούμενον κράτιστον εἶναι φημι μὴ φῦσαι βροτῷ... et fr. 908, 1 N2 : τὸ μὴ γενέσθαι κρεῖσσον ἢ φῦσαι βροτοῖς. Le premier fragment désigne le thème comme « un lieu commun répété partout ».

26. Le papyrus du IIIe siècle av. J.-C., *La Dispute d'Homère et d'Hésiode*, § 7, reprend également le deuxième élément et mentionne, comme Théognis, les portes de l'Hadès, mais il s'agit probablement d'un texte postérieur au recueil de Théognis.

27. Bacchylide, Ode V, 160-162 :

> ... Θνατοῖσι μὴ φῦναι φέριστον
> μηδ' ἀελίου προσιδεῖν
> φέγγος·

« Pour les mortels, le mieux est de ne pas naître et de ne pas voir la lumière du soleil » (texte Lœb).

28. Hérodote, I, 31, 16-17. L'historien commente son récit en disant que « dans ces circonstances, la divinité fait bien voir que, pour l'homme, mieux vaut être mort que vivant ».

29. Cléobis et Biton se sont attelés pour permettre à leur mère, prêtresse d'Héra, d'arriver à temps à sa cérémonie et c'est dans le repos qui suivra cet exploit physique que sera exaucée la prière de leur mère.

enfin [30], qui présente l'idée insérée dans un contexte narratif — la capture de Silène par le roi Midas — donne à la mort un sens également positif dans la mesure où elle signifie pour lui une plus grande proximité avec le divin [31].

Dans *Œdipe à Colone*, en revanche, les distiques de Théognis, repris dans leur double formulation (mieux vaut ne pas naître et ensuite mourir au plus vite), ont l'acception pessimiste qu'ils ont dans le recueil de l'aristocrate de Mégare. Le chant, œuvre d'un Sophocle qui a autour de 90 ans [32], est une lamentation sur les malheurs qui frappent la vieillesse en particulier et la condition humaine en général. Pour les membres âgés du chœur, il semble que trop de malheurs accablent la condition humaine pour que, tout bien pesé, l'aventure mérite d'être vécue.

Le rapprochement entre ces deux passages montre donc une grande parenté d'esprit entre les deux auteurs, à propos d'une formulation particulièrement pessimiste.

*

Le pessimisme de Théognis se retrouve également dans la description de la situation du monde donnée dans les deux dernières pièces de Sophocle qui nous restent.

Les distiques élégiaques de Théognis nous permettent de reconstituer certains éléments de sa vie. On devine, en effet, l'amertume d'un aristocrate lésé par l'avènement d'une démocratie radicale. Les sources antiques, principalement Aristote [33] et Plutarque [34], suggèrent d'associer l'œuvre de Théognis à la période qui suivit la chute de Théagène de Mégare [35] durant laquelle il y eut des

30. Cf. le témoignage de Plutarque, *Consolation à Appolonios* 27d.

31. Cicéron, dans les *Tusculanes* I, 48, 114, a manifestement lu Aristote puisqu'il se réfère au récit de la capture de Silène par Midas.

32. La pièce a été représentée à titre posthume en 401. Sophocle semble avoir vécu de 496 à 406.

33. Aristote, dans la *Politique* V, 1304b34, dit que les démagogues, pour distribuer de l'argent au peuple, prirent des mesures d'expulsion des gens importants, mais que les exilés, une fois suffisamment nombreux, revinrent, défirent le peuple lors d'une bataille et établirent l'oligarchie.

34. Plutarque, dans *Questions grecques* XVIII, 295cd, dit qu'après le départ de Théagène, les Mégariens auraient eu un bon gouvernement pendant une courte période, mais qu'ensuite, ils furent corrompus par les démagogues. Il rapporte que les pauvres entraient chez les riches, les forçaient à les divertir et à les nourrir royalement et traitaient avec violence ceux qui refusaient.

35. La date de cet épisode est incertaine.

exactions à l'égard des riches [36]. Mais tous les passages de Théognis ne correspondent pas à la même époque historique. Au contraire, les distiques faisant allusion à la situation de la cité et à la vie de l'auteur reflètent tantôt la période précédant l'avènement de la tyrannie, tantôt la tyrannie où certains aristocrates tentent de s'allier pour reprendre le pouvoir, tantôt la période qui suivit la chute de Théagène où Théognis a été manifestement exclu de ses terres et sans doute exilé [37].

Dans les poèmes qui évoquent la situation de la cité lors de l'avènement de la démocratie radicale, le monde décrit par Théognis présente une situation inversée où les « méchants » (*kakoi*) — des gens qui n'ont ni naissance ni vertu — triomphent, tandis que les gens de bien (*agathoi*), qui sont socialement des aristocrates et qui ont tout un ensemble de qualités morales, sont dans la misère. Citons, par exemple, les vers 53-62 : « Cyrnos, cette ville est encore une ville, mais ses habitants ont changé : ceux qui autrefois ne connaissaient ni droit ni lois, juste bons à user autour de leurs flancs leurs peaux de chèvres et à pâturer hors des murs comme des cerfs, ce sont eux qui sont maintenant les bons (*agathoi*) ; les honnêtes gens d'autrefois (*ethloi*) sont devenus des gens de rien (*deiloi*). Qui pourrait supporter ce spectacle ? Ils se jouent et se rient les uns des autres, sans voir où est le mal, où est le bien. Avec aucun de ces concitoyens, Polypaedès, ne te lie d'une amitié de cœur, quelque avantage que tu en attendes. » Dans ce texte, on le voit, la basse extraction est associée à la bassesse morale.

Chez Sophocle, la description du monde de Troie, au premier épisode du *Philoctète*, ressemble à la cité de Théognis : la justice semble avoir été inversée. Philoctète, en interrogeant le fils d'Achille, Néoptolème, sur le sort des combattants à Troie, découvre avec dépit que ceux qu'il considère comme les meilleurs d'un point de vue moral (Achille, Ajax, Antiloque et Patrocle) sont morts, tandis que sont toujours vivants Ulysse et Diomède, des individus fourbes à ses yeux, et Thersite, un homme du peuple insolent. Chez

---

36. Si l'on en croit Aristote, *Politique* V, 1305a25, le tyran Théagène s'en prit aux riches dont il massacra le bétail pour se gagner l'appui du peuple.

37. Voir à ce sujet l'excellent livre de M. L. West, *Studies in Greek Elegy and Iambus*, Berlin-New York, Walter de Gruyer, 1974, p. 71. M. L. West identifie trois visages de Théognis qui transparaissent dans son ouvrages : l'aristocrate témoin d'une révolution populaire, le conspirateur trahi et l'exilé amer. On peut compléter cet ouvrage par l'article de G. Nagy, « Theognis and Megara : a poet's vision of his city », dans *Theognis of Megara, Poetry and the Polis*, T. J. Figueira et G. Nagy éd., Baltimore-Londres, Johns Hopkins University Press, 1985, p. 22-81.

Sophocle comme chez Théognis, on retrouve donc la victoire de la fourberie sur l'honnêteté et même, du point de vue social, celle du vilain sur l'aristocrate. Comme chez Théognis également, ce monde injuste vis-à-vis du mérite suscite la plus grande défiance. Néoptolème[38] affirme, v. 456-458 : « Les gens chez qui le coquin l'emporte sur l'honnête homme, chez qui le mérite est en baisse, tandis que le lâche triomphe, ces gens-là, jamais je ne me fierai à eux. »

Enfin, chez Théognis comme chez Sophocle, le constat de la victoire du méchant aboutit à une remise en cause de la justice divine :

Théognis, v. 373-380 :

> « Zeus, mon Dieu, je ne puis te comprendre : tu règnes sur l'univers, seul détenteur de l'honneur et de la puissance ; tu connais l'esprit et les sentiments de chaque homme ; ton empire domine toutes choses, ô roi : comment donc, ô Cronide, ton jugement ose-t-il confondre dans un même destin les criminels et les justes, ceux dont l'esprit se tourne vers la sagesse comme ceux que l'exemple de l'injustice corrompt et conduit à l'outrance ? »

Chez Sophocle, de même, à la nouvelle que Thersite est vivant, Philoctète généralise sur l'injustice des dieux qui semblent réserver leurs soins aux méchants :

Philoctète, v. 446-452 :

> « Aucune mauvaise créature n'est morte encore, mais ce sont elles que les dieux entourent de soins. Et d'une certaine façon, les coquins et les fourbes, ils se plaisent à les faire remonter de l'Hadès, tandis que les justes et les bons, ils les y envoient toujours. Comment faut-il s'expliquer cela ? Comment faire des louanges ? Quand je cherche à louer l'action divine, je trouve les dieux méchants. »

Ajoutons, bien entendu, que chez l'un et l'autre auteur, ce type d'énoncé coexiste avec l'affirmation, beaucoup plus fréquente, de la croyance en la justice divine. En outre, dans les deux textes, la prise en compte du contexte amène à relativiser ce que de telles exclamations peuvent avoir d'excessif[39].

---

38. Le fait que cette description du monde de Troie intervienne dans le cadre d'une ruse ne nous paraît pas de nature à remettre en cause le constat désabusé qui est fait, dans la mesure où les morts annoncées sont fidèles au récit de l'épopée.

39. M. L. West a raison de souligner qu'il est important de ne pas considérer le texte de Théognis seul, mais de le réinsérer dans un ensemble comportant les vers 373-400. Il parle d'unité avec changement de perspective en faisant un parallèle avec le fragment 13 de Solon. Cf. *op. cit.* (n. 37), p. 153 : « there is the same kind of unity as in Solon fr. 13, with a progressively changing perspective. »

Ce type de description pessimiste sur la situation du monde se retrouve dans la dernière pièce de Sophocle, *Œdipe à Colone*. Citons, par exemple, la mise en garde d'Œdipe à l'égard de Thésée au début de la pièce, constat désabusé du caractère peu fiable des relations humaines : « La bonne foi périt, la perfidie grandit, et ce n'est pas toujours le même vent qui souffle entre amis ou de cité à cité » (v. 611-613).

La proximité thématique de l'œuvre de Théognis avec certains énoncés de *Philoctète* et *Œdipe à Colone* souligne ce paradoxe que les deux dernières tragédies de Sophocle sont tout à la fois les pièces dont la fin est la plus heureuse [40] et celles qui comportent les passages les plus pessimistes de ce théâtre, qu'il s'agisse du chant d'*Œdipe à Colone* concernant les malheurs de la condition humaine ou de l'injustice décrite à Troie dans *Philoctète*.

*
* *

Les rapprochements mettent cependant en lumière une différence de perspective, liée au contexte démocratique dans lequel s'inscrit la tragédie grecque.

Tout d'abord, on ne trouve pas chez Sophocle de méfiance systématique vis-à-vis des relations humaines ni de repli sur la sphère privée.

Le dégoût de Théognis pour le monde qui l'entoure a pour conséquence un repli sur la sphère privée et les relations individuelles. Il accorde ainsi beaucoup d'importance à l'amitié, même si les préceptes qu'il donne en la matière sont essentiellement négatifs. S'il y a bien une formulation positive [41] aux vers 77-78 : « Un homme sûr, Cyrnos, vaut son pesant d'or et d'argent, au milieu de graves discordes », on trouve de nombreux passages où l'auteur constate combien sont rares les amis véritables, qui savent rester dans le malheur, qui n'ont pas un langage double et qui ne sont pas intéressés. Le recueil invite plutôt à la défiance, voire même à l'hypocrisie en matière d'amitié :

Théognis, v. 213-218 :

« A tous nos amis, ô mon cœur, présente un aspect changeant de toi-même, nuance ton humeur suivant celle de chacun d'eux. Prends les

40. *Électre* présente également une fin heureuse dans la mesure où le frère et la sœur ont réussi à venger leur père, mais ce succès est terni par l'horreur du crime que représente le meurtre d'une mère.

41. Elle est citée par Platon dans *Les Lois* 1, 630a.

mœurs du polype aux nombreux replis, qui se donne l'apparence de la pierre où il va se fixer. Adapte-toi un jour à l'une, et un autre jour change de couleur. Va, l'habileté vaut mieux que l'intransigeance. »

Cette image du polype se retrouve dans un fragment de l'*Iphigénie* de Sophocle :

Frag. 307 :

« à l'égard de ton mari, pense à changer la couleur de ta véritable pensée comme un polype sur une pierre. »

La réflexion appartient sans doute à Clytemnestre qui, comme dans l'*Iphigénie à Aulis* d'Euripide, croit que sa fille va épouser Achille et lui donne donc quelques conseils pour son mariage. Cependant, le caractère fragmentaire de la pièce interdit d'accorder trop d'importance à des vers qui sont certainement dans la bouche d'un personnage qui n'a pas une parole d'autorité aux yeux de Sophocle. Dans les tragédies complètes qui nous restent, même si on trouve des passages où, en ce qui concerne les relations humaines, Sophocle rejoint certains constats désabusés de Théognis, tel n'est pas le message d'ensemble qui se dégage des tragédies. Par exemple, on trouve dans *Ajax* la comparaison de l'amitié avec un mauvais port, présente chez Théognis :

Théognis, v. 113-114 :

« Ne fais jamais ton ami (φίλον ἑταῖρον) d'un mauvais homme ; fuis-le toujours comme un port dangereux (κακὸς λιμήν). »

Sophocle, *Ajax*, vers 682-683 :

« Pour beaucoup de mortels, il n'est pas sûr, le port de l'amitié (ἄπιστος λιμήν). »

Mais chez Sophocle, l'idée appartient à un discours particulièrement complexe à analyser, le monologue ambigu d'Ajax, qui laisse supposer à ses proches qu'il renonce à ses projets, alors que les spectateurs comprennent qu'il court au suicide. La comparaison de l'amitié avec un port dangereux s'explique, dans le contexte de la pièce, par la déception qu'a pu éprouver Ajax à l'égard des Atrides, ses amis, qui ont attribué les armes d'Achille à Ulysse, alors qu'il pensait les avoir méritées. Le paradoxe est que, tout en affirmant cela, Ajax sait qu'il peut compter sur ses proches, notamment les marins de Salamine qui forment le chœur de la tragédie, à qui il adresse ses dernières recommandations à la fin du discours[42]. En

42. Ajax les appelle ἑταῖροι, v. 687, mot de la même famille que le mot ἑταιρεία, employé v. 683 pour désigner l'amitié.

outre, la suite de la pièce illustre plutôt la fidélité de ses amis — Tecmesse, sa compagne, et son demi-frère Teucros — et montre même Ulysse prendre la défense de son pire ennemi pour obtenir des Atrides une sépulture pour le héros mort. La méfiance concernant les relations humaines que peut exprimer ici ou là tel personnage de Sophocle ne peut donc être érigée en système, car elle est contrebalancée par l'interprétation d'ensemble qui se dégage des pièces.

De plus, contrairement à Théognis, Sophocle ne valorise pas la sphère privée. Si, dans son œuvre, le héros est entouré de proches, il a la particularité de ne jamais les écouter. Antigone et Électre ont chacune des discussions avec leur sœur, mais refusent d'écouter les conseils de prudence et d'abandonner leurs projets. Ajax renvoie brutalement Tecmesse qui le supplie de rester en vie pour sa famille. Il ne tient pas compte du lien qui les unit.

Si, dans les deux dernières pièces de Sophocle, en revanche, une place importante est donnée à l'amitié, notamment entre Philoctète et Néoptolème et entre Œdipe et Thésée, ces amitiés ont pour caractéristique de ne pas s'opposer à l'intérêt général, mais d'être en adéquation avec lui. La sphère privée n'est pas isolée par rapport au cadre de la cité, comme chez Théognis.

Philoctète raconte l'avènement d'une amitié véritable entre Philoctète, le héros malade, abandonné par ses pairs au début de la guerre de Troie, et Néoptolème, le fils d'Achille, venu le convaincre de partir pour Troie. Cette amitié repose d'abord sur un leurre puisque Néoptolème dissimule à Philoctète qu'il est là sur ordre et tente de tromper le héros sur leur véritable destination. Avant l'intervention finale d'Héraclès, la sphère privée semble l'emporter sur l'intérêt général puisque Néoptolème accepte de reconduire chez lui Philoctète, par respect de la parole donnée et ce, en empêchant la victoire grecque à Troie. Mais l'intervention du *deus ex machina* aboutit à une concordance entre sphère privée et sphère publique : l'amitié entre Philoctète et Néoptolème vient concourir à l'intérêt général des Grecs puisque les deux personnages partent conquérir Troie ensemble. De même, dans *Œdipe à Colone*, l'amitié entre Œdipe et Thésée correspond à l'intérêt général d'Athènes puisqu'en mourant dans le territoire de la cité, Œdipe protège la cité contre ses futurs ennemis.

Une première différence, majeure, entre Sophocle et Théognis est donc que les relations humaines ne sont pas chez Sophocle appréhendées hors du cadre de la cité. Théognis, déçu du régime politique de sa cité, se replie sur la sphère privée, encore que celle-ci semble avoir été aussi pour lui une source de déceptions nombreuses. Chez Sophocle, au contraire, l'amitié ne constitue certainement pas une sphère de repli et elle n'est possible que dans la mesure où elle correspond au bien collectif.

*

D'autre part, Théognis montre un mépris envers les gens sans naissance dont Sophocle est exempt. Si Théognis admet qu'il existe des méchants parmi les gens bien nés, il n'évoque jamais la thématique inverse — qu'il puisse y avoir des gens de bien chez les gens de condition modeste [43]. Surtout, il fait peser un lourd mépris sur les gens sans naissance, particulièrement sensible dans les passages où il déplore les mariages entre nobles et nouveaux riches :

> Théognis, v. 183-192 :
>
> « Nous cherchons, Cyrnos, des béliers, des ânes et des chevaux de race, et on ne leur fait saillir que des femelles au sang pur ; mais un homme de qualité ne se fait pas scrupule d'épouser la fille d'un vilain, si elle lui apporte beaucoup de bien ; pas davantage une femme ne refuse de s'unir à un vilain, s'il a de la fortune : c'est la richesse, et non la qualité du parti qui la tente. On a pour l'argent un véritable culte ; l'honnête homme prend femme chez le vilain, et le vilain chez l'honnête homme ; l'argent croise la race. Aussi ne t'étonne pas, fils de Polypaos, de la voir s'étioler chez nos concitoyens ; c'est qu'au bon sang s'y mêle le mauvais. »

Chez Sophocle, l'influence de la démocratie athénienne se fait sentir par le fait que les choses sont beaucoup moins tranchées. Sophocle dépeint souvent avec tendresse les petits personnages de son théâtre, qu'il s'agisse de personnages secondaires comme le garde d'*Antigone* ou de certains chœurs comme celui d'*Ajax*. Nulle trace chez lui de la morgue aristocratique d'un Théognis. Au contraire, face aux excès du héros, les petits personnages sont souvent là pour rappeler la norme de l'humanité moyenne et c'est elle qui a le dernier mot dans les tragédies sophocléennes.

*

Enfin, Théognis réserve son enseignement (*paideia*) à des disciples choisis, tandis que Sophocle est, par l'intermédiaire du festival, un maître de sagesse pour toute la cité.

---

43. Sur ce point, les exemples de cette thématique au théâtre sont plus à rechercher chez Euripide que chez Sophocle. On pense immédiatement au personnage du laboureur dans l'*Électre* d'Euripide.

Les destinataires du recueil de Théognis font implicitement partie de l'élite sociale des *agathoi*. Il s'agit d'une sagesse transmise de génération en génération entre gens de bien, comme le montrent les vers 27-28 : « C'est pour ton bien, Cyrnos, que je vais formuler ces préceptes, tels qu'encore enfant je les reçus moi-même des gens de bien. » Le principal destinataire de cette sagesse, Cyrnos, a peu de traits spécifiques et semble se définir uniquement par sa bonne naissance. La sagesse proposée par Théognis est donc essentiellement celle d'une élite aristocratique. Sophocle, en revanche, écrit ses pièces dans le cadre d'un concours tragique, qui est une fête pour la cité. Il est jugé par l'ensemble de ses concitoyens, quelle que soit leur naissance. Ses pièces s'adressent donc à tous les Athéniens et même aux ambassadeurs étrangers présents aux grandes Dionysies qu'Athènes était soucieuse d'impressionner.

*
* *

En conclusion, nous voudrions signaler l'intérêt de la lecture de Théognis pour ceux qui s'intéressent à la tragédie grecque, notamment à celle de Sophocle.

Tout d'abord, l'œuvre attribuée à Théognis nous informe sur le courant gnomique, un élément qui, en plus de l'épopée, a marqué la culture des grands dramaturges athéniens du Ve siècle. Elle témoigne d'un fonds commun, expression de la morale grecque traditionnelle, que l'on retrouve dans les tragédies de Sophocle.

Certains passages ont bien trop de points communs dans la formulation pour s'expliquer simplement par la similitude de l'expérience humaine à travers les époques[44]. En revanche, il est possible qu'il ne s'agisse pas d'une influence directe, mais d'une rencontre due à une source commune.

Enfin, ce sont surtout les deux dernières pièces de Sophocle qui sont les plus proches de Théognis, à cause du pessimisme de certains énoncés et de la description d'un état du monde qui renoue avec la situation à Mégare au VIe siècle, telle que l'a décrite Théognis.

Diane CUNY

44. Cette théorie est soutenue, à propos des écrits sentencieux d'époque romaine et du Moyen Âge, par Jean Carrière dans sa thèse, *Théognis de Mégare. Étude sur le Recueil élégiaque attribué à ce poète*, Bordas, 1948, p. 188-189. Citant E. Egger, il évoque « l'" Unité générale de la poésie gnomique sous le rapport des idées " qui fait [...] que les divers auteurs se rencontrent et se complètent dans l'énoncé des vérités de l'expérience ».

SAPPHO AU BANQUET DES SAVANTS

Sappho a été lue et chantée à toutes les époques jusqu'à la disparition de son œuvre. La trace qu'elle a laissée dans le *Banquet des Savants*, cette vaste compilation réalisée par Athénée de Naucratis entre la fin du IIe siècle et le début du IIIe siècle, lui vaut de voir certains de ses poèmes, inconnus par ailleurs, rapportés et transmis. L'ouvrage prolifique d'Athénée cite souvent les poètes comiques grecs. Démocrite de Nicomédie, personnage du Banquet, dit avoir lu « plus de huit cents drames de la comédie moyenne, en avoir fait des extraits, et avoir consulté les tables de Callimaque, Aristophane et les catalogues de Pergame » sans parvenir à mettre la main sur l'*Asotodidascalos* d'Alexis (VIII, 336d). Heureuse époque, où l'on pouvait encore regretter de ne pas trouver une comédie sur huit cents ! L'érudition considérable dont fait preuve Athénée, et, à travers lui, les personnages de son Banquet, font de lui un témoin privilégié dans la transmission des poètes, dramatiques aussi bien que lyriques.

Qui veut lire Sappho doit apprendre à lire ce vaste ouvrage qu'Athénée adresse à Timocrate, dédicataire d'un récit qui lui est rapporté de manière directe ou indirecte. Athénée est lui-même l'un des témoins de ce Banquet, personnage parmi les autres personnages, savants nommés ou anonymes, et quidam, cuisiniers ou autres, intervenant dans le déroulement du Banquet. Selon l'origine de la citation, prise dans un dialogue rapporté, la volonté de citer peut revêtir principalement quatre formes différentes. Pour une analyse des quatre procédés littéraires d'Athénée, on renvoie à l'article de J. Letrouit (« A propos de la tradition manuscrite d'Athénée », *Maia* 25, 1991, spécialement p. 38), qui distingue le « dialogue intérieur entre les sophistes participant au banquet », la « narration intérieure » d'Athénée rapportant la substance des conversations du Banquet, le « dialogue extérieur » entre Athénée et Timocrate, et la « narration extérieure » par laquelle Athénée raconte ses rencontres avec Timocrate.

L'enjeu de l'enquête est le suivant : peut-on lire (ou éditer) Sappho indépendamment d'Athénée ? Les éditions savantes qui nous rapportent de précieuses citations, converties en fragments, peuvent-elles prétendre arracher Sappho au contexte de la citation ? Ce problème propre à la tradition indirecte en général concerne l'image de Sappho induite par Athénée. Plus concrètement, le philologue peut sonder la fiabilité du texte de Sappho produit par les éditeurs.

Le plus souvent, les philologues ont eu à se féliciter des découvertes papyrologiques, qui ont considérablement étoffé le corpus global des 170 fragments de Sappho édités par Th. Bergk en 1867 (troisième édition). C'est dans cette perspective que se situe le bel ouvrage de S. Nicosia, *Tradizione testuale diretta e indiretta dei poeti di Lesbo* (Rome, 1976). Un papyrus permettrait d'amender le texte corrompu d'une citation, ou d'intégrer une frêle citation à un ensemble plus vaste. Mais qu'advient-il alors de la tradition indirecte ? Que devient Athénée, corrigé par les papyrus ? C'est à un réexamen d'Athénée et de son rôle dans la tradition de Sappho qu'est consacré le présent exposé.

1. Le service du vin

XI, 460d = 67 Bergk, cf. *P. Oxy.* 1232 = fr. 44 Voigt, v. 10

Le livre XI d'Athénée porte sur les récipients utilisés pour boire, vases, coupes et autres. Après un début de livre adressé par Athénée à Timocrate, Ulpien, convive du Banquet, prend la parole pour annoncer le catalogue que fera Plutarque. Ulpien commence par des mentions du mot ποτήριον chez Simonide d'Amorgos, chez l'auteur épique de l'*Alcméonide*, chez Aristophane dans ses *Cavaliers*, chez Phérécrate dans sa *Tyrannie*, et après un rapprochement étymologique chez Anacréon et Homère, cite Sappho et Alcée (Voigt 376). Kaibel édite en 1890 le texte du manuscrit de Venise (*Marc. Gr.* 447, Xe s., f. 210v, col. a) sans correction :

Καὶ Σαπφὼ δ' ἐν τῷ β' ἔφη· πολλὰ δ' ἀνάριθμα ποτήρια καλαιφις.

La scansion de la citation contredit l'appartenance au livre II de Sappho indiquée par Athénée (vers dactyliques éoliens de quatorze syllabes) en deux endroits. D'une part, en son commencement, car le πολλὰ δ' ἀνάριθμα laisse une suite de trois brèves après la longue initiale. D'autre part, le mot non accentué καλαιφις est inconnu et ne s'intègre pas non plus à la métrique du vers dactylique supposé. Wilamowitz propose d'intégrer la citation d'Athénée au papyrus édité par Grenfell et Hunt (*P. Oxy.* 1232, col. ii, l. 10) :

αργυρ[...]ανα̣ρ̣[...]μ̣α̣[...]ρ̣[...]κ̣αλεφᾰις

Les lettres pointées sont très hypothétiques et l'on peut soupçonner qu'elles sont en partie suggérées par le texte d'Athénée. Le début de vers αργυρ[s'oppose au début du vers chez Athénée, πολλὰ δ' ἀνάριθμα. A-t-on le droit d'intégrer les mots cités par Athénée à la lacune du papyrus ? A-t-on le droit de corriger le texte d'Athénée d'après celui du papyrus ? On voit le problème de méthode qui se pose. Si l'on admet que la leçon du papyrus est bonne et que le dernier mot de la citation est corrompu chez Athénée, on obtient :

πολλὰ δ' ἀνάριθμα ποτήρια κἀλέφαις

Mais était-ce bien le mot figurant chez Athénée ? L'ἔλεφας est cité plus loin dans le catalogue de Plutarque (11, 468). C'est un objet d'ivoire plus important que les simples ποτήρια. D'après le poète Damoxène, cité *ad locum* par Plutarque, c'est un « rhyton à deux becs, d'une capacité d'à peu près trois chous (3 x 12 cotyles, soit environ 10 litres) ». On découvre ainsi avec étonnement le contenu des malles d'Andromaque, lorsque Hector l'emmène de Cilicie :

Ἕκτωρ καὶ συνέταιρ[ο]ι α[γοισ ἐλικώπιδα
Θήβας ἐξ ἰέρας Πλακίας τ ἀ.[..] νάω
ἄβραν Ανδρομάχαν ἐνὶ ναῦσιν ἐπ ἄλμυρον
πόντον· πόλλα δ [ἐλί]γματα χρύσια κα[μματα
πορφύρ[α] καταύ[..]να, ποι̣κ̣ι̣λ ἀθύρματα,
ἀργύρα̣ τ ἀνά̣ρ[ι]θ̣μα [ποτή]ρ[ια] κἀλέφαις.
« ... nombre de colliers d'or et de vêtements
pourpres, (parfumés ?), bibelots diaprés,
innombrables coupes d'argent, et un “ rhyton d'ivoire ”. »

Voilà Andromaque pourvue d'une panoplie digne d'un deipnosophiste. N'oublions pas au prix de quelles manipulations ces coupes et ce rhyton d'ivoire sont venus s'ajouter aux bijoux d'or et aux vêtements pourpres. On regrette qu'Athénée ne mentionne pas le passage de Sappho quand il parle de ce rhyton. La rareté du mot ἔλεφας, la difficulté posée par la leçon du manuscrit de Venise ont permis cette aubaine : la tradition indirecte a été amendée par la tradition directe. Mais il n'est pas sûr que les indices soient suffisants.

XI, 463e, cf. 5 Bergk = Voigt 2, v. 13-16

Après le discours d'Ulpien, Plutarque prend la parole et fait référence notamment à Pratinas, Xénophane de Colophon, Anacréon, Ion de Chios, aux Sept Sages d'après le traité *Sur l'ivresse* de

Théophraste, aux *Tarentins* d'Alexis et à Sappho. Plutarque parle en employant le « nous ». Voici une traduction du passage à partir de la citation d'Alexis qui précède celle de Sappho :

> « Comme nous sommes réunis dans un banquet, *personne de sensé ne nous reprochera nos propos* dionysiaques, pour parler comme Alexis dans les *Tarentins* :
>
> " ... nous qui ne faisons rien
> de répréhensible à nos voisins. Ne sais-tu pas
> que cela qu'on appelle vivre n'est qu'un passe-temps,
> rien qu'une forme atténuée de l'humain destin ?
> Pour ma part, si l'on devait me soumettre, en bien, en mal,
> à un jugement, je n'aurais rien à justifier.
> Mon expérience m'a fait comprendre en tous les cas
> que la vie humaine était empreinte de folie,
> que nous, les vivants, nous cherchions toujours à voyager,
> comme pour nous rendre dans quelque rassemblement
> en échappant à l'ombre, en évitant la mort,
> dans quelque passe-temps, afin de jouir du jour
> que nous voyons. Qui plus que tout autre boit et rit,
> qui se consacre à l'Aphrodite tout ce temps
> où il dépense la quote-part qui lui échoit,
> ayant joui du jeu s'en retourne à la maison. "
>
> Et comme le dit la belle Sappho :
>
> " Viens, Cypris,
> verser dans les coupes d'or
> le nectar associé aux fêtes (mélangé à l'occasion des fêtes)
> tendres... "
>
> pour les amis ici présents, les miens comme aussi pour toi.
>
> Contre les rabat-joie (*litt.* contre ceux-ci), nous dirons qu'il y a des façons de boire propres à chaque cité... »

La présentation du texte traduit impose déjà un parti pris de lecture. Le manuscrit de Venise offre le texte suivant (f. 212v, col. b) :

> Καὶ κατὰ τὴν καλὴν οὖν
> Σαπφώ· ἐλθὲ Κύπρι
> χρυσείαισιν ἐν κυλίκε
> σσιν αβροῖς συνμεμι
> γμένον θαλίαισι. νέ
> κταρ οἰνοχοοῦσα τού
> τοισι τοῖς ἑταίροις
> ἐμοῖς γε καὶ σοί.
>
> 4. αβροῖς A : ἁβρῶς Bergk 8. σοί A : σοῖς omnes

La citation de Sappho, particulièrement bienvenue (d'où le καλὴν), est une sorte d'envoi final qui clôt les vers d'Alexis, une jus-

tification dionysiaque des propos de table qui vont être tenus pour le seul plaisir des convives. Les mots ἐλθὲ Κύπρι ne doivent pas forcément être pris à la lettre. Ici, les citations d'Alexis et de Sappho illustrent, non pas le contenu de la conversation, mais sa forme conviviale et sa visée dionysiaque. Par conséquent, Athénée résume ou adapte les vers comiques, comme le début de la citation semble l'indiquer (on a mis en italiques les mots qu'Athénée semble détourner), et de même pour le poème sapphique, qui se révèle très approprié à l'usage :
— il y est question de coupes ;
— Aphrodite exprime le plaisir prôné par Alexis ;
— l'impératif sert d'exhortation, et le poème, commencé librement en cours de vers, se termine d'une manière non métrique (et qu'on ne cherchera pas nécessairement à vouloir rendre métrique à tout prix comme l'ont fait les philologues).

Avec le verbe οἰνοχοοῦσα caractérisant le service du vin (cf. ἐνοινοχοεῦντες, *Odyssée* III, 472 ; νέκταρ ἐνοινωχεύει, *Iliade* IV, 3), la strophe sapphique s'achève comme elle doit le faire. La seule question qui reste est de savoir si les mots qui suivent forment un début de strophe supplémentaire ou s'ils appartiennent au discours de Plutarque. Les philologues se partagent : les uns disent que c'est du Sappho, les autres que c'est de l'Athénée. Il se peut qu'ils aient tous les deux raison. Plutarque s'inspire d'un vers de Sappho, et sa libre paraphrase s'applique aux autres convives du Banquet, et plus particulièrement à Ulpien, qui lui avait rappelé sa promesse de parler des coupes. La lecture σοί, faite sur le microfilm, est certaine et n'est jamais signalée par les éditeurs. Rien n'oblige à corriger en σοῖς. Peut-il s'agir d'une intrusion d'Athénée s'adressant à Timocrate de l'intérieur du discours de Plutarque ? Quoi qu'il en soit, l'usage détourné de la citation rend particulièrement difficile l'édition de Sappho en dehors d'Athénée.

Si l'on compare la citation de Sappho chez Athénée au texte de l'ostrakon de Florence édité par M. Norsa en 1937 (= *PSI* 1300), on obtient pour le passage concerné :

ενθαδησυστεμ[
ελοισακυπριχρυσεαιεσενκυ[
λικεσσιναβρωσεμμει
χμενονθαλιαιεσσιν
νεκταροινοχοεισα

La chaîne ενθαδησυστεμ[est douteuse dans ses quatre dernières lettres. Le début de la ligne suivante est très effacé. Cypris est bien présente, ainsi que les coupes d'or. Donnant foi à la tradition d'Athénée, Norsa corrige ἔνθα en ἔλθε.

ἔλθε δὴ σὺ στέμ[ματ] ἔλοισα, Κύπρι,
χρυσίαισιν ἐν κυλίκεσσιν ἄβρως
ἐμ<με>μείχμενον θαλίαισι νέκταρ
οἰνοχόεισα

ἔνθα ou ἔλθε ? ἔνθα offre un lien naturel avec la description du lieu qui précède. Si Sappho a mis le verbe (qui est nécessaire au vu de la strophe), on constate qu'Athénée donne une version raccourcie de l'hendécasyllabe. Entre l'attaque du vers (ἔνθα δὴ σὺ) et le nom de la déesse par lequel il se clôt, il y a en fait pour nous un trou incompréhensible et diversement comblé. De ce point de vue, et en ce qui concerne ce vers, l'ostrakon, qui nous permet de fondre dans un même poème le fragment d'Athénée et une autre citation de Sappho chez Hermogène (Waltz, *Rhet. Gr.* III, 315 = Bergk 4), n'a rien apporté de décisif, hors la variante ἔνθα. Tout se passe comme si nous restions dans les limites choisies par Athénée.

X, 425cd = 2, 39 a et 11, 475 a, cf. 51 Bergk = 141 Voigt

Dans le livre X, Ulpien mène la conversation à propos de vins et d'échansons. Il rapporte qu'Alcée faisait d'Hermès l'échanson des dieux (447 Voigt) et cite Sappho (f. 186v) :

κη δαμβροσι
ας μὲν κρατὴρ ἐκέκρατο,
Ἑρμαῖς δε ἑλὼν ολπιν
θεοῖς οἰνοχοῆσαι

Lachmann a proposé de lire κῆ δ' ἀμβροσίας. Et Seidler, suivi par Kaibel, a voulu corriger ἑλὼν en ἔλεν, pour unifier le mètre (un « reizianum »). L'ὄλπις est une sorte de cruche. Le même poème est cité au livre II, transmis par l'épitomè. Nous donnons le texte du manuscrit C (*Parisinus Suppl. Gr.* 841).

Ἀμβροσίας μὲν
κρατὴρ ἐκέκρατο,
Ἑρμᾶς δ' ἑλὼν ἔρπιν
θεοῖς ᾠνοχόησεν

4. ᾠνοχόησεν C Eustathe : ᾠνοχόης EB

Le manuscrit confirme le participe ἑλὼν, et offre une autre leçon, ἔρπιν, mot égyptien pour le vin, au lieu de l'instrument utilisé par Hermès ; la forme personnelle donnée dans C ᾠνοχόησεν s'accorde métriquement avec l'infinitif du livre X. Les citations du livre II et du livre X divergent sensiblement. L'éditeur d'Athénée doit résister à la tentation d'unifier les deux versions. Il doit au contraire mettre en valeur la souplesse d'Athénée, qui n'hésite pas à nuancer le texte même des citations selon le moment. L'éditeur de Sappho doit choisir. Depuis Ahrens et Bergk, le lecteur constate que le fragment s'est fait plus long. Quatre autres vers extraits du livre XI ont été ajoutés au fragment de départ. Après avoir évoqué Callixène de Rhodes à propos des καρχήσια, grands vases échancrés, à anses, Plutarque cite Sappho, avant de citer Cratinos et Sophocle (f. 220r, col. b).

> κηνοι δ' ἄρα πάντες
> καρχήσι ἔχον καὶ ἔλει
> βον· ἀρασαντο δὲ πάμ
> παν ἐσλατω γαμβρῷ.
>
> « Tous ces gens-là avaient des karchèsia, et faisaient des libations ; et souhaitaient de très bonnes choses au marié. »

Les philologues, frappés par la proximité métrique des deux passages, ont relié et uniformisé les deux traditions. Ahrens suppose que les noces sont divines (Héraclès et Harmonie ; selon d'autres, Thétis et Pélée). Les autres références de Sappho sont au présent. Le fait que la scène soit au passé plaide peut-être en faveur de quelque scène mythologique, mais pas nécessairement en faveur d'une scène divine. Les éditions postérieures à Bergk entérinent le rapprochement. Dans le montage qui en résulte, deux citations indépendantes, ayant chacune leur valeur propre dans le Banquet d'Athénée, sont juxtaposées et en viennent à former un monstre, où une scène divine est peut-être associée contradictoirement à une scène humaine.

2. Le service de l'amour

I, 21c ; cf. 57 Voigt = 57 Bergk

Une citation de Platon, *Théétète* 175e, précédant la citation de Sappho, porte sur les gens qui ne savent pas rejeter convenablement le pli de leur manteau sur leur épaule. Après Sappho, c'est Philétairos qui est cité, à propos d'un reproche adressé à quelqu'un : celui de ne pas faire descendre sa robe sur ses talons et de la porter au-dessus du genou d'une manière rustique (ἀγροίκως).

Les mots d'introduction de la citation sont : « Sappho se moque d'Andromèda. » Voici le texte du manuscrit C :

Τίς δ' ἀγροιῶτις θέλγει νόον,
οὐκ ἐπισταμένη τὰ βράκεα ἕλκεν ἐπὶ τῶν σφυρῶν·

1. ἀγροιῶτις B (*Laurentianus Pluteus* LX, 1), Eustathe 1916, 49 (citant Athénée dans l'*Épitomè*) ; « verba corrupta » (Kaibel)

La citation présente un vers paraphrasé, corrompu ou raccourci d'une manière ou d'une autre, suivi d'un asclépiade majeur. Si l'on édite un nominatif (ἀγροιῶτις, Casaubon) de préférence à un vocatif (ἀγροιῶτι, Desrousseaux), le texte n'offre pas de difficulté à la compréhension. Tel quel, du point de vue d'Athénée, il est vif et ramassé dans son premier vers, qui fait sans doute l'objet d'une réécriture, puis métriquement fidèle dans son second vers. Il est donc à sa manière parfaitement authentique, puisqu'il reflète le choix d'Athénée et sa verbalisation du fragment, et l'authenticité sapphique, puisque le mètre est conservé dans un second temps. Or, voici comment se présente le fragment dans les éditions récentes :

Τίς δ' ἀγροΐωτις θέλγει νόον...
ἀγροΐωτιν ἐπεμμένα στόλαν...
οὐκ ἐπισταμένα τὰ βράκεα ἕλκην ἐπὶ τῶν σφύρων ;

La citation d'Athénée a été truffée d'un extrait de Maxime de Tyr (XVIII, 9 et suiv., p. 231 Hob.), corrigé : le texte des manuscrits RMNHaf comporte : τις δ' ἀγροιῶτιν ἐπεμμένα στόλην. Les deux vers, dans l'édition Loeb de Campbell, sont entourés de croix, avec une note précisant : « these lines are unmetrical. » Et pour cause ! Orsini a le premier relevé le fragment (1568) ; Casaubon l'a rapproché du passage d'Athénée (1600) ; Blomfield les réunit (1826) ; Bergk résiste encore dans son édition de 1867, ainsi que Diehl dans sa première édition de 1923 ; en 1955, Lobel et Page donnent le fragment avec les trois lignes, et, à leur suite, Voigt et Campbell. Peut-on aller contre le progrès ? Il va de soi qu'il faut rapprocher les deux fragments, sans aller toutefois jusqu'à en faire un objet de rapiéçage qui n'a jamais existé, ni chez Athénée, ni chez Maxime de Tyr, ni chez Sappho.

IX, 410d-f ; cf. 101 Voigt = 44 Bergk

Il est toujours question de chiffons. Ulpien s'interroge sur l'emploi du mot χέρνιβος (IX, 408b), au sens de serviette, essuie-main, torchon. Sappho est citée et Hécatée de Milet vient étayer la démonstration. Voici le texte du manuscrit de Venise, à la mise en page près (la fin précise de la citation est incertaine) :

> Σαπφὼ δ᾽ ὅταν λέγῃ ἐν τῷ πέμπτῳ τῶν μελῶν πρὸς τὴν Ἀφροδίτην·
> χειρόμακτρα δὲ καγγονων
> πορφύρᾳ κα ταυ τα μὲν ἁ τα τι
> μασεις. ἔπεμψα πυφωκαας
> δῶρα τίμια· καγγόνων κόσμον λέγει κεφαλῆς τὰ χειρόμακτρα· ὡς καὶ Ἑκαταῖος δηλοῖ ἢ ὁ γεγραφὼς τὰς περιηγήσεις ἐν τῇ Ἀσίᾳ ἐπιγραφομένῃ· γυναῖκες δ᾽ ἐπὶ τῆς κεφαλῆς ἔχουσι χειρόμακτρα (*FGH* I, 25).

On note un espace assez large entre τίμια et καγγόνων. Mais un lemme en petites onciales de première main indique ὅτι Σαπφὼ τὰ χειρόμακτρα κόσμον κεφαλῆς λέγει. Le passage est extrêmement controversé. Le sens du mot καγγόνων est inconnu. Tel qu'il est, le mot permet de scander un glyconien, en conformité avec ce que nous savons du cinquième livre de Sappho. Seule la séquence ἔπεμψ᾽ ἀπὺ Φωκάας δῶρα τίμια paraît présenter un sens. On tente parfois d'éditer juste avant καὶ ταῦτα μὲν ἀτιμάσεις (Bergk 44), au prix d'une légère correction. Est-ce Aphrodite qui dédaigne les offrandes ? La deuxième personne, Aphrodite, est bel et bien indiquée par l'introduction d'Athénée. Il paraît en tout cas difficile d'envisager un interlocuteur du Banquet ou Athénée lui-même interrompant la citation, car celle-ci est très bien encadrée entre la subordonnée temporelle qui précède et la principale qui suit. Le nom propre dans une séquence τά τοι Μνᾶσις (Wilamowitz) qu'on lit parfois permet de donner un sujet au verbe, justifie la provenance des essuie-mains et le don à Aphrodite, ainsi présente dans le texte ; cette incarnation d'une jeune fille relève d'un jeu très couru chez les philologues. Le jeu est parfois aventureux, comme l'a montré le destin d'Agallis et autres Arignota. Les expressions κατ ἀϋτμένα (souffle, *Odyssée* III, 289), καταύτμενα, qu'on lit parfois, sont réintroduites conjecturalement dans ce fragment à partir d'un complément supposé d'un fragment papyrologique (Voigt 44, 9). Douteux au départ (καταύτμενα, dubious, Suppl. *LSJ* 1968), le mot s'est installé dans les esprits (καταύτμενος, epithet of fine garments, perh. floating with the breeze, Suppl. *LSJ* 1996). Un des fragments les plus décevants, qui attend toujours son élucidation. Ici, c'est le seul contexte, « à Aphrodite », qui précise le sens et l'intention.

XV, 674d ; 46 Bergk, cf. 94 Voigt

Démocrite de Nicomédie parle, à la première personne, à propos des couronnes de banquet. « On couronne les poitrines et on les parfume, parce que c'est là qu'est le cœur. » On appelle ces couronnes des ὑποθυμιάδας. Démocrite cite trois exemples chez Alcée,

Sappho et Anacréon. Pour Sappho (manuscrit A, f. 354v, col. a ; deuxième main) :

> καὶ πολλαις ὑποθυμιάδαις
> πλεκταις ἀντιαπαλαι δεραι.

La forme présente six syllabes, que ce soit chez Sappho, Alcée ou Anacréon. Chez les deux poètes lesbiens, la forme requise est ὑποθυμίδαις, comme l'avait conjecturé Blomfield pour Alcée, suivi par Hermann pour Sappho, et comme le confirma le papyrus de Berlin 9722. ἀμπ ἀπαλᾶ δέρᾳ est une correction de Dindorf, suggérée par Schweighaeuser, et que le papyrus a confirmée en partie]παλᾷ δέρᾳ. Le καὶ πολλαις donne raison à Athénée contre Bergk qui conjecturait κἀπάλαις.

Outre l'étymologie suggérée par le Banquet, qui rend Athénée nécessaire pour comprendre le mot ὑποθυμιάδαις et le rituel social de la fête, le papyrus permet d'intégrer la citation à un poème plus grand, de corriger la forme pour satisfaire au mètre glyconien (ὑποθυμίδαις), et de donner un contexte narratif (les souvenirs des anciens moments de bonheur que Sappho évoque devant celle qui part) à une phrase nominale un peu frêle.

C'est un exemple heureux de coïncidence entre tradition papyrologique et tradition indirecte, ce qui n'est pas toujours le cas.

Dans le même livre XV, Athénée évoque comment « Sappho fait mention du basileion et du brenthion, quand elle s'exprime ainsi (λέγουσα οὕτως) : βρενθείῳ βασιληίω ». Cette citation (XV, 690e) concerne le même poème de Sappho 94 Voigt, v. 19-20. D'après les éditeurs du papyrus de Berlin, il faudrait lire :

> καὶ π....[ ]. μύρωι
> βρενθείωι.[ ] ρυ[..]ν
> ἐξαλ<ε>ίψαο κα[ὶ βασ]ιληίωι

Les deux mots qui formaient un glyconien possible dans la citation d'Athénée se trouveraient disjoints dans le texte de Sappho. Raccourci d'Athénée ou dans la tradition d'Athénée ? Les mots qui introduisent la citation paraissent dignes de foi. Ici, les deux traditions ne sont peut-être pas superposables.

Il y a un autre passage où Démocrite de Nicomédie mentionne Sappho à propos de couronnes : **XV, 674e (cf. Voigt 81)**.

> « Sappho donne une raison plus simple (*s. e.* qu'Eschyle qui attribue au souvenir de Prométhée enchaîné le fait de se couronner) :
>
> σὺ δὲ στεφάνοις, ὦ Δίκα, παρθέσθ' ἐράταις φόβαισιν
> ὄρπακας ἀννήτωι συνέρραισ' ἀπάλαισι χέρσιν·

εὐάνθεα γὰρ... πέλεται καὶ Χάριτες μάκαιρα
μᾶλλον προτέρην· ἀστεφανώτοισι δ' ἀπυστρέφονται

f. 354ᵛ, col. a ; deuxième main ; texte très peu accentué 2. ἀνήτοιο : Ahrens ‖ ἀπάλαισι : απαλαγιση A

elle enjoint ceux qui procèdent aux sacrifices de se couronner, car c'est plus fleuri et plus agréable aux dieux. »

Le passage est difficile ; le vers 3 est incomplet. Mais tel qu'il est, le poème possède son unité. Voici un essai de traduction, à titre de proposition, du texte à peu près tel qu'il se présente :

« Et toi, ma Dika, mets la couronne sur tes tendres bouclettes
en liant de tes tendres mains des rameaux de fenouil :
les Charites, ô bienheureuse, s'approchent (?) de la fille fleurie
tout d'abord : et se détournent des filles sans couronnes. »

Un papyrus (*P. Oxy.* 1787, fr. 33, v. 1-5), publié par Hunt en 1922, a été intégré à la citation d'Athénée :

]απύσθεσθ[
]χισταλ[
]΄μ⟦ι⟧π[
]ερθέσθ[
]΄[..]αισ[

« The identification of these two verses, écrit Hunt (p. 45), with Sappho, 78, 1-2, though probable, is in consequence of the damaged condition of l. 5 hardly certain ; however, the remains suit]αισ[quite well, and the preceding acute accent is just in the right place if ερραισ was written. »

Là encore, la tradition directe vient à la rencontre de la tradition indirecte. Cinq lettres coïncident, et peut-être trois autres à la ligne suivante. Mais le profit est nul ; aucun sens gagné : même pas la possibilité d'imaginer un début de poème, ni même un autre poème. On évitera en tout cas d'interpoler la tradition directe dans la tradition indirecte, comme le fait Campbell dans l'édition Loeb : il cite les lignes d'Athénée précédant la citation, augmentée de trois lignes illisibles et absentes de la citation d'Athénée, pour un gain tout à fait impalpable.

Avant d'aller plus loin, une première conclusion peut être tirée. Les découvertes papyrologiques ont apporté de nouveaux textes lyriques, nul n'en disconviendra. Celles-ci démontrent que, pour une conjecture de philologue confirmée, nombre de tentatives de versification supplétive doivent être écartées. Mais si l'on prend la tradition indirecte en elle-même, on découvre aussi, parfois avec stupéfaction, que tel fragment de Sappho provient d'une intervention d'éditeur : réécriture, collage, et malgré toute la sagacité scientifique des philologues, ce qui opère consiste souvent dans une intuition plus poétique que philologique : le risque d'outrecuidance est grand. Enfin, on ne doit pas oublier de garder à l'esprit l'intérêt d'Athénée. Une citation fautive du point de vue de Sappho (de son dialecte, de sa métrique) est-elle nécessairement rédhibitoire ? Corriger Athénée au nom de Sappho et réintroduire l'élément amendé dans Athénée serait faire preuve d'une grande désinvolture à l'égard d'un citateur qui possède ses stratégies, son art de citer, d'adapter et peut-être de récrire. La tradition indirecte est un apport précieux, qui doit être appréhendé pour lui-même. Dans cet art, Athénée use d'une certaine liberté : il cite, tronque, résume, récrit, paraphrase, et le texte de Sappho qu'il cite peut être déformé pour les besoins du dialogue. L'image de Sappho que renvoie le Banquet des savants vaut à travers ce miroir déformant. A tout prendre, celui-ci est plutôt moins illégitime que les essais de réécriture dont témoigne encore le texte moderne canonique de Sappho. Plusieurs années après les dernières découvertes papyrologiques, les citations de Sappho chez Athénée sont peut-être à réévaluer, non pas pour y reconstruire du Sappho en soi, mais pour y goûter la manière de citer des Savants du Banquet ; de ce point de vue, l'édition de Sappho dans Athénée doit tenir compte de la réception de Sappho chez Athénée.

3. Deux non-fragments de Sappho présents chez Athénée : **IX, 131f, cf. 1 Voigt, Bergk, et X, 450e-451b**

Pour clore cet exposé, qui ne prétend pas donner toute la tradition indirecte de Sappho chez Athénée, voici deux *testimonia* qui peuvent nourrir une approche de Sappho et rappeler l'importance du regard d'Athénée.

Tout d'abord, il s'agit d'une « narration intérieure » d'Athénée au sein du catalogue sur les oiseaux de Plutarque. Il est question de plusieurs espèces d'oiseaux, et notamment de leur fécondité et de leur paillardise. La perdrix et le coq sont évoqués, avec Aristote et Théophraste à l'appui. Ce dernier précise que les mâles sont ardents dès le réveil, tandis que les femelles le deviennent avec l'avancée du jour. Athénée poursuit : « Les moineaux (στρουθοὶ) aussi sont salaces (ὀχευτικοί) ; voilà pourquoi Terpsiclès dit que ceux qui mangent des oiseaux sont portés à l'amour. C'est sans doute à cause de cette histoire que Sappho dit qu'Aphrodite est transportée (ὀχεῖσθαι) par ces oiseaux. Cet animal en effet est salace et prolifique » (IX, 391f). S'ensuivent d'autres considérations sur les στρουθοί. Dans un contexte où il est question d'oiseaux très précisément identifiés, on ne peut en rester au sens de passereaux pour les στρουθοί (pour un avis contraire, cf. J. Jouanna à propos de l'*Hymne à Aphrodite* de Sappho : « Les στρουθοί — v. 10 — ne paraissent pas désigner ici des passereaux — interprétation traditionnelle —, mais des oiseaux, et probablement des cygnes », « Le trône, les fleurs, le char et la puissance d'Aphrodite », *Revue des Études grecques* 112, 1999, p. 117, n. 47). Il s'agit bien du moineau, passereau habituellement sédentaire et prolifique. Athénée, dans ce passage, fait allusion au célèbre poème de Sappho transmis par Denys d'Halicarnasse, *La composition stylistique* XXIII. L'allusion est à la fois savante et amusante. Le terme de transport n'est-il pas celui qui convient pour rendre le jeu de mots étymologique, athénien sinon sapphique, puisque Sappho ne mentionne pas le verbe ὀχεῖν ? Ici, une allusion d'Athénée dévoile l'interprétation que les Anciens pouvaient avoir d'un poème de Sappho.

La lecture de Sappho, l'usage dialogique et mondain qui pouvait être fait de l'art de la citer ou de la commenter, concourent à développer la tradition, au sens large, de Sappho. Cette tradition, dans le cas très particulier de Sappho, excède de beaucoup les limites de l'œuvre et du texte. Il manque souvent aux éditions de Sappho les références au mythe de Sappho, à l'histoire de sa réception au fil des siècles. Que Sappho puisse être un personnage comique de Ménandre, Diphile ou Antiphane, voilà qui peut apporter un regard neuf sur le statut de Sappho, poète lyrique, dans l'Antiquité.

> « Dans sa comédie *Sappho*, Antiphane fait proposer à la poétesse Sappho des énigmes de ce genre ; voici comment l'une d'entre elles se dénoue :
>
> “ C'est une femme, qui porte ses enfants avec elle,
> dans son sein ; muets, ils ont une voix éclatante
> qui traverse le continent et les vagues de l'onde,
> parlant à ceux qu'elle veut ; aux témoins, il est impossible
> de rien entendre ; ils ne font que tendre une oreille sourde. ”
>
> Quelqu'un propose la solution :
>
> “ La femme dont tu parles, je crois est la cité,
> les nourrissons qui croissent en elle sont les rhéteurs.
> Ce sont eux dont les cris traversent les océans marins
> depuis la Thrace lointaine et les confins d'Asie,
> pour venir ici. Le peuple, près de ses dirigeants,
> en proie à ses semonces reste toujours assis,
> sans rien pouvoir entendre, sans rien voir non plus. ”

Sappho :

> “ Comment peux-tu concevoir, petit père, ton rhéteur
> muet ? — S’il est convaincu trois fois d’illégalité.
> Mais je croyais avoir répondu parfaitement
> à ton énigme. Donne-moi la solution. ”

Alors Sappho résout ainsi l’énigme :

> “ La lettre, telle est la femme dont il est question,
> les signes écrits qui la composent sont ses enfants.
> Muets, ces signes parlent à ceux qui sont au loin,
> quand elle veut. Mais ceux qui seront ses voisins
> n’entendront pas le destinataire qui la lira. ” »

Athénée, en prenant chez Antiphane une Sappho souveraine en énigmes, livre à sa manière la clé de son statut et de son interprétation. Face à la tradition indirecte de Sappho chez Athénée, n’avons-nous pas à résoudre l’énigme à chaque fois renouvelée d’une présence paradoxale ?

Philippe BRUNET

SÉMONIDE, fr. 7, v. 1-95 : POURQUOI LES FEMMES NE RESSEMBLENT-ELLES PAS DAVANTAGE AUX HOMMES !

Sémonide d'Amorgos est un poète sur lequel nous avons peu de renseignements. Le dictionnaire byzantin de la *Souda* [1] le dit originaire de Samos, et c'est comme colon qu'il serait arrivé à Amorgos, l'une des Sporades. Le plus gros problème concerne le temps où il a vécu. Les chronographes antiques [2] et, dépendant sans doute de la même source, certains auteurs [3] et la *Souda* amènent à le placer au début du VIIe siècle av. J.-C. en raison de la synchronie qu'ils établissent avec Archiloque, poète iambique comme Sémonide, mais évidemment plus important et plus célèbre que lui. Cette synchronie masque-t-elle en fait une ignorance ? Certains le pensent et songent à la fin du VIe siècle, en s'appuyant sur l'histoire de la pensée [4], rejoignant ceux qui avaient abouti à ce résultat à partir d'une donnée corrigée fournie par Proclus [5]. Sémonide pourrait alors être à la fois le compatriote et le contemporain de Pythagore. Quoi qu'il en soit, dans l'Antiquité, Sémonide fut un poète obscur, parfois confondu, du fait de l'iotacisme, avec Simonide de Céos [6], poète élégiaque et chantre des grandes victoires

1. *Souda*, s. v. Σιμωνίδης (σ 446 Adler).
2. Jérôme, *Chronique* OL 29.1 ; Eusèbe, *Chronique* (version arménienne), AA 1351.
3. Clément d'Alexandrie, *Stromates* I, 21, 131 (p. 94e Helm) ; Cyrille d'Alexandrie, *Contre Julien* I, 14 (p. 184 Karst).
4. Ainsi T. K. Hubbard, « Elemental Psychology and the Date of Semonides of Amorgos », *American Journal of Philology* 115, 1994, p. 175-197. En règle générale, c'est la datation haute fournie par les chronographes qui est admise ; elle vient d'être récemment défendue par E. Pellizer, « Sulla cronologia, la vita e l'opera di Semonide Amorgino », *Quaderni urbinati di Cultura classica* 43, 1983, p. 20-22.
5. Proclus in Photius, *Bibliothèque* 239, 319 b 28-31 ; le texte transmis Ἀνανίου, visiblement une faute, a été corrigé par Sylburg (suivi par Henry) en Ἀμύντου. C'est à partir de cette correction qu'A. (& M.) Croiset, *Histoire de la littérature grecque*, II, Paris, 1913³, p. 199-200, a admis une datation basse pour Sémonide.
6. Nous ne connaissons la véritable forme de son nom, Σημωνίδης et non Σιμωνίδης, que grâce à un grammairien tardif, Choeroboscus, cf. *Etymologicum magnum* 713, 17.

des Grecs sur les Perses pendant les guerres médiques. Là encore les papyrus découverts et identifiés à époque récente ont fait le partage, illustrant Simonide [7] et laissant Sémonide à son obscurité. Si ce dernier n'est pas totalement tombé dans l'oubli, il le doit essentiellement au fragment 7 des éditions modernes [8], transmis au ve siècle de notre ère par l'*Anthologie* de Stobée, dans le chapitre consacré au blâme des femmes [9]. On s'est demandé si ces 118 trimètres iambiques constituaient un poème complet ou incomplet [10] ou encore deux poèmes : la partie qui fera l'objet de mon étude, les v. 1 à 95, dix portraits de femmes mariées, paraît en effet, pour certains [11], se suffire à elle-même. Cette partie a été très attaquée par la critique récente en raison de sa misogynie outrancière et je saurais rien ajouter à ces attaques. Il y a peu, dans un article très perspicace, Fabio Roscalla a parfaitement montré que, pour Sémonide, la femme ne cesse d'être un fléau qu'en se conformant au modèle masculin [12] — un principe que répétera, à l'époque classique, Xénophon dans son *Économique* [13]. Notre époque sait à l'occasion dénoncer avec humour cet égocentrisme (cet égoïsme) masculin : en témoigne la comédie musicale à grand succès, *My Fair Lady*, inspirée du *Pygmalion* de George Bernard Shaw [14], et à laquelle j'ai

7. En témoigne le livre récent, *The New Simonides. Contexts of Praise and Desire*, D. Boedeker et D. Sider éd., Oxford, 2001. Les papyrus sont les *P. Oxy*. 2327 et 3965.

8. On peut consulter trois éditions récentes du fr. 7, celles de M. L. West, *Iambi et Elegi Graeci ante Alexandrum cantati*, II, Oxford, 1972[1], 1992[2] ; de H. Lloyd-Jones, *Females of the Species. Semonides on Women*, Londres, 1975 ; et d'E. Pellizer et G. Tedeschi, *Semonides / Testimonia et Fragmenta*, Rome, 1990. Les deux dernières éditions comportent un commentaire ; on consultera également le commentaire de W. J. Verdenius, dans *Mnemosyne* 21, 1968, p. 132-158 ; 22, 1969, p. 299-301 ; 30, 1977, p. 1-12.

9. Stobée, IV, 22 (περὶ γάμου 7, ψόγος γυναικῶν), 193 (4, p. 561, 13-566, 20 Hense).

10. Voir, sur ce point, la bibliographie dans R. Renehan, « The Early Greek Poets : Some Interpretations. V. Semonides *Fr*. 7, 94-118 », *Harvard Studies in Classical Philology* 87, 1983, p. 12-15, qui pense personnellement que le poème est complet. Cette opinion a depuis lors été confirmée par M. Trédé, « Sémonide 7, 1. Sens et emploi de χωρίς ou " Comment l'esprit <ne> vint <pas> aux femmes " », in *Ἥδιστον λογόδειπνον. Mélanges de philologie et de linguistique grecques offerts à Jean Taillardat*, Paris, 1988, p. 245, qui établit une correspondance entre les v. 1 et 118 ; et M. Steinrück, *Regards sur la femme. Analyse rythmique et interprétation de Sémonide fr. 7 Pellizer-Tedeschi*, Rome, 1994, p. 82-88, qui s'est attaché à résoudre le problème posé par le τοὺς μὲν du v. 117. Je remercie M. Philippe Brunet de m'avoir donné un accès facile à cette dernière publication.

11. Cf. le commentaire aux v. 96 sqq. dans l'éd. d'E. Pellizer et G. Tedeschi.

12. F. Roscalla, « La descrizione del sé e dell'altro : api ed alveare da Esiodo a Semonide », *Quaderni urbinati di Cultura classica* 58, 1988, p. 23-47.

13. *Ibid*., p. 45.

14. *My Fair Lady*, comédie musicale de 1959, portée à l'écran en 1964 par George Cukor, contient plusieurs récitatifs, par Alan Jay Lerner, qui raillent l'égocentrisme masculin : on y retrouve, sur le mode ironique, de nombreux éléments du poème de

emprunté la deuxième moitié de mon titre. Mais c'est au niveau artistique que le poème de Sémonide a été le plus attaqué. En 1929, Erich Bethe affirme que Sémonide est aride, prolixe, sans esprit, sans charme, sans art[15]. En 1951 encore, Hermann Fränkel dit que la pensée du poète est superficielle, la narration décousue[16]. Mon propos sera ici de montrer que Sémonide n'est pas un poète sans art et qu'il sait composer. Je mènerai cette étude de composition sur deux plans : celui des thèmes et celui, plus formel, des proportions.

Sémonide. Le professeur de phonétique Henry Higgins est le « pygmalion » de la jeune Eliza Doolittle, une fleuriste des rues, à qui il apprend, non sans efforts, à parler l'anglais le plus distingué et qu'il peut ensuite présenter à la meilleure société, tout cela pour gagner un pari avec un ami linguiste, le colonel Pickering. Il ne comprend pas pourquoi le soir de ce qu'il estime avoir été son triomphe à lui, la jeune fille lui a jeté ses pantoufles à la figure puis a disparu sans dire où elle allait. Devant Pickering qui s'efforce de l'aider à retrouver Eliza, il exprime ainsi son désarroi :

« Why can't a woman be more like a man?
Men are so honest, so thoroughly square,
Eternally noble, historically fair.
Who, when you win, will always give you back a pat?
Why can't a woman be like that?
Why does every one do what the others do?
Can't a woman learn to use her head?
Why do they do everything their mothers do?
Why don't they grow up well, like their father instead?
Why can't a woman take after a man?
Men are so pleasant, so easy to please.
Whenever you're with them, you're always at ease.
(...)
Why can't a woman be more like a man?
Men are so decent, such regular chaps,
Ready to help you through any mishaps,
Ready to buck you up whenever you are glum.
Why can't a woman be a chum?
Why is thinking something women never do?
I mean, why is logic never even tried?
Straightening up their hair is all they ever do.
Why don't they straighten up the mess that's inside?
Why can't a woman behave like a man?
If a was a woman who'd been to a ball,
Been hailed as a princess by one and all,
Would I start weeping like a bathtub overflowing
And carry on as if my home were in a tree?
Would I run off an never tell me where I'm going?
Why can't a woman be like me? »

15. E. Bethe, *Die griechische Dichtung*, I, Wildpark-Potsdam, 1929, p. 78.

16. H. Fränkel, *Dichtung und Philosophie des frühen Griechentums*, New York, 1951 (Munich, 1962[2], 1968[3]), trad. angl. *Early Greek Poetry and Philosophie*, Oxford, 1975, p. 205.

*
* *

A en rester au plan des thèmes, on ne peut manquer, certes, d'être surpris. La suite des métaphores [17] que nous présente le poète en guise de portraits pour ses femmes mariées est, au premier abord, assez incompréhensible, mêlant sept quadrupèdes, un insecte et deux éléments primordiaux de la nature dans un ordre étonnant puisque nous avons successivement la femme truie, renarde, chienne, terre, mer, ânesse, belette, cavale, guenon et abeille. Seule la place de la femme abeille, la femme qui fait le bonheur de son mari, en dernier lieu et en parfait contraste avec les neuf autres types de femmes, paraît s'imposer. Ce qui a étonné surtout, ce sont les deux types de femmes, terre et mer, qui viennent interrompre, en quatrième et cinquième position, la série des femmes créées à partir de (ou filles de) divers animaux [18]. Nicole Loraux a justifié leur existence [19] sinon leur place à partir du mythe raconté par Hésiode dans *Les travaux et les jours* où il est dit que la femme a été faite à partir d'un mélange de terre et d'eau [20] : de la femme unique d'Hésiode, Sémonide aurait fait deux femmes. Dans le mythe hésiodique, il est également dit qu'à la femme ainsi formée, fut donné un esprit de

17. Pour comprendre ces métaphores, on se reportera à la comparaison que fait le poète dans le fr. 1 West = 8 Pellizer-Tedeschi, v. 4 : l'être humain y est ravalé au rang des animaux pour l'insuffisance de son νόος qui ne lui permet pas de comprendre les desseins de la divinité. Dans le fr. 7, v. 1, il est également question de νόος, mais d'une façon qui pose problème. M. Trédé, *art. cit.* (n. 10), p. 235-244, a eu raison de rappeler, avec une précision grammaticale accrue, que dans ce vers, γυναικός est le régime de χωρίς et non le complément de νόον). Mais il faut convenir que l'expression de Sémonide est ici particulièrement maladroite : il parle de la création d'une intelligence à laquelle la femme n'a pas part et non de la création d'une femme sans intelligence. Si le texte n'est pas corrompu, cela peut donner matière à discussion, voir M. Steinrück, *op. cit.* (n. 10), p. 32, qui admet que le thème de l'intelligence est le thème dominant de la première moitié des dix portraits, certaines femmes pouvant être intelligentes (ainsi la deuxième de la galerie, la renarde), par opposition à d'autres (ainsi la première, la truie). Je pense, pour ma part, qu'en soulignant d'entrée de jeu l'écart qu'il y a depuis l'origine entre intelligence et femme, le poète veut simplement justifier l'emploi qu'il va faire, pour cette dernière, de métaphores animales ou autres, emploi qui est un des moyens efficaces de la poésie iambique, surtout devant l'auditoire exclusivement masculin auquel elle est destinée ; dans cette perspective, le premier vers vaut même pour la femme abeille dont la bonté n'est pas sous-estimée pour autant, comme le montre, dans ce cas plus que dans les autres, la très forte humanisation de l'insecte.

18. R. Opitz, « Über den " Weiberspiegel " des Semonides von Amorgos », *Philologus* 50, 1891, p. 16-30, est même allé jusqu'à athétiser ces deux passages

19. N. Loraux, « Sur la race des femmes et quelques-unes de ses tribus », *Arethusa* 11, 1978, p. 43-87, repris dans *Les enfants d'Athéna*, Paris, 1981, p. 75-117.

20. Hésiode, *Les travaux et les jours*, v. 61.

chienne[21] : nouvelle occasion pour Sémonide de créer un type, faisant éclater la gent féminine (γένος γυναικῶν) d'Hésiode[22] en multiples tribus (φῦλα)[23]. Sémonide peut procéder aussi par contrastes : Hésiode avait insisté sur la beauté séduisante de la femme conçue comme élément important du piège tendu par Zeus à l'homme : Sémonide n'hésitera pas à insister sur la laideur de certaines femmes. Cette explication de Nicole Loraux[24] est convaincante mais laisse entier le problème de la composition d'ensemble. Il faut aller plus loin, tâche délicate car, beaucoup l'ont remarqué[25], bien des traits sont communs aux divers types de femmes : il faut donc savoir discerner, dans chaque cas, ce qui est important et ce qui ne l'est pas.

Laissons donc provisoirement de côté la femme abeille, décidément à part[26], et considérons l'ensemble des neuf types restants. Ce qui frappe immédiatement, c'est la parenté entre la femme truie (type n° 1) et la femme guenon (type n° 9) : l'une et l'autre ont une apparence répugnante. Dans un premier temps, on peut négliger les traits qui les distinguent et étendre aux autres types l'idée qui ne manque pas de surgir à la suite de cette première mise en rapport : celle d'une composition concentrique[27]. Avec la renarde (type n° 2) et la cavale (type n° 8), nous restons dans le domaine de l'apparence, mais il ne s'agit plus de laideur, la cavale en particulier est très séduisante ; il s'agit du caractère trompeur de l'apparence : la

21. *Ibid.*, v. 67. On trouvera aussi dans Ésope, fable 322 Chambry, l'idée de création d'hommes à partir d'animaux.

22. Hésiode, *Théogonie*, v. 590.

23. *Ibid.*, v. 591 ; et voir le commentaire de N. Loraux, *op. cit.* (n. 19), p. 77-78 et 97 sqq.

24. N. Loraux, *op. cit.* (n. 19), p. 99, oppose la femme singe au καλὸν κακόν qu'est la femme pour Hésiode, *Théogonie*, v. 585.

25. H. Fränkel, *op. cit.* (n. 16) ; N. Loraux, *op. cit.* (n. 19), p. 106.

26. M. Steinrück, *op. cit.* (n. 10), p. 68 sq., a poussé très loin, trop loin peut-être, cet isolement de la femme abeille en la faisant entrer dans un domaine épique et en opposant le temps historico-mythique qui est le sien et le temps actuel qui est celui des autres femmes.

27. M. Steinrück, très sensible à l'idée de composition annulaire, a détecté ce procédé, à partir de répétition de mots et de sonorités, dans certains portraits de femmes, en particulier, *op. cit.* (n. 10), p. 64, celui de la femme abeille. Mais il n'a pas tenté de le reconnaître à un niveau supérieur, celui de l'ensemble des dix portraits. Sans doute, parce qu'il a comparé au départ les deux extrêmes que sont la femme truie et la femme abeille, a-t-il été découragé d'aller plus loin en constatant que le rapport était d'opposition et qu'inversement la femme truie avait des points communs avec d'autres types de femmes, la femme terre surtout, ou même encore, pour son indifférence au mari, la femme cavale. C'était en fait renoncer à tout schéma d'ensemble intelligible.

renarde sait maquiller le mal en bien [28] et la cavale dont la belle chevelure excite le désir est en fait la ruine de son mari.

Avec la chienne (type n° 3) et la belette (type n° 7), nous accédons à un nouveau palier. Il ne s'agit plus d'apparence répugnante ou trompeuse ; on entre dans les profondeurs mêmes de l'être. La chienne et la belette sont des femmes excitées, hystériques. La raison de leur fureur n'est pas explicitée dans le cas de la chienne, mais le lecteur qui connaît, comme Sémonide, son *Iliade* par cœur, sait bien pourquoi Hélène se traite elle-même de « chienne » [29] : la chienne est la femme que la passion amoureuse amène à tromper impudemment son époux légitime ; de même la belette est folle de la couche d'Aphrodite et tout homme qui se présente lui sert à assouvir cette maladie.

Avec la terre (type n° 4) et l'ânesse (type n° 6), nous restons dans le domaine de l'appétit ; mais ici le sens fondamental du mot est davantage mis en lumière : la femme est un être qui dévore les ressources vitales de son mari ; elle ne fait que manger. Cela est souligné par un fort contraste entre les deux types qui se succèdent en troisième et quatrième position : autant la chienne était mobile, autant la terre est inerte (comme souvent une ânesse est difficile à faire bouger) ; elle ne sait qu'absorber.

Reste le type n° 5, la femme mer, centre de la composition. En elle se résument toutes les étapes précédentes. La beauté en elle est trompeuse et dans ses tempêtes, la mer peut se montrer affreuse, provoquant ruine et naufrage ; elle absorbe tout dans ses flots fracassants, aussi bruyants que les aboiements furieux d'une chienne défendant ses chiots. Mais la mer a-t-elle des petits à défendre ? Nicole Loraux a rapproché la mer d'Aphrodite [30] : rapprochement sans doute propre à distinguer Sémonide d'Hésiode qui parle seulement de terre et d'eau pour la formation de la femme. Mais, dans le cadre du poème entier, la mer me paraît être tout simplement de l'eau salée, le symbole même de la stérilité [31]. C'est la négativité

---

28. L'interprétation du v. 10 est très controversée. La meilleure me semble être celle qu'a adoptée H. Lloyd-Jones, *op. cit.* (n. 8), p. 66 sq. : « the vixen-woman has knowledge of good and evil, but pretends that good is evil and evil good. » E. Pellizer, G. Tedeschi, *op. cit.* (n. 8), p. 122, insistent plutôt sur l'inconstance féminine : « la medesima cosa, spesso la chiama cattiva, spesso buona. »

29. *Iliade* III, 180 ; VI, 344, 356. Même image à propos de Clytemnestre dans *Odyssée* XI, 424 ; à propos des servantes infidèles d'Ulysse dans *Odyssée* XVIII, 338 ; XIX, 91, 154, 372.

30. N. Loraux, *op. cit.* (n. 19), p. 97.

31. Les anciens commentateurs donnaient à ἀτρύγετος, épithète commune de la mer chez Homère, le sens de « stérile ». Les modernes sont partagés, certains rapprochant

absolue. En cela la femme mer s'oppose le plus qu'il est possible à la femme abeille qui enfante à son mari des fils qui lui ressemblent.

Mais pour que l'histoire soit complète et l'exégèse plus sûre, il faut maintenant, après être monté par degré jusqu'au type n° 5, redescendre jusqu'au type n° 10, son contraire parfait.

Avec l'ânesse apparaît un thème nouveau et positif qui l'oppose fortement à la femme mer : celui du travail (car la mer a beau être parfois très agitée, elle ne travaille pas et elle ne saurait non plus être travaillée) et, derrière le thème du travail, cette fois de façon explicite, celui d'Aphrodite ; on remarquera que d'emblée Aphrodite est liée ici au travail, travail de l'homme qui, de même qu'il travaille la terre pour vivre, prépare la venue au monde de beaux enfants pour se survivre ; Aphrodite n'est plus liée au seul appétit de la femme, à la passion stérile et destructrice. Par là, l'ânesse acquiert un fort relief par rapport à son équivalent dans la première partie du poème, la terre, sans doute aussi stupide qu'elle et aussi dévorante, mais point capable de travaux d'aucune sorte. L'ânesse annonce d'emblée la femme abeille : on peut la faire travailler et elle ne répugne pas aux travaux d'Aphrodite. Mais son caractère annule pratiquement ces deux avantages : l'ânesse ne travaille que contrainte par les coups et inversement son appétit sexuel la pousse à ne pas se contenter de son mari ; elle lui mangera son bien sans lui donner de fils qui lui ressemblent.

La belette, l'équivalent de notre chat domestique, n'est que le redoublement de l'ânesse ; elle est folle elle aussi de la couche d'Aphrodite et elle cause du tort à son mari non seulement par son double appétit, mais en le mettant mal avec ses voisins. En fait, elle ne saurait être que le pâle reflet de la chienne, son équivalent dans la première partie du poème, mais dont les aboiements sont véritablement insupportables pour tous.

Avec la cavale, Aphrodite est toujours présente. La splendide chevelure de la bête, objet des plus grands soins, excite le désir. Mais la cavale vit dans l'apparence : elle ignore la réalité du travail. Dans un monde difficile, elle représente une véritable inversion des valeurs. On la voit plutôt femme de roi et, dans la première partie du poème, la renarde fait bien petite figure auprès d'elle.

Laide et méchante, la guenon est qualifiée de plus grand de tous les fléaux que Zeus a envoyés aux hommes. Sémonide veut

---

plutôt l'adjectif du verbe τρύζω, « murmurer ». Mais comment Sémonide le comprenait-il ? De toute manière la mer, par ses tempêtes et les naufrages qu'elles provoquent, n'est pas un symbole de vie.

sans doute marquer une progression dans une partie placée toute entière sous le signe d'Aphrodite et même établir un fort contraste avec le portrait précédent [32], mais la femme guenon n'est pourtant pas la plus à craindre. Tout le monde se moque d'elle et le malheureux mari qui la tient dans ses bras n'a sans doute pas à redouter le sort que lui auraient réservé ânesse, belette et cavale. La guenon ne fait en réalité que rappeler le fléau que représentait la truie, mais celle-ci par sa masse toujours croissante est vraiment plus insupportable et pas la moindre idée de plaisir ne vient compenser la charge physique et morale qu'elle constitue.

Si nous résumons maintenant les observations qui viennent d'être faites, nous remarquons que le poème comporte une double série de temps forts : d'une part celle où se succèdent la truie (type n° 1), la chienne (type n° 3) et la mer (type n° 5) ; d'autre part celle où se succèdent l'ânesse (type n° 6), la cavale (type n° 8) et l'abeille (type n° 10) — les types restants (renarde, terre, belette, guenon) ne représentant que des esquisses ou des rappels affaiblis des types correspondants.

Dans chacune des séries de trois types, le troisième type représente l'accomplissement véritable des deux premiers. La truie, c'est la laideur de l'apparence, le désordre et la saleté de son environnement immédiat ; la chienne, par sa fureur interne, porte le désordre au loin ; la mer qui paraît d'abord contredire ces deux premiers types par son calme et sa beauté, se révèle finalement pire qu'eux dans ses tempêtes. On pourrait symboliser ce rythme par les lettres A A' B, B symbolisant une sorte d'accomplissement de A et A' dans le cadre d'un retournement. De même l'ânesse peut travailler et la cavale faire la gloire de son mari, mais quelle dépense d'énergie pour lui dans les deux cas : il faut battre l'ânesse et, avec la cavale, être riche comme un roi ! Seule l'abeille peut véritablement donner ce qu'un mari attend de sa femme pour être heureux. Ici encore s'impose le rythme A A' B.

Ces deux parties, de rythme semblable, s'opposent fortement par le thème qui domine chacune d'elles, on le soupçonnait déjà avec la forte opposition de la femme-mer et de la femme-ânesse. Il s'agit, dans un cas, de l'appétit destructeur qu'Hésiode avait stigmatisé chez la femme [33], thème qui, chez Sémonide, est présent même dans le premier portrait, celui de la femme truie [34] ; dans

32. La singularité de la dernière femme, la femme abeille, n'en est également que plus marquée.

33. Hésiode, *Théogonie*, v. 591-602 ; *Les travaux et les jours*, v. 374-375, 703-705.

34. Vautrée sur son fumier, elle « engraisse », v. 6.

l'autre cas, il s'agit du travail, qui est, chez Hésiode encore, la valeur proprement masculine [35] et qui, on le voit avec la femme-abeille de Sémonide, distingue la bonne épouse des autres. Les femmes sont parfaites quand elles ressemblent aux hommes.

Une remarque pour conclure mon premier développement. Nous possédons de Phocylide un court texte de huit hexamètres [36] qui ne peut manquer de faire songer à celui de Sémonide. Quatre types de femmes y sont présentés selon deux ordres différents : d'abord l'ordre chienne, abeille, truie, cavale, puis (pour un jugement moral) l'ordre cavale, truie, chienne, abeille. Nous retrouvons là quatre des six temps forts de Sémonide, la mer et l'ânesse étant éliminées. La date de Phocylide est inconnue, mais on accorde ordinairement l'antériorité à Sémonide, surtout quand on le place au début du VIIe siècle. Il faut alors admettre que de Sémonide à Phocylide la chute est rude. Mais il est sans doute possible de placer Phocylide avant Sémonide, Phocylide servant alors d'intermédiaire entre Hésiode et Sémonide [37]. Ce dernier aura alors donné au sujet une magnifique ampleur.

*
* *

Cependant, si l'analyse thématique du poème de Sémonide est de nature à faire réviser les jugements sévères de Bethe et de Fränkel sur l'art de ce poète, la structure que je viens de dégager risque de paraître bien subtile surtout si l'on place Sémonide à une époque reculée, bien subtile et peut-être subjective [38]. C'est ici que l'étude des proportions peut être utile en apportant, du moins je l'espère, l'élément objectif désiré.

Si donc nous considérons le nombre de vers consacré par Sémonide à chacun de ses dix types de femmes, nous constatons que le schéma précédemment dégagé offre les équilibres suivants :

---

35. Hésiode, *Les travaux et les jours*, v. 286-318.

36. Phocylide, fr. 2 Diehl.

37. Ainsi S. Lilia, *Dogs in Ancient Greek Poetry*, Helsinki, 1976, p. 45 (avec la bibliographie antérieure) ; et tout récemment, T. K. Hubbard, *art. cit.* (n. 4), p. 193 sq.

38. Un scepticisme légitime pourrait naître de la comparaison entre les analyses menées ici et celles de Martin Steinrück. Ce savant répartit le catalogue des dix femmes suivant le schéma ABBCCDEDEF (*op. cit.* [n. 10], p. 14). Une fois mis à part les deux extrêmes qui n'ont pas de correspondant et sont seulement dans un rapport d'opposition mutuelle, deux séries d'éléments ayant chacun un correspondant se détachent : 1) BBCC (= II, III, IV, V) ; 2) DEDE (VI, VII, VIII, IX). La première série est pour Steinrück bâtie sur le thème du savoir, la seconde sur celui des ἀφροδίσια (p. 33). Pour moi, les cinq premiers portraits ont pour fil conducteur le thème négatif de la passion dévoreuse, les cinq autres celui (positif) du travail...

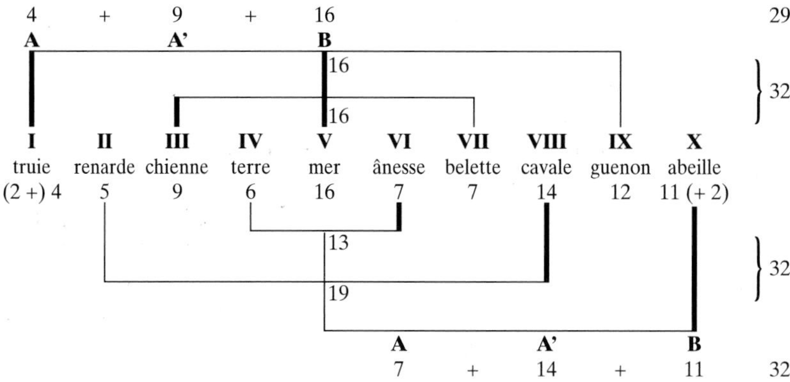

Dans ce tableau (où le 2 + et le + 2 entre parenthèses désignent respectivement les v. 1-2 et les v. 94-95, introduction et conclusion du passage étudié), il est difficile de croire que le retour du chiffre 32 soit dû au hasard, et l'athétèse de certains vers, voire même de certains passages, par tel ou tel savant [39] n'est pas de nature à faire mettre en doute le caractère intentionnel de cette architecture numérique ; ce sont bien plutôt ces athétèses elles-mêmes qui se trouvent frappées de nullité. Seul le chiffre 29 peut étonner : j'y reviendrai plus tard, après avoir rappelé quelques principes.

Ce qui est le plus frappant dans la structure d'ensemble, c'est la suite 9 + 1. Nicole Loraux l'avait déjà remarquée, rappelant qu'elle remontait à Homère [40] : les Grecs ont souffert pendant neuf ans devant Troie avant de prendre la ville la dixième année ; Ulysse a erré pendant neuf ans loin de sa patrie avant de pouvoir regagner Ithaque la dixième année [41] ; de même, chez Sémonide, neuf types de femmes font bien souffrir l'homme cependant que le dixième assure son bonheur.

Le rythme ternaire A A' B remonte également à Homère [42]. Jamais deux sans trois. La troisième tentative est la bonne.

39. Ainsi D. L. Page, dans *Classical Review* 68, 1954, p. 106, estime que les v. 69-70 sont une interpolation (ce que contestera W. J. Verdenius, dans *Mnemosyne* 21, 1968, p. 147). R. Opitz, *art. cit.* (n. 18), p. 16-30, rejettera globalement le portrait des femmes terre et mer, sans succès auprès du reste de la critique

40. N. Loraux, *op. cit.* (n. 19), p. 96-97.

41. Cf. G. Germain, *Homère et la mystique des nombres*, Paris, 1954, p. 13 sq. (où l'on trouvera d'autres exemples).

42. Voir encore G. Germain, *ibid.*, p. 11 sq. Sur le développement ultérieur du rythme ternaire, voir R. Lesueur, *L'Énéide de Virgile. Étude sur la composition rythmique d'une épopée*, Toulouse, 1975.

Ce qui paraît être moins homérique — même si Homère pratiquait abondamment la « Ringkomposition »[43] —, c'est l'organisation même des neuf premiers types. Il ne s'agit pas d'un triplement de trois éléments, mais d'une structure concentrique dont le cinquième élément est naturellement le sommet. Ici, semble-t-il, il faut faire appel à Pythagore qui seul peut faire comprendre l'importance du cinquième élément dans la série de neuf. Nous le savons par des commentateurs tardifs, « la pentade est le symbole sacré de la justice comme étant la seule qui divise en parties égales les nombres de 1 à 9 »[44]. Autrement dit, si l'on compare les nombres de 1 à 9 aux plateaux d'une balance, les quatre premiers (1 + 2 + 3 + 4) correspondant au plateau le plus léger et les quatre derniers (6 + 7 + 8 + 9) correspondant au plateau le plus lourd, au centre, le 5, fléau de la balance, rétablit l'équilibre en soustrayant aux nombres les plus grands sa propre puissance et en distribuant le reste aux plus petits nombres, soit 9 – 5 = 4 et 1 + 4 = 5 ; 8 – 5 = 3 et 2 + 3 = 5, etc.

S'inspirant de cet équilibre fondamental, Sémonide se livre à des exercices plus complexes sur la base d'une symbolique des nombres dont certains principes nous échappent mais dont nous savons aussi qu'elle a été développée par Pythagore et les pythagoriciens. Fondamentalement, puisqu'il s'agit ici d'un poème sur les femmes mariées, le nombre 2 symbolise la femme, le nombre 3 l'homme (le nombre 1 restant à part en tant qu'opposé au multiple). Les pythagoriciens représentaient les nombres par des points, ce qui rendait cette symbolique très concrète. D'autre part il faut savoir qu'ils aimaient carrés et cubes comme symboles de perfection.

Dans le poème de Sémonide, le nombre 29 peut étonner, je le répète, au sein d'une symphonie de nombres 32. Nous le retrouvons cependant à un autre niveau. En effet l'introduction du poème ne fait pas exactement deux vers, mais seulement 7 temps marqués. Ce nombre 7 symbolise ici le dieu créateur de la femme. La femme truie a donc droit non pas à 24 temps marqués selon une approximation valable seulement à un niveau plus général, mais à 29 temps marqués. Ce qui est alors intéressant, c'est la différence entre les 29 vers de la première série de temps forts et les 32 vers de la

43. Un ouvrage comme celui de K. Stanley, *The Shield of Homer. Narrative Structures in the* Iliad, Princeton, 1993, montre que cet art de la « Ringkomposition » était, chez Homère, déjà très raffiné. Mais ce n'est qu'à l'époque de Pythagore, semble-t-il, que la structure concentrique a pris une forme numérique.

44. Proclus, *Commentaire sur la République* XII, 93 (trad. A.-J. Festugière). Dans le *Commentaire sur le Timée* III, 236, Proclus précise aussi que l'accord de quinte accouple l'Impair et le Pair, la Triade et la Dyade, le Mâle et la Femelle.

seconde série : 3, le chiffre de l'homme. Voilà ce qui fait une femme absolument mauvaise, l'absence en elle de l'homme. La femme mer, le comble de la négativité, c'est le cube de deux redoublé, 16 au total. Au contraire la femme abeille, avec ses 11 vers, c'est encore le cube de 2 mais auquel s'additionne le nombre salvateur de l'homme, 3. Il n'y a qu'une femme sur dix comme la femme abeille. « Pourquoi les femmes ne ressemblent-elles pas davantage aux hommes ! »

*
* *

Après tout Sémonide d'Amorgos n'est peut-être pas un auteur si ennuyeux que cela. En tout cas, son catalogue des femmes mariées présente l'énorme intérêt de constituer le premier exemple connu d'une structure complexe à dix éléments qui se perpétuera à des niveaux divers, qu'il s'agisse de petits ensembles comme le chant d'Agathon dans les *Thesmophories* d'Aristophane [45], ou des cinq actes des tragédies et des comédies [46], ou encore les recueils de dix poèmes bucoliques composés par Théocrite ou Virgile [47].

L'intérêt est ici de saisir le phénomène quasiment à sa naissance, une naissance évidemment favorisée par l'influence d'Homère et sa mystique des nombres, mais aussi, très certainement, par l'influence encore toute récente de Pythagore qui a développé la mystique d'Homère. Cette deuxième influence amène à poser une nouvelle fois le problème de la date de Sémonide : elle renforce évidemment le camp de ceux qui ont préféré une date tardive. Mais, même tardive, cette date ne nous amène pas à sortir de la période archaïque et de ses mystères fondateurs.

Alain BLANCHARD

45. Cf. A. Blanchard, « La parodie d'Agathon et la structure des *Bucoliques* de Virgile (Aristophane, *Thesmophories* 101-130) », dans *Storia Poesia e Pensiero. Studi in onore di Marcello Gigante*, Naples, 1993, p. 49-61.

46. Pour les comédies, il s'agit bien évidemment des pièces de la Comédie Nouvelle, non de celles de la Comédie Ancienne. Pour une analyse du *Dyscolos* de Ménandre menée dans cet esprit (mais sans dégagement de structures numériques, ce qui serait tout à fait possible), voir A. Blanchard, « Un schéma virgilien pour comprendre la composition des comédies de Ménandre. L'exemple du *Dyscolos* », dans *Dramaturgie et Actualité du Théâtre antique. Actes du Colloque international de Toulouse, 17-19 octobre 1991* (= *Pallas* 38), 1992, p. 301-309.

47. Dans ce domaine, la recherche peut encore s'appuyer sur l'article fondateur de P. Maury, « Le secret de Virgile et l'architecture des *Bucoliques* », *Lettes d'Humanité* 3, 1944, p. 71-147, dont le schéma doit désormais être perfectionné.

LA XIe *NÉMÉENNE* DE PINDARE, UN VERS DE LA DERNIÈRE ÉPODE ET LE SENS DU MOT ΓΥΙΑ

Il est assez rare qu'on puisse lire un auteur ancien sans qu'à aucun moment on ne se demande si on est bien en train de lire ce qu'il a écrit. Trois cas de figures se présentent : 1) mon interprétation est erronée et je fais dire au texte autre chose que ce qu'il dit ; 2) je comprends bien le texte que je lis, mais je ne crois pas pouvoir l'attribuer tel quel à l'auteur ; 3) le texte que je lis et que je comprends littéralement échappe à mon entendement, mais il n'est pas altéré. Le lecteur moderne d'un poète lyrique réputé obscur au degré où l'est Pindare aura naturellement tendance à adopter face au texte la dernière posture. Le grec, pensera tout bas notre lecteur, n'est pas aisé, le grec poétique l'est encore moins, et le grec pindarique ne l'est pas du tout. De surcroît, au début du XXIe siècle, nous sommes familiarisés avec l'idée que la poésie ne se réduit pas à la logique. Pour beaucoup même, un texte est d'autant moins poétique qu'il est intelligible. Ce n'est pas encore tout. L'helléniste qui s'informe de l'état du texte de Pindare apprendra que cet état est plutôt bon, surtout si on le compare à celui du texte des tragédies d'Eschyle, son contemporain. J'ai donc choisi d'étudier un passage de Pindare dont la difficulté a été mise tantôt sur le compte de l'obscurité ou de l'illogisme du poète, tantôt sur celui de l'état corrompu de son texte. Mais voici, comme préalable à l'examen du passage qui en est extrait, une présentation de la XIe *Néméenne*.

Selon Valère Maxime [1], c'est en vain que le responsable d'un gymnase, qui voulait fermer, tenta un jour de réveiller Pindare : ce dernier, qui avait posé sa tête sur le sein de l'adolescent qu'il aimait, s'y était endormi dans le sommeil définitif de la mort. Selon la Vie de Pindare contenue dans la *Souda*, le poète est mort [2] au théâtre,

1. Valère Maxime, IX,12 ext. 7.

2. Selon toute vraisemblance en 438, âgé de 80 ans. Je renvoie sur ce point au tableau chronologique qu'on trouvera dans l'introduction de mon édition des *Pythiques*.

la tête posée sur les genoux de son cher Théoxène. Par chance Athénée cite, vraisemblablement d'après une biographie de Pindare composée par le péripatéticien Chamailéon [3], des vers célèbres de Pindare où il est question de Théoxène, citoyen de l'île de Ténédos et, comme Pindare nous l'apprend, fils d'un dénommé Agésilas : « il faut, dit le poète, cueillir l'amour au bon moment, quand on est jeune ; mais l'homme qui voit sans écumer de désir les rayons étincelants qui partent des yeux de Théoxène, le cœur de cet homme a été forgé d'acier ou de fer par une flamme froide. » [4] Selon une combinaison séduisante de ces témoignages [5], Chamailéon rapportait que Pindare était mort au théâtre dans les bras de l'adolescent originaire de Ténédos, qui l'avait peut-être charmé dans un gymnase. Dans l'Antiquité, Ténédos était célèbre pour la beauté de ses femmes [6], mais les garçons devaient aussi y être beaux [7], puisque Pindare évoque « le corps admirable » [8] d'un autre jeune homme de Ténédos, Aristagoras, dans un poème que l'éditeur alexandrin a placé à la fin du recueil des *Néméennes*, recueil normalement occupé par des odes qui célèbrent des vainqueurs aux jeux néméens. C'est ce poème qui nous intéresse. Il n'y est paradoxalement pas question des jeux néméens. Le poème célèbre l'entrée en fonction du jeune Aristagoras comme prytane de Ténédos. Aristophane de Byzance, l'auteur de l'édition alexandrine qui fit

3. Athénée, XIII, 76, p. 601 d (cf. XIII,17 p. 564 de) = Pindare, fr. 123 Snell-Maehler. Sur la source de la citation, cf. Athénée, XIII, 75, p. 600 f ; Th. Bergk, *Poetae lyrici Graeci*, I, Leipzig, 1878^4, p. 371. Les éditeurs des fragments de Chamailéon, Fr. Wehrli (*Die Schule des Aristoteles*, Heft IX, Bâle, 1969^2) et D. Giordano (Bologne, 1977), omettent ce témoignage sur le περὶ Πινδάρου.

4. La suite dit : « Privé d'honneur par Aphrodite aux yeux noirs, ou il se donne une peine immodérée pour l'argent ou avec une audace de femme il est emporté, donnant son soin à toute route †froide† », γυναικείῳ θράσει | †ψυχρὰν† (« Perseverationsfehler » dû à ψυχρᾷ v. 6) φορεῖται πᾶσαν ὁδὸν θεραπεύων. Par ces mots dont le sens n'est pas certain, je doute que le poète stigmatise l'amour hétérosexuel. Il me semble plutôt avoir en vue des passions non érotiques, la φιλοχρηματία et peut-être la φιλοτιμία, la σπουδαρχία (cf. Plutarque, *de cohibenda ira* VIII, p. 457 b = Pindare, fr. 210 : χαλεπώτατοι δ' ἄγαν φιλοτιμίαν μνώμενοι ἐν πόλεσιν ἄνδρες ἱστᾶσιν [v. l. ἢ στάσιν] ἄλγος ἐμφανές, κατὰ Πίνδαρον). D'où peut-être ἀρχᾶν... πᾶσαν ὁδόν, « toute route qui mène aux charges. »

5. U. v. Wilamowitz, *Pindaros*, Berlin, 1922, p. 429-430. Elle a échappé aux éditeurs des fragments de Chamailéon.

6. Nymphodoros *FGrH* 572 F 7 cité par Athénée XIII, 89, p. 609e.

7. Ἐν δ' ἄρα καὶ Τενέδῳ Πειθώ τ' ἔναιεν καὶ Χάρις υἱὸν, Αγησίλα, dit la fin du fragment. Mais ἔναιεν (« à Ténédos Persuasion et Grâce habitaient Théoxène ») ne va pas. Ἄταλλεν « nourrissaient » irait bien, mais ἀνᾶγεν « élevaient » (G. Hermann) est plus proche. Pour l'imparfait, cf. *Néméennes* III, 53.

8. *Néméennes* XI, 12.

autorité, aurait donc, selon toute apparence, dû placer le poème dans le recueil des *encômia* ou « éloges », qui forme un livre de l'édition alexandrine, et non dans un des quatre livres où sont rangées les épinicies, littéralement « chants qui suivent la victoire », à savoir la victoire dans les jeux[9]. Mais justement, dans ce poème « inaugural », Pindare explique qu'Aristagoras a été seize fois vainqueur dans des jeux locaux et périphériques, mais que ses parents, en raison de ce que le poète présente délicatement comme un excès de prudence, l'ont empêché de s'essayer aux jeux pythiques et olympiques. Voilà pourquoi le poème se trouve parmi les *Épinicies*. Mais pourquoi parmi les *Néméennes* ? Parce qu'originellement les *Néméennes* était le dernier des quatre livres d'épinicies[10]. Or les éditeurs alexandrins avaient l'habitude de placer à la fin d'un ensemble une ou plusieurs pièces dont l'appartenance à cet ensemble leur semblait, pour des raisons variables, sujette à caution. Les *Néméennes* IX et X célèbrent des victoires étrangères aux quatre grands jeux mais remportées par des athlètes qui ont également triomphé aux jeux néméens. Contrairement à la *Néméenne* XI, ces poèmes sont des épinicies et ont un rapport, si ténu soit-il, avec les jeux néméens[11].

Les témoins autorisés du texte des *Néméennes* sont, d'un côté, le manuscrit B (Vaticanus graecus 1312, de la fin du XIIe s.) et, de l'autre, le manuscrit D (Laurentianus 32, 52, du début du XIVe s.). Ces manuscrits remontent à un modèle unique. Cela ne veut pas dire que lorsqu'un des deux manuscrits s'oppose à l'autre, il y a nécessairement, d'un côté, une leçon qui se trouvait dans le texte du modèle et, de l'autre, une faute de copie. Ainsi, une variante traditionnelle, marginale ou supralinéaire, peut passer du modèle dans le texte d'une des copies, tandis que le texte de l'autre copie sera iden-

9. Συντακτέον οὖν φησιν ὁ Δίδυμος εἰς τὰ παροίνια, καθὰ καὶ τοῖς περὶ Φασηλίτην ἀρέσκει (*Néméennes* XI *inscr.* a). Par παροίνια = σκόλια, Didyme semble avoir en vue le recueil des ἐγκώμια.

10. A la suite d'une erreur, les rouleaux contenant les *Isthmiques* et les *Néméennes* ont été intervertis et les *Néméennes* ont été transcrites avant les *Isthmiques* dans le *codex* qui fut à la base de la tradition byzantine des épinicies.

11. Cf. *Néméennes* IX *inscr.* αὗται δὲ αἱ ᾠδαὶ (IX-XI) οὐκέτι Νεμεονίκαις εἰσὶ γεγραμμέναι· διὸ κεχωρισμέναι φέρονται. Plusieurs sources (cf. E. Lobel, *P. Oxy*. XXVI, Londres, 1961, p. 6, n. 1) évoquent τὰ κεχωρισμένα τῶν παρθεν(ε)ίων = le livre γ des *Parthénées*. Aristophane de Byzance semble avoir conçu ainsi son édition en 17 livres-rouleaux : huit livres + 1 livre de poèmes « mis à part » destinés aux dieux, huit livres de poèmes + trois poèmes « mis à part » destinés aux hommes (cf. U. v. Wilamowitz, *Einleitung in die griechische Tragödie*, Berlin, 1921[3] [texte publié pour la première fois en 1889], p. 140-141).

tique au texte du modèle. Notre poème offre peut-être un exemple de ce phénomène, qui affecte directement les deux jeunes hommes de Ténédos. Dans le fragment cité par Athénée, Pindare nous apprend que le père de Théoxénos s'appelait Agésilas [12]. D'après le ms. D et les scholies de B et de D, le père d'Aristagoras, que célèbre la XIe *Néméenne*, a pour nom Arcésilas. Mais d'après le ms. B son nom est Agésilas [13]. Si la leçon « Agésilas » n'est pas une faute antique ou byzantine due à un souvenir intempestif des vers où Pindare loue Théoxénos, alors les deux garçons sont frères et, d'après la généalogie attribuée par Pindare à Aristagoras, tous deux descendent, par leur père, des Laconiens qui ont accompagné Oreste dans la migration éolienne, et, par leur mère, du Thébain Mélanippos, qui défendit sa cité contre les Sept. Même si les deux garçons ne sont pas frères, il paraît plausible qu'ils appartiennent tous deux à la fin de la vie de Pindare [14]. Pour Théoxène, cela est pratiquement indubitable. Pour Aristagoras, on peut invoquer le ton pénétrant de désillusion et de résignation mélancolique qu'ont en partage notre *Néméenne* et le plus tardif des poèmes datés de Pindare, la VIIIe *Pythique*, qui célèbre une victoire remportée en 446. C'est dans cette épinicie que se trouvent ces vers célèbres (95-97) : « Êtres d'un jour. Qu'est-ce que quelqu'un ? Qu'est ce que personne ? Rêve d'une ombre que l'homme. Mais à chaque fois qu'une clarté envoyée par Zeus vient, une lumière éclatante se pose sur les hommes, et leur vie est douce comme miel. » On comparera ces mêmes vers et d'autres que nous citerons à la dernière épode de la *Néméenne* qui nous occupe. Je ne crois pas que Pindare développe ici et là de simples lieux communs qui n'apprennent rien sur son propre état d'esprit. J'accorde moins de poids, pour une datation tardive de la *Néméenne* XI, à la perfection unique [15] à laquelle Pindare porte dans ce poème la pratique que l'on constate d'une manière non uniforme dans les odes de la maturité et de la vieillesse et qui consiste en ce que chaque triade ou système (strophe, antistrophe, épode) forme pour ainsi dire un tout du point de vue de la syntaxe et du sens [16]. A l'intérieur même de chaque

12. Fr. 123,15 (Ἁγησίλα).

13. Ἁγησίλαν, mais le mètre réclame la forme alternative Ἀγεσίλαν, suggérée par C. Gaspar, *Essai de chronologie pindarique*, Bruxelles, 1900, p. 171, avant P. Maas (chez Schroeder, *editio minor* de Pindare, Leipzig, 1914²).

14. Scepticisme chez W. J. Verdenius, *Commentaries on Pindar*. Volume II, *Olympian Odes 1, 10, 11, Nemean 11, Isthmian 2* (*Mnemosyne*, Suppl. 101), Leyde, 1988, p. 96.

15. Relevée par U. v. Wilamowitz, *op. cit.* (n. 5), p. 431.

16. Cette pratique apparaît dans la Xe *Pythique* (498), mais, selon U. v. Wilamowitz, *op. cit.* (n. 5), p. 126, « das hat Pindar im Alter durchgeführt, vorher nur vereinzelt.

triade, chaque strophe, chaque antistrophe, chaque épode tendent à développer une idée ou une évocation. La *Néméenne* XI contient trois triades. La première est consacrée à l'entrée en fonction du jeune homme comme prytane et se termine sur l'éloge de la beauté du garçon et sur le rappel de la mortalité du corps. La seconde triade a pour objet les victoires remportées par Aristagoras dans des jeux locaux et celles qu'il aurait pu remporter dans des jeux panhelléniques. La troisième triade indique que ses succès révèlent le bon sang qui coule dans ses veines et en même temps illustre une loi naturelle, la loi de l'alternance générationnelle : comme on ne récolte pas chaque année, de même la valeur saute d'une génération à l'autre. Mais il ne suffit pas de faire partie de la bonne génération : la dernière épode indique que le cours de la fortune est imprévisible et que cette imprévisibilité devrait inviter les hommes à modérer leurs ambitions. Soit dit en passant, cette conclusion légitime la prudence des parents de l'athlète, que le poète taxait délicatement d'excessive [17].

Examinons la dernière épode :

καὶ θνατὸν οὕτως ἔθνος ἄγει

μοῖρα. τὸ δ᾽ ἐκ Διὸς ἀνθρώποις σαφὲς οὐχ ἕπεται
τέκμαρ· ἀλλ᾽ ἔμπαν μεγαλανορίαις ἐμβαίνομεν,
ἔργα τε πολλὰ μενοινῶντες· δέδεται γὰρ ἀναιδεῖ
ἐλπίδι γυῖα· προμαθείας δ᾽ ἀπόκεινται ῥοαί.
κερδέων δὲ χρὴ μέτρον θηρευέμεν·
ἀπροσίκτων δ᾽ ἐρώτων ὀξύτεραι μανίαι.

« C'est de la même manière que le destin conduit la race des mortels. Mais de Zeus il n'émane pas pour les hommes de signe sûr. Néanmoins nous nous embarquons dans des projets ambitieux et [18] nous désirons des exploits nombreux. En effet, nos membres sont liés [ou " dominés ", ou

Offenbar hatte er es als Regel überkommen, über die er sich später hinwegsetzte, ohne sie doch zu verwerfen. Er erlaubte sich nur eine Freiheit, wohl zuerst um besondere Wirkung zu erzielen, manchmal auch, weil ihm die Beschränkung lästig fiel. Zuletzt beherrschte er die Kunst so sicher, dass er der Regel genügen konnte ». Cependant la pratique en question n'est pas rigoureusement observée dans *Pythiques* VIII. Elle l'est dans *Pythiques* I (470), *Olympiques* VII (464), XIII (464), *Néméennes* X (464 ?), VI (461 ??), VIII (459 ?) ; elle ne l'est pas dans *Pythiques* IV et V (462-461 ; noter la longueur exceptionnelle du premier poème), *Olympiques* VIII (460), *Isthmiques* VII (454 ?). Les dates indiquées proviennent de C. M. Bowra, *Pindar*, Oxford, 1964, p. 406-413.

17. Opposer ἐλπίδες ὀκνηρότεραι (v. 21) et ἀναιδεῖ ἐλπίδι (v. 45-46), ὀξύτεραι μανίαι (v. 48).

18. τε... μενοινῶντες *participium pro verbo finito*. Selon d'autres, τε = καὶ ταῦτα. On trouvera sur ce point un éclaircissement dans mon édition des *Pythiques* (Remarque XXIV).

encore “ ensorcelés ”] par l'espoir effréné [19]. Cependant, les courants de la prévision sont loin de nous. Il convient de rechercher la mesure dans le profit : la folie des désirs inatteignables [20] est trop douloureuse. »

La métaphore maritime apparaît clairement [21] : l'homme qui s'embarque dans un projet ambitieux ne peut pas se fier aux étoiles ; il cherche les courants inaccessibles [22] de la prévision. Par προμαθείας δ' ἀπόκεινται ῥοαί, d'autres entendent « le cours (des événements) est inaccessible à la prévision », mais il semble difficile de désolidariser ῥοαί du génitif προμαθείας et de donner à ῥοαί privé de toute détermination [23] le sens de « cours des événements ». La plus grosse difficulté du passage est dans la séquence δέδεται γὰρ ἀναιδεῖ ἐλπίδι γυῖα, littéralement « car nos membres sont liés par l'espoir effréné ». Il paraît étonnant que l'espoir soit présenté comme agissant sur les membres ou sur le corps [24], et il paraît aussi étonnant que l'action exercée par l'espoir soit présentée comme immobilisatrice (« liés [25] »), compulsive (« dominés par », « sous l'emprise de ») ou ensorcelante (« ensorcelés »). Trois passages de Pindare peuvent fonder notre étonnement : *Isthmiques* II, 43, φθο-

19. Cf. *Diccionario Griego-Español*, Fr. R. Adrados éd., II, Madrid, 1995², *s.v.* ἀναιδής II « de fuerzas irracionales, animales fabulosos y n. abstr. » ; II, 2 « desenfrenado, desatado, abusivo ἐλπίς Pi. *N.* 11.45 ».

20. Brachylogie (« désirs inaccessibles » pour « désirs de choses inaccessibles ») et emploi de l'abstrait (« désirs ») pour le concret : « la folie de ceux qui désirent des choses inaccessibles est source de douleur trop aiguë. » L'interprétation de Verdenius, *Commentaries on Pindar*, « les passions trop violentes appartiennent au domaine des désirs irréalisables » me paraît un galimatias absurde ou proche de l'absurdité.

21. Elle commence peut-être avec ἄγει, « conduit », mais aussi « pousse » (comme un vent).

22. Comparer, au sens propre, à propos d'Héraclès, *Néméennes* II, 24-25, ἐρεύνασε τεναγέων | ῥοάς. Pour ἀπόκεινται, cf. Aratos, *Phénomènes* I, 110-111, χαλεπὴ δ' ἀπέκειτο θάλασσα, | καὶ βίον οὔπω νῆες ἀπόπροθεν ἠγίνεσκον (pendant l'âge d'or).

23. Opposer *Olympiques* II, 33-34, ῥοαί δ' ἄλλοτ' ἄλλαι | εὐθυμιᾶν τε μετὰ καὶ πόνων ἐς ἄνδρας ἔβαν.

24. Cf. J. A. Hartung, *Pindar's Werke*, III, Leipzig, 1856, p. 238-239 : « Die Alten haben zwar manches im Magen, in der Leber u. s. w. was wir im Herzen haben, aber dass man die Hoffnung in den Armen oder Beinen oder überhaupt im Leibe, anstatt in der Seele hege, das ist doch auch bei jenen unerhört. Und dass Pindar so etwas nicht geschrieben habe, dafür bürgen uns folgende zwei Parallelstellen : Isth. I, 2, 43 φθονεραὶ φρένας ἀμφικρέμανται ἐλπίδὲς. Pyth. III, 54 ἀλλὰ κέρδει καὶ σοφία δέδεται. » Hartung substitue λῆμα à γυῖα, mais cette conjecture n'a pas la moindre vraisemblance paléographique.

25. C. A. M. Fennel (*Pindar. The Nemean and Isthmian Odes*, Cambridge, 1883), approuvé par J. B. Bury (*The Nemean Odes of Pindar*, Londres, 1890) suggère que Pindare a en vue l'esclave enchaîné à sa rame. Idée anachronique, objecte avec raison J. Péron, *Les images maritimes de Pindare*, Paris, 1974, p. 41 sq., n. 5, approuvé par Verdenius au mot δέδεται.

νεραὶ ; θνατῶν φρένας ἀμφικρέμανται ἐλπίδες, « des espérances (des attentes) envieuses sont suspendues autour de (environnent) l'*esprit* des mortels » ; fr. 214,1-3 γλυκεῖά οἱ καρδίαν | ἀτάλλοισα γηροτρόφος συναορεῖ | ἐλπις, « la douce espérance, nourrice de la vieillesse, tient compagnie (à l'homme juste) et sustente son *cœur* » ; *Pythiques* VIII, 88-94, ὁ δὲ καλόν τι νέον λαχών | ἀβρότατος ἔπι μεγάλας | ἐξ ἐλπίδος πέταται | ὑποπτέροις ἀνορέαις, ἔχων | κρέσσονα πλούτου μέριμναν. ἐν δ' ὀλίγῳ βροτῶν | τὸ τέρπνον αὔξεται· οὕτω δὲ καὶ πίτνει χαμαί, | ἀποτρόπῳ γνώμᾳ σεσεισμένον, « mais l'homme qui a eu en partage quelque nouveau succès, en un moment où le luxe se déploie largement, *d'espoir s'envole* sur les ailes de ses prouesses, animé d'une ambition qui va au-delà de la richesse. En peu de temps la joie des mortels croît, mais en peu de temps aussi elle tombe à terre, ébranlée par le décret du dieu qui se détourne ». La parenté de ce passage de la VIIIe *Pythique* et des vers que nous étudions ne peut échapper. Ici et là l'espoir humain se trouve confronté à la variabilité du sort. Mais dans la VIIIe *Pythique*, l'espoir donne des ailes à l'homme, tandis qu'il a l'effet inverse dans la XIe *Néméenne*, du moins si l'on rend δέδεται par « sont liés ». L'idée d'immobilisation, peu en accord avec le départ en mer et avec l'impulsion donnée par l'espoir[26], est neutralisée si on considère que δέδεται, employé figurément, exprime une compulsion irrésistible[27] (« sont dominés ») ou une fascination magique[28] (« sont ensorcelés »), mais il est alors encore plus étonnant que l'espoir domine ou ensorcelle *les membres* ou *le corps*[29]. Les scholies dites anciennes impliquent bien les leçons δέδεται et γυῖα[30], mais cela ne prouve rien puisque ces scholies

26. *Imago hominis improba spe temere ducti a navigationibus vadis et secundis fluentis petita est, parum illud apte, quoniam vadis navis retinetur, spe animus propellitur*, selon W. von Christ (note de son *editio maior* de Pindare, Leipzig, 1896). D'où ses conjectures τέταται et πέταται (*fuit cum conicerem*). Τέταται/πέταται ἐλπίδι γυῖα n'est pas heureux. Τρέπεται = προτρέπεται de H. van Herwerden (*Mnemosyne* 25, 1897, p. 54) ne vaut pas mieux. De mon côté, j'avais envisagé λέλυται... γύαια, « car l'espoir effréné nous fait rompre les amarres », avec γύαια disyllabique à l'instar de γενύων dans *Pythiques* IV, 225.

27. Cf. Verdenius, *Commentaries on Pindar*, au mot δέδεται. Il cite *Pythiques* III, 54 et, à tort, IV, 71.

28. Cf. la traduction « enthralled » de W. H. Race dans l'édition Loeb de 1997.

29. Dans son édition commentée de Gotha-Erfurdt, 1830, L. Dissen paraphrase *regit ea quasi* (!) *omnes corporis motus*.

30. Cf. 59a δ. γ. ἀ. ἐ. γ. : τουτέστιν ἐμπέφυκεν ἡμῖν ἐλπίς ; 59c ἢ οὕτω· συνδέδεται δὲ τὰ ἡμέτερα σώματα ἀναιδεστάτῃ ἐλπίδι. L'explication de la première scholie, « l'espoir nous est inné », donne un sens acceptable, mais elle ne correspond pas au texte. De même, la traduction « nous avons l'espoir chevillé au corps », suggérée par un auditeur,

remontent au mieux à l'érudition alexandrine et qu'on sait que des fautes, souvent les plus graves, se sont produites antérieurement.

Revenons sur le mot que nous rendons par « membres » ou « corps »[31]. La difficulté de γυῖα semblerait levée si Pindare avait en vue par ce mot la même chose que φρένες (*Isthmiques* II, 43) ou καρδία (fr. 214, 1). Cela ne paraît pas impossible, quand on rapproche le passage de l'Hymne homérique (IV, 20) à Hermès, où le dieu μητρὸς ἀπ' ἀθανάτων θόρε γυίων (c'est-à-dire « du giron »[32]) ou bien le passage de l'hymne à Artémis (III, 25) de Callimaque, où ce dernier fait dire à la déesse ἀμογητὶ φίλων ἀπεθήκατο (*sc.* με μήτηρ) γυίων (c'est-à-dire « du ventre »). L'emploi de γυῖα dans le passage de Pindare pour désigner φρένες ou toute partie du corps conçue comme le siège d'une affection qui, à nos yeux, est une « affection de l'âme », devrait, si cet emploi était bien réel, nous rappeler combien est dangereuse la traduction par « esprit » d'un mot physiologique tel que φρένες[33]. Il se peut que notre conception dualiste de l'âme et du corps et des affections qui, selon nous, leur sont propres nous rende aveugles sur cet emploi de γυῖα et empêche la bonne intelligence du passage de Pindare. Notre conception de l'activité psychologique ne nous permettrait pas davantage de comprendre une traduction littérale de ce passage. Traduit dans notre mode de représentation, il signifierait que l'homme est ambitieux parce que son « esprit » est sous l'emprise de l'espoir.

On ne saurait, à mon avis, dire que cet emploi supposé de γυῖα chez Pindare est illustré par un passage tel qu'*Odyssée* VI, 139-140[34], τῇ γὰρ Ἀθήνη | θάρσος ἐνὶ φρεσὶ θῆκε καὶ ἐκ δέος εἵλετο γυίων. Il est vrai que δέος ἐν φρεσὶ πίπτει (*Odyssée* XIV, 88, cf. *Iliade* XVII, 625 δέος ἔμπεσε θυμῷ), mais il semble plausible que ἐκ δέος εἵλετο γυίων se rapporte au phénomène visé par la formule τρόμος ἔλλαβε γυῖα. Le vers 514 du dernier chant de l'*Iliade*, καί οἱ ἀπὸ πρα-

---

donne un sens plausible, mais elle ne correspond pas au grec, qui ne peut signifier « l'espoir est chevillé au corps ».

31. Selon le classement de W. J. Slater, *A Lexicon to Pindar*, Berlin, 1969, *s. v.* γυῖον, Pindare utilise le singulier γυῖον et le pluriel γυῖα au sens de σῶμα « body », « corps » (*Olympiques* VIII, 68 ; *Néméennes* VII, 73 avec les réflexions de B. Snell, *op. cit.* [n. 35], p. 25, n. 2) et le pluriel γυῖα pour désigner les membres, « limbs » (*Pythiques* III, 52 ; IV, 80, 253 ; *Néméennes* IV, 5 ; V, 39 ; VIII, 38 ; XI, 46).

32. Et non « du ventre », comme dit le *Diccionario Griego-Español*, Fr. R. Adrados éd., IV, Madrid, 1994, *s. v.* γυῖον 3.

33. Voir le chapitre « The original meaning of PHRĒN » dans le livre de S. Darcus Sullivan, *Psychological Activity in Homer*, Ottawa, 1988, p. 21-36.

34. Pour γυῖα dans la poésie épique archaïque, on peut voir l'article de B. Mader dans le *Lexicon des frühgriechischen Epos*, B. Snell et H. Erbse éd., II, Göttingen, p. 183 sq.

πίδων ἦλθ' ἵμερος ἠδ' ἀπὸ γυίων, illustre-t-il l'emploi de γυῖα pour désigner la même chose que φρένες ou quelque chose d'avoisinant ? Ce vers, dont l'absence ne causerait aucun dommage, est suspect depuis Aristarque et Denys le Thrace. Le premier allègue l'emploi impropre de γυῖα, qui désignerait chez Homère seulement les mains et les pieds [35] ; le second argue que le désir affecte seulement l'âme. La conclusion, à savoir que le vers est inauthentique, est probablement juste, mais aucun des deux arguments avancés n'est probant. A mon avis, γυίων ne redouble pas et n'englobe pas non plus πραπίδων, mais l'auteur du *miser versiculus* pensait au caractère λυσιμέλης de l'amour [36]. Walter Leaf [37] suggère qu'il s'est inspiré d'*Odyssée* VI, 140. Mais si l'amour est λυσιμέλης et que le désir quitte les membres (ἦλθ' ἵμερος... ἀπὸ γυίων), est-il impossible que les membres, et non spécifiquement les φρένες, soient chez Pindare sous l'emprise de l'espoir ? Deux auditeurs de cette communication ont même suggéré de voir en δέδεται le contre-pied intentionnel de λυσιμέλης et du tour épique γυῖα λέλυνται. L'interprétation de δέδεται au sens de « dominés » et non « liés » ne me paraît pas exclure la possibilité d'un tel « écho inversé ».

APPENDICE

TEXTE AVEC APPARAT CRITIQUE [38] ET TRADUCTION DE LA XIe *NÉMÉENNE*

Mètre « dactylo-épitritique », trois systèmes Α΄-Γ΄

ch : choriambe
cr : crétique apparent, en fait une forme de *ia* ou de *tr*
hem : hémiépès masculin ou dipodie dactylique catalectique *in syllabam*
hem f. : hémiépès féminin ou dipodie dactylique catalectique *in disyllabum*
ia : mètre ou dipodie iambique
tr : mètre ou dipodie trochaïque

---

35. Sur la notion de corps chez Homère, voir le premier chapitre du livre de B. Snell, *Die Entdeckung des Geistes. Studien zur Entstehung des europäischen Denkens bei den Griechen* (Göttingen, 1975⁴), que je lis dans la traduction italienne, *La cultura greca e le origini del pensiero europeo*, Turin, 1963 (« L'uomo nella concezione di Omero », p. 19-47 ; voir en particulier p. 24-28).

36. Voir là-dessus M. L. West (Oxford, 1966) à Hésiode, *Théogonie* 121.

37. Dans son édition commentée de l'*Iliade* (Londres, 1900-1902²). Hypothèse reprise dans la note de N. J. Richardson (Cambridge, 1993) à *Iliade* XXIV, 514.

38. Pour les leçons des deux manuscrits l'apparat, de rédaction mixte, « négative » et « positive », dépend de l'édition encore indispensable de Ty. Mommsen (Berlin, 1864) et de celle d'A. Turyn (Cracovie, 1948 = Oxford, 1952).

Strophe et antistrophe

1 - ⏑ - -, - ⏑ ⏑ - ⏑ ⏑ -, ⏒ - ⏑ -
tr hem ia

2 - ⏑ - -, - ⏑ - -, - ⏑ ⏑ - ⏑ ⏑ - -
tr tr hem f.

3 - ⏑ ⏑ - ⏑ ⏑ - -, - ⏑ ⏑ - ⏑ ⏑ -
hem f. hem

4 - ⏑ - -, - ⏑ - -, - ⏑ -
tr tr cr

5 - ⏑ ⏑ -, - ⏑ -, - ⏑ - -, - ⏑ ⏑ -
ch cr tr ch

1 vers réversible. Identique à épode v. 2. *ia* : première syllabe brève v. 1 (-ᾰς Ἑστία), « licentia primi systematis ». De 1 à 2 : *brevis in longo* v. 38 ; hiatus v. 33.
2 de 2 à 3 : hiatus v. 34.
3 vers réversible. Identique à épode v. 1. De 3 à 4 : *brevis in longo* v. 3.
4 vers réversible. Identique à épode v. 5. De 4 à 5 : *brevis in longo* v. 4, 20, 36, 41.

Épode

1 - ⏑ ⏑ - ⏑ ⏑ - -, - ⏑ ⏑ - ⏑ ⏑ -
hem f. hem

2 - ⏑ - -, - ⏑ ⏑ - ⏑ ⏑ -, ⏒ - ⏑ -
tr hem ia

3 - ⏑ ⏑ - ⏑ ⏑ - -, - ⏑ ⏑ - ⏑ ⏑ - -
hem f. hem f.

4 - ⏑ ⏑ - ⏑ ⏑ - -, - ⏑ ⏑ -, - ⏑ -
hem f. ch cr

5 - ⏑ - -, - ⏑ - -, - ⏑ -
tr tr cr

6 - ⏑ -, - ⏑ - -, - ⏑ ⏑ - ⏑ ⏑ -
cr tr hem

1 vers réversible. Identique à str./antistr. v. 3.
2 vers réversible. Identique à str./antistr. v. 1. *ia* : première syll. brève v. 12 (« licentia primi systematis ») à moins de lire ξύγγονον (Schmid). De 2 à 3 : *brevis in longo* v. 12, 44.

3 de 3 à 4 : hiatus v. 29 et v. 45 (ἐλπίδι sans *digamma efficiens*).
4 vers réversible. De 4 à 5 : *brevis in longo* v. 30.
5 vers réversible. Identique à str./antistr. v. 4. De 5 à 6 : *brevis in longo* v. 47.

Strophe/antistrophe = A + (2 tr hem f.) + B + C + (ch cr tr ch).
7 + 7 + 6 + 6 + 8 = 14 + 6 + 14 = 34 temps marqués.
Épode = B + A + (2 hem f.) + (hem f. ch tr) + C + (cr tr hem).
6 + 7 + 6 + 7 + 6 + 7 = 13 + 13 + 13 = 39 temps marqués[39].

Prosodie : abrégement en hiatus : v. 2 καί et ὁμοθρόνου, 6 καί, 13 παραμεύσεται, 23 καί et Ὀλυμπίᾳ ; *digamma efficiens* : v. 41 ἴσον ; synizèse : v. 18 ἀοιδαῖς ?, 23 ἀέθλων, 28 πορφυρέοις. A noter : v. 27 τέθμιον ⏑ ⏑ - *correptio Attica* ; 26 δηρῑ́ων, cf. E. Schwyzer, *Griech. Gram.* I p. 727 § 4.

A´ Παῖ Ῥέας, ἅ τε πρυτανεῖα λέλογχας, Εστία,
Ζηνὸς ὑψίστου κασιγνήτα καὶ ὁμοθρόνου Ἥρας,
εὖ μὲν Ἀρισταγόραν δέξαι τεὸν ἐς θάλαμον,
εὖ δ᾽ ἑταίρους ἀγλαῷ σκάπτῳ πέλας
οἵ σε γεραίροντες ὀρθὰν φυλάσσοισιν Τένεδον,

———

πολλὰ μὲν λοιβαῖσιν ἀγαζόμενοι πρώταν θεῶν,
πολλὰ δὲ κνίσᾳ· λύρα δέ σφι βρέμεται καὶ ἀοιδά
καὶ ξενίου Διὸς ἀσκεῖται θέμις αἰενάοις
ἐν τραπέζαις· ἀλλὰ σὺν δόξᾳ τέλος
δωδεκάμηνον περᾶσαί νιν ἀτρώτῳ κραδίᾳ.

———

ἄνδρα δ᾽ ἐγὼ μακαρίζω μὲν πατέρ᾽ Ἀγεσίλαν
καὶ τὸ θαητὸν δέμας ἀτρεμίαν τε σύγγονον·
εἰ δέ τις ὄλβον ἔχων μορφᾷ παραμεύσεται ἄλλους,
ἔν τ᾽ ἀέθλοισιν ἀριστεύων ἐπέδειξεν βίαν,

B = Vaticanus graecus 1312 (fin du XIIe s.)
D = Laurentianus 32, 52 (début du XIVe s.)

1 πρυτανεῖς D || 2 κασιγνήτη B || 4 ἀγλαῶ σκάπτω : corr. Triclinios || πύλας B || 6 πολλοὶ μὲν B || λοιβαῖς : corr. Triclinios || 7 κνίσα : corr. Triclinios || σφισι : corr. byz. ; σφι « par eux » ou « pour eux » || 8 Θέμις Boeckh || 10 περάσαι (περᾶσαι D[lemma]) σὺν ἀτρώτῳ : corr. Dissen || καρδίᾳ : corr. Triclinios || 11 Ἀγεσίλαν Gaspar et Maas : ἀγησίλαν B ἀρκεσίλαν D et scholies de B et D || 13 παραμέ ψεται B || ἄλλων : corr. Hartung μορφὰν... ἄλλων Boeckh || 14 ἐπέδειξε : corr. Triclinios ἐπιδείξῃ Breyer.

39. Cf. J. Irigoin, « Un révélateur métrique : le décompte des temps marqués dans la poésie lyrique grecque », dans *Mélanges Jean Soubiran*, *Pallas* 59, 2002, p. 91-101.

θνατὰ μεμνάσθω περιστέλλων μέλη,
καὶ τελευτὰν ἁπάντων γᾶν ἐπιεσσόμενος.
)——
B΄ ἐν λόγοις δ' ἀστῶν ἀγαθοῖς νιν ἐπαινεῖσθαι χρεών
καὶ μελιγδούποισι δαιδαλθέντα μελιζέμεν ἀοιδαῖς.
ἐκ δὲ περικτιόνων ἑκκαίδεκ' Ἀρισταγόραν
ἀγλααὶ νῖκαι πάτραν τ' εὐώνυμον
ἐστεφάνωσαν πάλᾳ καὶ μεγαυχεῖ παγκρατίῳ.
——
ἐλπίδες δ' ὀκνηρότεραι γονέων παιδὸς βίαν
ἔσχον ἐν Πυθῶνι πειρᾶσθαι καὶ Ὀλυμπίᾳ ἀέθλων.
ναὶ μὰ γὰρ Ὅρκον, ἐμὰν δόξαν παρὰ Κασταλίᾳ
καὶ παρ' εὐδένδρῳ μολὼν ὄχθῳ Κρόνου
κάλλιον ἂν δηρίων τῶν ἐνόστησ' ἀντιπάλων,
——
πενταετηρίδ' ἑορτὰν Ἡρακλέος τέθμιον
κωμάσαις ἀνδησάμενός τε κόμαν ἐν πορφυρέοις
ἔρνεσιν. ἀλλὰ βροτῶν τὸν μὲν κενεόφρονες αὖχαι
ἐξ ἀγαθῶν ἔβαλον· τὸν δ' αὖ καταμεμφθέντ' ἄγαν
ἰσχὺν οἰκείων παρέσφαλεν καλῶν
χειρὸς ἕλκων ὀπίσσω θυμὸς ἄτολμος ἐών.
)——
Γ΄ συμβαλεῖν μὰν εὐμαρὲς ἦν τό τε Πεισάνδρου πάλαι
αἷμ' ἀπὸ Σπάρτας — Ἀμύκλαθεν γὰρ ἔβα σὺν Ὀρέστᾳ,
Αἰολέων στρατιὰν χαλκεντέα δεῦρ' ἀνάγων,
καὶ παρ' Ἰσμηνοῦ ῥοᾶν κεκραμένον
ἐκ Μελανίπποιο μάτρωος· ἀρχαῖαι δ' ἀρεταί
——
ἀμφέροντ' ἀλλασσόμεναι γενεαῖς ἀνδρῶν σθένος·
ἐνσχερὼ δ' οὔτ' ὦν μέλαιναι καρπὸν ἔδωκαν ἄρουραι,

---

17 ἀγαθοῖς μὲν αἰνεῖσθαι : corr. Mingarelli (μιν) et Bury (ἐπαινεῖσθαι) ἀγαθοῖσιν ἐπαινεῖσθαι Schroeder ; le poète fait allusion au nom même d'Aristagoras, qui lui évoque « meilleur » et « parole » || 18 μελισδούποισι B || λαιδαλθέντα D || μελίζεν Pauw (pour éviter la synizèse dans ἀοιδαῖς, cf. v. 7) μέλειν ἐν Hermann (pour éviter la synizèse et le changement de construction) || 19 περικτυόνων D || 20 πατραυτ' D ; πάτραν peut-être « clan (au nom glorieux) » || 21 μεγαλαυχεῖ : corr. Schmid || 22-23 omis dans D || 24 Ὅρκον majusculé Verdenius || 26 δηριώντων D, suivi par tous les érudits δηριόντων W. Schulze. Δηριώντων est superflu avec ἀντιπάλων et παρὰ Κασταλίᾳ καὶ ὄχθῳ ne peut guère dépendre que de δηρίων || ἐνοστήσαντ' ἀντιπάλων D || 28 ἀναδησάμενός τε : corr. Triclinios || 30 ἔλαβον B || 31 παρέσφαλε D || 33 λίαν : corr. Pauw || 35 χαλκεντέων D χαλκέων τε B : corr. Schmid || δεῦβ' ἀνάτων D || 36 Ἰσμηνοῦ Schroeder || ῥοὰν : corr. Bergk || 38 ἀμφέροντι plutôt que ἀμφέρονται || ἀλασσόμεναι D || 39 ἐν σχερῶ D (B illisible) : corr. Triclinios ἐν σχερῷ Schmid. Voir E. Schwyzer, *Griech. Gram.* II, p. 469 n. 1.

δένδρεά τ᾽ οὐκ ἐθέλει πάσαις ἐτέων περόδοις
ἄνθος εὐῶδες φέρειν πλούτῳ ἴσον,
ἀλλ᾽ ἐναμείβοντι. καὶ θνατὸν οὕτως ἔθνος ἄγει

——

μοῖρα. τὸ δ᾽ ἐκ Διὸς ἀνθρώποις σαφὲς οὐχ ἕπεται
τέκμαρ· ἀλλ᾽ ἔμπαν μεγαλανορίαις ἐμβαίνομεν,
ἔργα τε πολλὰ μενοινῶντες· δέδεται γὰρ ἀναιδεῖ
ἐλπίδι γυῖα· προμαθείας δ᾽ ἀπόκεινται ῥοαί.
κερδέων δὲ χρὴ μέτρον θηρευέμεν·
ἀπροσίκτων δ᾽ ἐρώτων ὀξύτεραι μανίαι.

« Fille de Rhéa, qui as obtenu en partage les prytanées, Hestia,
sœur de Zeus le très haut et de sa parèdre Héra,
avec bonté reçois Aristagoras dans ta résidence,
avec bonté reçois près de ton sceptre éclatant ses compagnons,
qui, en t'honorant, gardent debout Ténédos,

souvent te révérant avec des libations la première parmi les dieux,
souvent avec de fumants sacrifices. Ils font résonner la lyre et le chant,
et la règle de Zeus Hospitalier est par eux honorée dans de continuels
repas. Quant à lui, accorde-lui d'accomplir avec gloire les douze mois
de sa charge en ayant le cœur indemne.

Cet homme, je le félicite pour son père Agésilas
ainsi que pour son corps admirable et son impavidité héréditaire,
mais quiconque, ayant la richesse, surpasse en beauté les autres
et montre sa force en étant le meilleur dans les jeux,
doit se souvenir que mortels sont les membres qu'il habille
et que la terre sera son tout dernier vêtement.

——

Il doit être loué dans les propos favorables de ses concitoyens
et il faut le célébrer en le rehaussant de chansons aux sonorités de miel.
Remportées chez les habitants des alentours, seize victoires
éclatantes ont couronné Aristagoras et sa patrie couverte de gloire

---

40 περιόδοις : corr. Schmid || 41 πλούτω D (omis dans B) : corr. byz. || 42 ἐν ἀμείβοντι Musurus || οὕτω σθένος : corr. Heyne d'après la paraphrase (γένος) || 44 μεγαλονορίαις D || 47 δὴ Bergk || θηρευέ μὲν D.

à la lutte et au pancrace superbe.

Mais les espérances trop timorées de ses parents ont empêché la force du garçon
d'essayer les jeux de Pytho et d'Olympie.
Car (j'en atteste le Serment) à mon sens, parti pour Castalie
et la colline arborée de Cronos,
en se battant là-bas il aurait eu un retour plus réussi que ses adversaires,

après avoir célébré la solennelle fête pentétérique d'Héraclès
triomphalement et attaché à sa chevelure de brillantes
couronnes. Mais, parmi les mortels, il en est un que sa vaine superbe
chasse du succès, tandis que l'autre, qui sous-estime trop
sa force, se voit enlever toute prise sur une réussite qui lui revenait
par l'absence d'audace, laquelle, de la main, le tire en arrière.

——

Il était cependant aisé de reconnaître l'antique sang spartiate de Peisandros,
(car d'Amyclées il vint avec Oreste,
amenant ici l'armée équipée de bronze des Éoliens),
et son mélange avec le sang, venu des flots de l'Isménos,
de son ascendant maternel Mélanippos. Les talents anciens

produisent leur force en alternant d'une génération d'hommes à l'autre :
ni les noirs champs ne donnent de manière continue la moisson
ni les arbres n'ont coutume de porter chaque année révolue
une floraison odorante égale en abondance,
mais ils alternent. C'est de la même manière que le destin conduit

la race des mortels. Mais de Zeus il n'émane pas pour les hommes
de signe sûr. Néanmoins nous nous embarquons dans des projets ambitieux
et désirons des exploits nombreux. En effet, nos membres sont dominés
par l'espoir effrené. Cependant, les courants de la prévision sont inaccessibles.
Il convient de rechercher la mesure dans le profit :
la folie des désirs inatteignables est trop douloureuse. »

Gauthier LIBERMAN

UNE ÉNIGME PINDARIQUE : L'OUVERTURE DE LA *NÉMÉENNE* V

Comme tant d'autres épinicies issues du même recueil, la cinquième *Néméenne* de Pindare souffre d'une certaine désaffection : elle n'a donné lieu qu'à deux éditions commentées dans le dernier siècle écoulé [1]. Elle nous apparaît cependant représentative d'un genre prestigieux et d'un poète majeur, et cela à plusieurs titres : par sa beauté (critère subjectif, certes), par le caractère élaboré de sa composition (nous y reviendrons), par le nombre d'interrogations qu'elle soulève et qui naissent de difficultés non surmontées, voire insurmontables, portant aussi bien sur la datation (toutes les années impaires comprises entre 487 et 481 ont été soutenues) [2], que sur l'établissement du texte (voir notamment les « kaléidoscopes philologiques » du v. 43 et du v. 54), sur l'interprétation d'ensemble ou sur celle, ponctuelle, de passages isolés. C'est à la jonction de ces deux dernières que se situe notre propos, dans la mesure où il concerne l'ouverture de l'ode, passage célèbre dont il semble que les commentateurs n'aient pas réussi à rendre véritablement compte et au sujet duquel nous souhaiterions lancer — ou relancer — quelques idées.

Voici d'abord le texte de cette cinquième *Néméenne*, suivant l'édition de Snell et Maehler [3], puis sa traduction :

1. J. B. Bury, *The Nemean Odes of Pindar*, Londres-New York, 1890, et I. L. Pfeijffer, *Three Aeginetan Odes of Pindar* (*Nemean* V, *Nemean* III, and *Pythian* VIII), Leyde..., 1999 (*Mnemosyne*, Suppl. 197). Ajoutons qu'elle figure dans l'excellente anthologie scolaire (commentée) de M. Vetta, *Symposion. Antologia dai lirici greci*, Naples, 1999.

2. La question de la date ne se pose plus exactement dans les termes résumés par la monographie de C. M. Bowra (*Pindar*, Oxford, 1964, Appendix II, p. 407), c'est-à-dire une hésitation entre 483 (Wilamowitz) et 485 (Severyns, Turyn, Bowra) : il faut ajouter l'hypothèse de Th. Cole, qui penche pour 481 (*Pindar's Feasts or the music of power*, Rome, 1992, p. 43) et la position de Pfeijffer en faveur de 487 (« The Date of Pindar's Fifth *Nemean* and [of] Bacchylides' Thirteenth Ode », *Classical Quarterly* 45, 1995, p. 318-332, réaffirmé dans *Three Aeginetan Odes*..., p. 59-61).

3. *Pindari carmina cum fragmentis, pars I : epinicia*, post B. Snell edidit H. Maehler, 8e éd., Leipzig, 1987 (Bibliotheca Teubneriana).

Α΄ Οὐκ ἀνδριαντοποιός εἰμ᾽, ὥστ᾽ ἐλινύσοντα ἐργάζεσθαι ἀγάλματ᾽ ἐπ᾽ αὐτᾶς βαθμίδος
ἑσταότ᾽· ἀλλ᾽ ἐπὶ πάσας ὁλκάδος ἔν τ᾽ ἀκάτῳ, γλυκεῖ᾽ ἀοιδά,
στεῖχ᾽ ἀπ᾽ Αἰγίνας διαγγέλλοισ᾽, ὅτι
Λάμπωνος υἱὸς Πυθέας εὐρυσθενής
νίκη Νεμείοις παγκρατίου στέφανον,
οὔπω γένυσι φαίνων τερείνας ματέρ᾽ οἰνάνθας ὀπώραν,

ἐκ δὲ Κρόνου καὶ Ζηνὸς ἥρωας αἰχματὰς φυτευθέντας καὶ ἀπὸ χρυσεᾶν Νηρηΐδων
Αἰακίδας ἐγέραιρεν ματρόπολίν τε, φίλαν ξένων ἄρουραν·
τάν ποτ᾽ εὔανδρόν τε καὶ ναυσικλυτάν
θέσσαντο, πὰρ βωμὸν πατέρος Ἑλλανίου
στάντες, πίτναν τ᾽ ἐς αἰθέρα χεῖρας ἁμᾶ
Ἐνδαΐδος ἀριγνῶτες υἱοί καὶ βία Φώκου κρέοντος,

ὁ τᾶς θεοῦ, ὃν Ψαμάθεια τίκτ᾽ ἐπὶ ῥηγμῖνι πόντου.
αἰδέομαι μέγα εἰπεῖν ἐν δίκᾳ τε μὴ κεκινδυνευμένον,
πῶς δὴ λίπον εὐκλέα νᾶσον, καὶ τίς ἄνδρας ἀλκίμους
δαίμων ἀπ᾽ Οἰνώνας ἔλασεν. στάσομαι· οὔ τοι ἅπασα κερδίων
φαίνοισα πρόσωπον ἀλάθει᾽ ἀτρεκές·
καὶ τὸ σιγᾶν πολλάκις ἐστὶ σοφώτατον ἀνθρώπῳ νοῆσαι.

Β΄ εἰ δ᾽ ὄλβον ἢ χειρῶν βίαν ἢ σιδαρίταν ἐπαινῆσαι πόλεμον δεδόκηται, μακρά μοι
αὐτόθεν ἅλμαθ᾽ ὑποσκάπτοι τις· ἔχω γονάτων ὁρμὰν ἐλαφράν·
καὶ πέραν πόντοιο πάλλοντ᾽ αἰετοί.
πρόφρων δὲ καὶ κείνοις ἄειδ᾽ ἐν Παλίῳ
Μοισᾶν ὁ κάλλιστος χορός, ἐν δὲ μέσαις
φόρμιγγ᾽ Ἀπόλλων ἑπτάγλωσσον χρυσέῳ πλάκτρῳ διώκων

ἁγεῖτο παντοίων νόμων· αἱ δὲ πρώτιστον μὲν ὕμνησαν Διὸς ἀρχόμεναι σεμνὰν Θέτιν
Πηλέα θ᾽, ὥς τέ νιν ἁβρὰ Κρηθεῒς Ἱππολύτα δόλῳ πεδᾶσαι
ἤθελε ξυνᾶνα Μαγνήτων σκοπόν
πείσαισ᾽ ἀκοίταν ποικίλοις βουλεύμασιν,
ψεύσταν δὲ ποιητὸν συνέπαξε λόγον,
ὡς ἦρα νυμφείας ἐπείρα κεῖνος ἐν λέκτροις Ἀκάστου

εὐνᾶς· τὸ δ᾽ ἐναντίον ἔσκεν· πολλὰ γάρ νιν παντὶ θυμῷ
παρφαμένα λιτάνευεν. τοῖο δ᾽ ὀργὰν κνίζον αἰπεινοὶ λόγοι·
εὐθὺς δ᾽ ἀπανάνατο νύμφαν, ξεινίου πατρὸς χόλον
δείσαις· ὁ δ᾽ εὖ φράσθη κατένευσέν τέ οἱ ὀρσινεφὴς ἐξ οὐρανοῦ
Ζεὺς ἀθανάτων βασιλεύς, ὥστ᾽ ἐν τάχει
ποντίαν χρυσαλακάτων τινὰ Νηρεΐδων πράξειν ἄκοιτιν,

Γ΄ γαμβρὸν Ποσειδάωνα πείσαις, ὃς Αἰγᾶθεν ποτὶ κλειτὰν θαμὰ νίσεται Ἰσθμὸν Δωρίαν·
ἔνθα νιν εὔφρονες ἶλαι σὺν καλάμοιο βοᾷ θεὸν δέκονται,
καὶ σθένει γυίων ἐρίζοντι θρασεῖ.

Πότμος δὲ κρίνει συγγενὴς ἔργων πέρι
πάντων. τὺ δ' Αἰγίναθε δίς, Εὐθύμενες,
Νίκας ἐν ἀγκώνεσσι πίτνων ποικίλων ἔψαυσας ὕμνων.

ἤτοι μεταΐξαις (a) σὲ καὶ νῦν τεὸς μάτρως ἀγάλλει κείνου ὁμόσπορον ἔθνος, Πυθέα.
ἁ Νεμέα μὲν ἄραρεν μείς τ' ἐπιχώριος, ὃν φίλησ' Ἀπόλλων·
ἅλικας δ' ἐλθόντας οἴκοι τ' ἐκράτει
Νίσου τ' ἐν εὐαγκεῖ λόφῳ. χαίρω δ' ὅτι
ἐσλοῖσι μάρναται πέρι πᾶσα πόλις.
ἴσθι, γλυκεῖάν τοι Μενάνδρου σὺν τύχᾳ μόχθων ἀμοιβάν

ἐπαύρεο. χρὴ δ' ἀπ' Ἀθανᾶν τέκτον' ἀεθληταῖσιν ἔμμεν·
εἰ δὲ Θεμίστιον ἵκεις ὥστ' ἀείδειν, μηκέτι ῥίγει· δίδοι
φωνάν, ἀνὰ δ' ἱστία τεῖνον πρὸς ζυγὸν καρχασίου,
πύκταν τέ νιν καὶ παγκρατίου φθέγξαι ἑλεῖν Ἐπιδαύρῳ διπλόαν
νικῶντ' ἀρετάν, προθύροισιν δ' Αἰακοῦ
ἀνθέων ποιάεντα φέρε (b) στεφανώματα σὺν ξανθαῖς Χάρισσιν.

Str. 1 « Je ne suis pas statuaire, pour fabriquer des effigies qui resteront immobiles, à même leur socle
figées : mais sur tout navire de charge, en toute embarcation, douce ode,
pars d'Égine et annonce à la ronde que
le fils de Lampon, le robuste Pythéas
a gagné aux Jeux Néméens la couronne du pancrace,
lui qui sur ses joues ne montre pas encore la saison des fruits, mère du tendre duvet ;

aux belliqueux héros engendrés par Cronos et par Zeus et issus des Néréides d'or,
aux Éacides, il a fait honneur ainsi qu'à sa cité mère, terre accueillante aux hôtes.
Pour qu'à l'avenir, elle abondât en hommes courageux et fût réputée pour sa marine,
ils firent une prière, se tenant près de l'autel du père Hellénios,
et tendirent leurs mains vers l'éther tous ensemble,
eux, les fils fameux d'Endèïs et le puissant seigneur Phôkos,

l'enfant de la déesse, lui dont Psamathée accoucha sur les brisants de la mer.
J'ai scrupule à dire un fait d'importance et qui selon la justice ne fut point entrepris :
comment ils quittèrent leur île glorieuse et quelle divinité
chassa d'Œnone ces vaillants guerriers. Je m'arrêterai : certes, n'est pas plus profitable, assurément, toute
vérité qui montre son visage exact ;
et se taire est, pour un humain, souvent la plus sage pensée.

(a) μεταΐξαις byz., Wilamowitz, Turyn : μεταΐξαντα codd. (b) φέρε Wilamowitz : φέρειν codd.

Str. 2 Mais si c'est la bonne fortune ou la force des bras ou la guerre pleine de fer qu'on décide de célébrer, que sur une longue distance,
partant d'ici, l'on me creuse un sautoir : j'ai aux genoux un élan preste
— les aigles franchissent même la mer dans leur essor !
Pour eux aussi (*i. e.* les Éacides) sur le Pélion s'empressa de chanter
le chœur magnifique des Muses, et au milieu d'elles
Apollon, qui faisait vibrer sa lyre à sept langues avec un plectre d'or,

conduisait des airs en tout genre ; elles firent tout d'abord, commençant par Zeus, un hymne à l'auguste Thétis
et à Pélée, [chantant] comment la délicate Kréthéide, Hippolyte, voulait l'entraver par ruse,
ayant persuadé le protecteur des Magnètes,
son mari, de partager ses projets ciselés,
et elle composa une histoire mensongère pleine d'artifice,
à savoir qu'il (= Pélée) essayait, du mariage, d'avoir dans le lit d'Akastos

les plaisirs. C'était le contraire ! Car bien des fois, de tout son cœur,
elle l'avait supplié avec des paroles enjôleuses. Mais ces discours scabreux suscitaient la colère de Pélée ;
sans détour il repoussa la jeune mariée, craignant l'ire du Père protecteur des hôtes ;
et ce dernier le comprit bien et lui accorda, depuis le ciel où il pousse les nuages,
lui Zeus roi des immortels, que rapidement
de l'une des Néréides aux quenouilles d'or, il ferait son épouse marine,

Str. 3 après avoir persuadé Poséidon le beau-frère qui d'Aigai souvent se rend vers le fameux Isthme dorien ;
là de joyeuses troupes au cri du pipeau accueillent le dieu
et rivalisent par la force audacieuse de leurs membres.
Mais la Destinée héréditaire juge des actions
— de toutes ! Toi, venant d'Égine, deux fois, Euthyménès,
en tombant dans les bras de la Victoire tu as tâté des hymnes ciselés.

Assurément, s'étant élancé à ta poursuite, à présent ton parent maternel aussi orne la nation née du même sang que lui (= Pélée), Pythéas.
Némée [lui] est attachée ainsi que le mois local qu'aime Apollon.

Ceux de son âge venus chez lui, il les a dominés
ainsi que dans la colline bien vallonnée de Nisos. Je me réjouis de ce que
pour de nobles prix bataille toute cité.
Sache-le, la douce récompense des peines, c'est avec l'assistance de Ménandros

que tu en as joui. C'est que d'Athènes doit être l'artisan des athlètes.
Mais si c'est Thémistios que tu viens chanter, abandonne toute froideur : donne
de la voix, hisse la voile jusqu'à la traverse de calcet,
et proclame que, comme boxeur et au pancrace, il a remporté à Épidaure double

mérite en vainquant, et au portail d'Éaque
apporte des couronnes verdissant de fleurs avec la faveur des blondes Charites ! »

Passons rapidement sur le plan de l'ode, classiquement tripartite :

vv. 1-8 éloges (éloge du vainqueur et de sa patrie, précédé d'un éloge du poète et de la poésie) ;

vv. 9-39 mythe
9-13 : mythe n° 1 (avorté) : Éaque, Pélée, Phôkos ;
14-21 : prétérition, *gnomè* ;
22-39 : mythe n° 2 (abouti) : Pélée ;

v. 40 *gnomè* (transition)

vv. 40-54 éloges (pour l'entourage du vainqueur : parents et entraîneur).

La composition, pour être limpide, n'en est pas moins très élaborée à tous les niveaux, que l'on considère chaque élément individuellement, plusieurs éléments ou la totalité d'entre eux. Par exemple, le mythe n° 2 s'ouvre et se clôt par l'idée d'un état d'esprit favorable (22 πρόφρων / 38 εὔφρονες), et il offre un jeu de miroir autour du thème nuptial (28 ἀκοίταν / 36 ἄκοιτιν, 30 νυμφείας / 33 νύμφαν) et autour du thème de la persuasion (28 πείσαισα / 37 πείσαις). Ensuite, si l'on considère les liens thématiques et lexicaux qu'entretiennent les sections dévolues à l'éloge au début et à la fin de l'ode, on observe une composition circulaire mettant en valeur non seulement les motivations spécifiques du poème (Pythéas nommé aux v. 4 et 43, la victoire évoquée en 5, 42 et 53, la couronne en 5 et 54, Némée en 5 et 44, Éaque et sa lignée en 8 et 53), mais aussi les trois notions particulières que sont l'ornement (1 ἀγάλματα, 43 ἀγάλλει), la douceur (2 γλυκεῖα, 48 γλυκεῖαν) et l'ascendance maternelle (6 ματέρα, 8 ματρόπολιν, 43 ματρώς). Enfin, on retrouve à la fois dans l'introduction, la narration mythique et la conclusion trois éléments : Égine (3 Αἰγίνας, 16 Οἰνώνας, 41 Αἰγίναθε), la mer (2 ὅλκας et ἄκατος, 13 πόντου, 21 πόντοιο, 36 ποντίαν, 51 ἀνὰ δ' ἱστία τεῖνον πρὸς ζυγὸν καρχασίου) et le chant (2 ἀοιδά, 22 ἄειδε et 50 ἀείδειν, 25 ὕμνησαν et 42 ὕμνων). On remarquera en outre, à propos du seul chant, une autre caractéristique commune aux trois parties : la succession de deux phases contraires, à savoir la négation ou la répugnance (1 Οὐκ ἀνδριαντοποιός εἰμ(ι), 14 sqq. αἰδέομαι· στάσομαι· οὔ τοι κτλ., 50 μηκέτι ῥῖγει), puis l'enthousiasme.

Toutes ces correspondances verbales et thématiques ont, dans l'ensemble, été scrupuleusement étudiées en 1974 par Charles Segal dans son article intitulé « Arrest and movement »[4]. La lecture que Segal fait de la cinquième *Néméenne* est d'ordre structural et dialectique : l'ode, selon lui, expose, exploite et finalement résout un certain nombre de contradictions qui portent sur le mouvement, la mer et la poétique (conçus comme autant de paradigmes).

Tout autre est la perspective adoptée par Emmet Robbins dans son article de 1987 intitulé « Nereids with Golden Distaffs »[5] : pour résumer à grands traits, la cinquième *Néméenne* valoriserait l'influence maternelle tant sur le plan du mythe (chez les Éacides) que sur celui de l'actualité (dans la famille de Pythéas, lequel descendrait d'Éaque par sa mère), mais Pindare prendrait soin de souligner le rôle modérateur du Père, Zeus, dans tous les cas.

Chacun de ces deux articles est plein de finesse et fait montre d'une grande érudition, et pourtant aucun ne traite avec justice d'un problème capital, à savoir le caractère tout à fait extraordinaire de l'ouverture de cette cinquième *Néméenne* : aucune autre ode pindarique, en effet, ne commence par une négation ni n'expose aussi nûment la rivalité de deux corps de métier, poètes et sculpteurs[6]. Robbins n'a pas un mot là-dessus. Segal y consacre un passage mais propose une justification interne au texte, qui relève, si l'on ose dire, d'un structuralisme tiède (polarité des paradigmes) ; il balaie d'un revers de main, dans une note de bas de page, l'explication avancée par les commentateurs anciens — Pfeijffer use d'un procédé analogue[7]. Certes, l'extravagant n'est pas toujours absent des scholies, mais prétendre *a priori* qu'on n'y trouve que cela relèverait de l'abus caractérisé. Il vaut la peine de reconsidérer la question. Voici donc le texte de la scholie à la phrase inaugurale de la cinquième *Néméenne* (Drachmann III, p. 89), suivi de sa traduction :

1a (BD) Οὐκ ἀνδριαντοποιός εἰμι : φασὶν ὅτι οἱ τοῦ Πυθέου οἰκεῖοι προσῆλθον τῷ Πινδάρῳ παρακαλοῦντες ὅπως εἰς αὐτὸν γράψῃ ἐπίνικον·

4. Ch. Segal, « Arrest and Movement : Pindar's Fifth Nemean », *Hermes* 102, 1974, p. 397-411.

5. E. I. Robbins, « Nereids with Golden Distaffs : Pindar, *Nem.* 5 », *Quaderni urbinati di Cultura classica*, n. s. 25 (54), 1987, p. 25-33.

6. On notera l'écho (appuyant la composition circulaire du poème) entre ἀνδριαντοποιός (v. 1) et τέκτων (v. 49), tous deux en position délicate puisque le premier fait l'objet du souverain mépris de Pindare et le second, en tant qu'Athénien, encourt les foudres de l'auditoire éginète.

7. Plus cauteleux, Pfeijffer cite la scholie en note mais ne lui reconnaît qu'un mérite, celui de rappeler « the fact that a statue was a real alternative to a victory ode » (p. 99, n. 2).

Πινδάρου δὲ αἰτήσαντος τρισχιλίας (τρισχιλίας Er. Schmid : τρεῖς BD) δραχμὰς ἔφασαν ἐκεῖνοι κάλλιον εἶναι χάλκεον ἀνδριάντα ποιῆσαι τῆς αὐτῆς τιμῆς ἢ τὸ ποίημα. χρόνῳ δὲ ὕστερον γνωσιμαχήσαντες ἐπανῆλθον τὸ αὐτὸ διδόντες· ὁ δὲ ἐξονειδίζων αὐτοὺς οὕτως ἤρξατο, καί φησι μὴ κατασκευάζειν ἔργα τὴν αὐτὴν κατέχοντα χώραν, καθὼς οἱ ἀνδριαντουργοὶ τοὺς χαλκοῦς ἀνδριάντας, ἀλλὰ τὰ ποιήματα ἅπερ πανταχόσε διϊκνεῖται, ὥστε τὴν ἀρετὴν τῶν ἐπαινεθέντων πολλοῖς εἶναι δήλην.

« “ Je ne suis pas un statuaire ” : on dit que les parents de Pythéas allèrent prier Pindare d'écrire un chant triomphal pour Pythéas ; que, comme Pindare demandait trois mille drachmes, ils dirent qu'il valait mieux, pour le même prix, faire faire une statue en bronze plutôt qu'un poème. Mais quelque temps après, ils changèrent d'avis et revinrent donner la somme. Et lui (Pindare) leur adressa des reproches injurieux en commençant [son ode] ainsi, et il dit ne pas construire des œuvres qui demeurent au même endroit, tout comme les statuaires [construisent] des statues de bronze, mais [il dit construire] des poèmes qui voyagent en tout lieu de sorte que le mérite de ceux qui sont loués est manifeste à beaucoup. »

Ce commentaire ancien appelle plusieurs remarques. D'abord, il ignore complètement le caractère topique, proverbial même, de la statue immobile [8]. Ensuite — méconnaissance ? oubli ? —, il ne fait pas le rapprochement avec un autre passage de Pindare qui présente une certaine similitude : μή νυν... / μήτ' ἀρετάν ποτε σιγάτω πατρῴαν, / μηδὲ τούσδ' ὕμνους· ἐπεί τοι / οὐκ ἐλινύσοντας αὐτοὺς ἐργασάμαν (*Isthmiques* II, 43-6, composée vers 470 pour Xénocrate d'Agrigente). Ces vers-là apparaissent dans la conclusion de l'ode ; non totalement dépourvus d'un certain revenez-y, ils ne possèdent pas la puissance dans la négation qu'arbore le proème de la *Néméenne*. On note que les scholies à l'*Isthmique* renvoient, elles, à la *Néméenne*.

D'un autre côté, cette anecdote biographique consone parfaitement avec la réputation des poètes lyriques — gens de lucre, aux yeux de leurs contemporains. Mais les récits afférents se concentrent sur Simonide [9].

---

8. Sur la statue comme symbole de fixité, d'inertie, d'insensibilité, cf. les expressions λάλος, οὐκ ἀνδριάς (Lucien, *Les sectes à l'encan* III), ἀπαθὴς ὡς ἀνδριάς (Arrien, *Épictète* III, 2, 4), ἀνδριάντα γαργαλίζεις (*Corpus Paroemiographorum Graecorum*, E. Leutsch et F. G. Schneidewin éd., Göttingen, 1839, I, p. 347), ἀνδριάντι πρεσβεύσομεν ou ἀκινητότερος ἀνδριάντος (*ibid.*, II, p. 282).

9. Voir, entre autres exemples, Aristophane, *Oiseaux*, v. 917 sqq. Sur la φιλοκέρδεια proverbiale de Simonide, cf. notamment B. Gentili, *Poetry and its public in ancient Greece : from Homer to the fifth century*, trad. A. T. Cole, Baltimore-Londres, 1988, p. 161 sqq.

Enfin, l'historiette recèle peut-être un vice en ce que d'ordinaire — à notre connaissance, du moins —, lorsqu'une statue d'un athlète vainqueur est érigée dans sa patrie — pratique courante [10] —, c'est la cité qui subvient aux frais [11]. Partant, les Psalychides n'auraient pas eu à débourser trois mille drachmes et il n'y aurait pas de fondement à l'anecdote [12].

On ne peut cependant critiquer la scholie sous tous les angles. Même s'il s'agit d'une invention destinée à forcer la cause, elle repose sur une « base » solide qui ressortit à un état de fait, à savoir la possibilité offerte à un athlète vainqueur d'ériger une statue qui le représente. C'est une possibilité et non une obligation. Cette possibilité a un coût. Les épinicies de Pindare ont, elles aussi, un coût et ne revêtent, elles non plus, aucun caractère obligatoire. Il est donc, dans le principe au moins, plausible que la famille de Pythéas ait pu hésiter entre un poème et une statue et que se pose un problème de concurrence commerciale.

Qu'en est-il maintenant de la vraisemblance financière [13], de ces trois mille drachmes prétendument exigées par Pindare et prétendument suffisantes pour un bronzier ? La somme est considérable et oscille, selon que l'on retient l'étalon attique ou l'éginète, respectivement entre 12,93 et 18,90 kilogrammes d'argent. Quand on sait que deux oboles constituent la paie journalière d'un manœuvre ou d'un rameur [14], on aboutit — compte fantastique — à l'équivalent de neuf mille journées de travail. Mais d'un autre côté, Lysias nous apprend qu'à la fin du Ve siècle, la production d'une chorégie tragique coûte trente mines, soit trois mille drachmes pareillement [15], et l'on constate qu'à la fin du IVe siècle, une statue iconique en bronze pouvait être facturée un demi-

10. Cf. Lycurgue, *Contre Léocrate* LI ; Plutarque, *Moralia* 180 A (*Apopht. des rois…*).

11. Cf. H. Buhmann, *Der Sieg in Olympia und in den anderen panhellenischen Spielen*, Munich, 1972, p. 107.

12. Il faudrait sinon considérer l'érection de la statue sur les lieux de la victoire, mais cela compliquerait encore la question, notamment parce que la cinquième *Néméenne* semble bien participer à la célébration du vainqueur revenu dans ses foyers, comme l'indique par exemple la référence finale au sanctuaire d'Éaque.

13. Cf. S. Gzella, « The Problem of the Fee in Greek Choral Lyric », *Eos* 59, 1971, p. 189-202 ; C. O. Pavese, « Il prezzo dell'epinicio (*Schol.* Pind. *N.* 5, 1a) », dans *Omaggio a P. Treves*, Padoue, 1983, p. 295-299.

14. Cf. J. Gow et S. Reinach, *Minerva*, 6e éd., Paris, 1909, p. 89, qui précisent qu'« à l'époque de Périclès, un artisan paraît n'avoir gagné en général qu'une drachme par jour ».

15. Lysias, XXI (*Défense d'un anonyme accusé de corruption*), 1 sq. L'accusé énumère les liturgies qu'il a accomplies et affirme encore avoir dépensé 2 000 drachmes pour un chœur lyrique d'hommes pour les Thargélies, 800 drachmes pour des danseurs de

talent[16] — essentiellement à cause du matériau, car on sait que les sculpteurs sur pierre gagnaient relativement peu[17].

La famille de Pythéas est-elle capable d'acquitter de fortes sommes ? Oui, pour trois raisons : d'abord le fait que ceux qui participaient aux grands concours jouissaient, à de rares exceptions près, de la richesse nécessaire à l'exercice de l'oisiveté (au sens économique) ; ensuite, Pythéas a bénéficié d'une autre ode triomphale, composée par Bacchylide, pour la même victoire (et cette ode-là, la treizième épinicie de notre corpus, a probablement donné lieu à une autre rémunération) ; enfin, et surtout, les Psalychides occupaient sans doute une position enviable dans leur cité si l'on se fonde sur un passage d'Hérodote, qui mentionne un « Lampon, fils de Pythéas, l'un des premiers personnages d'Égine » qu'il y a tout lieu de rapprocher au moins de la famille du vainqueur célébré par la cinquième *Néméenne*, à défaut de l'identifier comme le père du dédicataire[18].

Il ne faut donc pas écarter la scholie *a priori* sur un critère économique. Mais il convient aussi de replacer les vers qui ouvrent la *Néméenne* dans leur contexte, selon une double perspective : celle du lieu où l'ode est exécutée (Égine) et celle de l'auteur, Pindare, qui s'est exprimé à plusieurs reprises dans son œuvre sur le même thème.

Commençons par là. Pindare évoque l'artisanat relatif au travail de la pierre dans deux autres odes, toutes deux composées aussi en l'honneur d'athlètes éginètes vainqueurs à Némée. En *Néméennes* VIII, 46-47, le poème est désigné métaphoriquement comme « pierre des Muses » (λίθον Μοισαῖον) et en *Néméennes* IV, 81, comme « stèle... plus blanche que la pierre parienne » (στάλαν... Παρίου λίθου λευκοτέραν). De même que pour l'architecture, Pindare entretient des rapports tendus, pour ainsi dire, avec tout art permettant d'ériger un monument : il introduit cet art dans son dispositif poétique pour aussitôt le désavouer ou plutôt le dépasser. Sa stèle éclatera de blancheur plus que le marbre de

---

pyrrhique aux Grandes Panathénées, 5 000 drachmes pour un chœur cyclique d'hommes pour les Dionysies (y compris la consécration d'un trépied), 15 mines (soit 1 500 drachmes) pour un chœur d'enfants, etc.

16. Cf. J. Charbonneaux, *Les bronzes grecs*, Paris, 1958, p. 125 sq. (cité par C. O. Pavese, *art. cit.* [n. 13], p. 297).

17. Voir les comptes de l'Érechtheion, commentés par M. Austin et P. Vidal-Naquet, *Économies et sociétés en Grèce ancienne*, Paris, 6e éd., 1992, p. 300 sqq.

18. Hérodote, IX, 78 ; l'identification est contestée, mais la rareté des noms autorise à tout le moins le rapprochement.

Paros, son trésor défiera les intempéries (*Pythiques* VI, *inc.*), etc.[19]. Cela s'explique dans une perspective plus large encore, à savoir la mentalité agonistique des Grecs, qui marque aussi leur production littéraire depuis ses débuts[20].

Il convient de ne pas oublier cependant que la cinquième *Néméenne* est destinée à des Éginètes. Le poème — et c'est un trait caractéristique des épinicies de Pindare[21] — multiplie les références locales. Sans même parler ici des domaines mythologique, maritime, nautique ou commercial, et pour se concentrer sur les cultes, on relève Zeus Hellénios (v. 10) qui possède un autel sur le sommet le plus élevé d'Égine, le sanctuaire d'Éaque (v. 53)[22], le calendrier indigène (44 μεὶς... ἐπιχώριος)[23], et enfin la curieuse appellation de Poséidon au v. 37 comme γαμβρός, peut-être justifiée par sa fonction gentilice à Égine[24]. En outre, Égine est le foyer d'une grande école de sculpture — on pense immédiatement aux statues du temple d'Aphaia, jadis travesties par Thorvaldsen. Dans son introduction à la cinquième *Néméenne*, Bury cite à titre d'exemple le sculpteur Onatas, qui dans la première moitié du Ve siècle, travailla pour Égine, bien sûr, mais aussi pour Olympie, Delphes, Phigalia et Athènes. Le ton polémique de Pindare dans l'ouverture de l'ode résulterait-il d'un défi lancé au poète d'égaler la qualité et la réputation des œuvres d'un Onatas (ou d'un Kallon, d'un Glaukias) ? On ne saurait l'affirmer, non plus que le contredire. Notons en passant qu'Onatas réalisa pour Phigalia une statue en bronze qui était la réplique d'une antique idole de bois, représentant Déméter Melaina. Mais ce sont d'autres statues antiques ayant trait à Déméter qu'il faut évoquer maintenant.

---

19. Cf. J. Svenbro, *La parole et le marbre. Aux origines de la poétique grecque*, Lund, 1976 ; D. T. Steiner, *The Tyrant's Writ : Myths and Images of Writing in Ancient Greece*, Princeton, 1994.

20. Cf. M. Griffith, « Contest and contradiction in Early Greek Poetry », dans *Cabinet of the Muses*, M. Griffith et D. J. Mastronarde éd., Atlanta, 1990, p. 185-207.

21. Cf. S. Saïd, M. Trédé, « L'éloge de la cité du vainqueur dans les épinicies de Pindare », *Ktèma* 9, 1984, p. 161-170.

22. Sur les concours qui s'y rapportent, dits Αἰάκεια, cf. M. P. Nilsson, *Griechische Feste von religiöser Bedeutung mit Ausschluss der attischen*, Leipzig, 1906, p. 457.

23. L'expression désigne le mois de Delphinios au cours duquel se tenait, nous apprend le scholiaste, un concours en l'honneur d'Apollon, les Ὑδροφόρια (cf. M. P. Nilsson, *op. cit.* [n. 22], p. 172).

24. A Égine, Poséidon a le statut, sinon le titre, de γενέθλιος ; il est honoré dans les *Thiasoi*, fête étroitement familiale que décrit Plutarque (*Questions grecques*, 301 EF) et que M. P. Nilsson compare aux Apatouries (*op. cit.* [n. 22], p. 73 sq.).

L'on connaît grâce à Hérodote, encore lui (V, 82 sqq.), l'existence sur l'île d'Égine de deux statues de bois particulièrement « immobiles à même leur socle », pour reprendre les mots de Pindare. Le récit d'Hérodote est passionnant, mais long, et force est de le résumer. Il dépeint le caractère hostile des relations entre Athènes et Égine dès avant les années 460 — sans que, malheureusement, on puisse préciser davantage la chronologie. (§ 82) La terre d'Épidaure souffrait de stérilité. La Pythie de Delphes, consultée, enjoignit aux Épidauriens d'élever des statues à Damia et Auxésia (qu'on peut assimiler à Déméter et Corè). Ces statues devaient être non en bronze ou en marbre, mais en bois d'olivier cultivé. Les Épidauriens sollicitent alors Athènes qui leur permet, contre des offrandes annuelles, de couper un olivier. Et tout rentre dans l'ordre. (§ 83) Plus tard, Égine, jusque là dominée par Épidaure, prend son indépendance et attaque le pays d'Épidaure. Lors d'un raid, les Éginètes s'emparent des statues et les installent…

« … au milieu de leur pays — l'endroit, qui s'appelle Oiè —, se trouve à quelque vingt stades de leur capitale. Les statues installées en cet endroit, pour se les concilier ils instituèrent en leur honneur des sacrifices et des chœurs de femmes chargées de prononcer des railleries et des invectives, en confiant l'organisation de ces chœurs à dix citoyens pour chaque déesse. Les railleries et les invectives des chœurs ne s'adressaient jamais à des hommes, mais seulement aux femmes du pays. Les Épidauriens avaient les mêmes rites ; ils en ont aussi d'autres qui sont plus secrets.

« (§ 84) Quand ils n'eurent plus leurs statues, les Épidauriens cessèrent d'envoyer aux Athéniens le tribut convenu. Les Athéniens leur en manifestèrent leur courroux dans un message, mais les Épidauriens leur représentèrent qu'ils n'étaient nullement coupables : aussi longtemps qu'ils avaient eu les statues sur leur territoire, ils avaient respecté la convention ; on les leur avait prises, donc ils n'avaient plus à payer : aux Éginètes, leurs possesseurs actuels, de verser le tribut. Sur quoi les Athéniens firent réclamer les statues aux Éginètes ; ceux-ci répondirent que les Athéniens n'avaient pas à se mêler de leurs affaires.

« (§ 85) Les Athéniens, donc, disent qu'après avoir présenté cette réclamation ils firent partir une trière avec certains de leurs concitoyens qui, au nom de la ville, se rendirent à Égine et tentèrent d'enlever de leurs socles les deux statues pour les ramener chez eux — puisque, disaient-ils, le bois dont elles étaient faites leur appartenait. Ils ne purent en venir à bout de cette façon et voulurent les abattre à l'aide de cordes passées autour d'elles, mais, au moment où ils les ébranlaient, le tonnerre retentit et la terre trembla ; les membres de l'expédition qui tiraient sur les cordes en perdirent la raison et, dans leur fureur, s'entre-tuèrent en croyant frapper des ennemis, si bien qu'un seul d'entre eux survécut pour regagner Phalère.

« (§ 86) C'est la version athénienne de l'affaire. Selon les Éginètes, les Athéniens ne se présentèrent pas avec un seul vaisseau, car s'il n'y en avait eu qu'un seul et même quelques-uns de plus, ils n'auraient pas eu de mal à se défendre, même sans avoir de navires à leur disposition. Leur pays fut attaqué par une flotte nombreuse, disent-ils, et ils cédèrent sans livrer de combat naval. Ils ne peuvent d'ailleurs expliquer clairement leur attitude et dire s'ils ont cédé parce qu'ils se sentaient inférieurs à leurs ennemis en un combat naval, ou s'ils avaient formé le projet qu'ils mirent à exécution. Les Athéniens, qui ne trouvèrent devant eux personne pour les arrêter, débarquèrent et s'attaquèrent aux statues ; incapables de les enlever de leurs socles, ils les entourèrent de cordes et tirèrent, jusqu'au moment où les statues s'animèrent toutes les deux du même mouvement (la chose est à mes yeux parfaitement incroyable ; y ajoute foi qui voudra) : elles tombèrent à genoux, dit-on, et sont restées dans la même position depuis ce jour. Voilà, selon les Éginètes, ce que firent les Athéniens ; eux-mêmes, disent-ils, prévenus de l'attaque athénienne, se ménagèrent le concours des Argiens : en débarquant à Égine les Athéniens y trouvèrent les Argiens venus au secours des Éginètes et passés, à leur insu, d'Épidaure dans l'île ; surpris, les Athéniens furent coupés de leurs vaisseaux, et au même instant tonnerre et tremblement de terre survinrent pour les épouvanter[25]. »

Cette histoire est-elle véridique ? Wilamowitz y voyait l'exemple d'une reconstruction *a posteriori*[26], mais elle repose au moins sur un fait : l'existence à Égine d'un sanctuaire de Damia et Auxésia, attestée plusieurs siècles après par Pausanias (II, 30, 4) qui affirme avoir vu les statues[27], et confirmée par l'épigraphie (inventaire d'objets de ce temple en *IG* IV, 1588). A quelle date ces événements auraient-ils eu lieu ? Les historiens en débattent, mais se heurtent à l'unicité de la source hérodotéenne et l'on ne sait même pas aujourd'hui où se trouvait précisément le sanctuaire d'Oiè[28]. Enfin, le fait qu'à ces statues inébranlables soient associés des chœurs et que ces derniers pratiquent l'αἰσχρολογία[29] n'est peut-

25. Traduction d'A. Barguet (Paris, 1964, « Bibliothèque de la Pléiade »).

26. U. von Wilamowitz-Moellendorff, *Aristoteles und Athen*, Berlin, 1893, p. 280 sqq.

27. Pausanias dit même leur avoir rendu un culte de type éleusinien. Leur nature chtonienne pourrait rendre compte de la position agenouillée des statues, à moins qu'on n'y voie, à l'instar de Welcker, la représentation de l'accouchement.

28. Cf. les notes de G. Nenci à Hérodote, V, 81, 6-10 et 86, 16-17 (Erodoto, *Le Storie*, vol. V, [Milan], Fondazione L. Valla, 1994). Sur l'incertitude entourant la localisation d'Oiè, cf. D. Müller, *Topographischer Bildkommentar zu den* Historien *Herodots ; Griechenland*, Tübingen, 1987, p. 742.

29. Sur cette αἰσχρολογία, cf. M. P. Nilsson, *op. cit.* (n. 22), p. 415 sq., et plus récemment Cl. Calame, *Choruses of Young Women in Ancient Greece*, Lanham-Londres..., 1997, p. 64 et 139. Pour une mise en perspective, cf. W. Burkert, *Greek Religion*, Cambridge (Mass.), 1985, p. 104 sq. et 244. Selon toute apparence, donc, rien ne

être pas indifférent dans la perspective du Οὐκ ἀνδριαντοποιός εἰμ', κτλ.

Sans aller jusqu'à affirmer que la tradition locale d'Égine concernant ces deux statues est vraiment à l'origine de l'ouverture de la cinquième *Néméenne*, il faut tout de même constater un certain nombre d'analogies ou de correspondances qui ont peut-être valeur d'indices et que l'on résumera sous forme de tableau :

Pindare, *Néméennes* V	Hérodote V, 83-6
poésie chorale	chœurs féminins
ton agressif	αἰσχρολογία
statues immobiles	statues inébranlables
élan aux genoux du poète (v. 20)	statues qui tombent à genoux (§ 86)
Épidaure, Athènes, Égine	Épidaure, Athènes, Égine

Demeure la question essentielle : pourquoi la singulière violence de ton dans l'ouverture de la *Néméenne* ? On peut formuler diverses hypothèses. L'une d'entre elles consiste à imaginer que le jeune Pindare s'est vu présenter les statues d'Oiè comme un parangon de stabilité, un sujet de gloire pour les locaux — peut-être même ses commanditaires, les Psalychides, jouaient-ils un rôle dans le culte rendu à Damia et Auxésia — et dans sa fougue et son orgueil, ou encore par jeu, il décide de casser le modèle, d'abattre ces « fausses idoles » au profit, naturellement, de son art et de sa personne — ce qui rejoint un trait constant chez lui, que Plutarque appelle la περιαυτολογία [30]. L'ouverture de la neuvième *Olympique*, pleine de condescendance pour les vers d'Archiloque en usage lors des triomphes, fournirait un élément de comparaison intéressant.

Pour conclure, les tout premiers vers de la cinquième *Néméenne* sont fondés, c'est une évidence, sur une concurrence entre artistes. Cette concurrence artistique a pu se doubler de considérations commerciales et financières. Le ton très agressif pourrait s'expliquer par un tel contexte de *certamen figulinum* mais aussi jouer sur une tradition locale, celle des statues d'Oiè. Tout cela, on ne se le cache pas, ressortit à l'invérifiable et à l'infalsifiable.

Jean YVONNEAU

permet de rapprocher cette institution-là des chœurs de jeunes filles éginètes (chantant Égine, Éaque, Endèïs, Pélée et Télamon) que mentionne Bacchylide, avec un effet de mise en abyme, dans l'ode composée pour la même victoire du même Pythéas (*Épinicies* XIII, 83-99).

30. Plutarque, *Moralia* 539 C (= *De laude ipsius*).

LE MYTHE DE THÉSÉE DANS L'ŒUVRE DE BACCHYLIDE

Les mythes sont avant tout des paroles, des récits (de fait, le mot *mythos* jusqu'au ve siècle ne se distingue guère de *logos*. Ce n'est qu'après qu'on met plutôt du côté du mythe, le fabuleux, et du côté du logos, le rationnel). Or ces mythes ont ceci de fascinant qu'outre leurs aspects symboliques, historiques, sociologiques, étiologiques, psychologiques, et littéraires, bien sûr, au premier chef, ils représentent un fond commun dont chaque auteur grec réactive à son tour un aspect, jusqu'au moment où quelqu'un éprouve le besoin de rassembler tous les fils du mythe, de le mettre à plat, et de le réécrire chronologiquement. C'est le dernier stade, et c'est généralement la mort du mythe qui, saturé de logique, perd tout pouvoir créateur. C'est justement ce qui se passe dans nos dictionnaires modernes de mythologie grecque ; c'est aussi ce que font les auteurs grecs tardifs ou les compilateurs comme Apollodore. On peut dire qu'ils ont le dernier mot sur cette parole qui passait de siècle en siècle, que leur récit est un dernier aspect du mythe, mais que ce mythe cesse d'être vraiment actif après eux puisqu'ils l'ont figé et codifié.

Ces gens-là, pourtant, sont fort utiles pour éclairer le sens d'un certain nombre de représentations figurées qui ne se comprennent souvent que par rapport à une glose bien postérieure et non pas par la lecture des œuvres de la même époque qui nous ont été conservées. Il y a par exemple une très belle amphore du musée de Berlin, une autre du musée de Compiègne (datées environ de 540 av. J.-C.) où Thésée tue le Minotaure [1]. Pour que ces images fussent reçues, il fallait bien que le mythe existât déjà, mais malheureusement nous ne trouvons rien dans la littérature grecque antérieure à 540 sur le sujet. Donc, d'une certaine manière, nous pouvons être reconnaissants à Plutarque d'avoir écrit sa *Vie de Thésée* puisqu'il faut attendre le très fragmentaire *Thésée* d'Euri-

1. Antérieurement, plusieurs vases archaïques de la première moitié du VIe siècle représentent déjà Thésée tuant le minotaure ou combattant les centaures. Voir J. Neils, *LIMC*, t. VII, 1, p. 922-951.

pide pour avoir une attestation de la mise en acte littéraire de ce mythe : c'est le fr. 730c Kannicht d'Euripide qu'on peut lire désormais très commodément dans la récente édition, aux Belles Lettres, des *Fragments d'Euripide*, par F. Jouan et H. Van Looy [2].

Tous ceux qui travaillent sur des mythes, et, qui plus est, sur des fragments — ce qui est notre cas à tous pour la poésie archaïque — sont confrontés à ce problème : comment prétendre expliquer telle allusion à tel mythe dans un texte fragmentaire, et juger de son originalité, quand, pour ne serait-ce que la comprendre, on est obligé d'aller regarder des textes plus tardifs ? Comment la commenter, si l'on admet, c'est du moins ce que je crois, que le mythe est une parole donnée, à un moment donné, et qu'il ne faudrait surtout pas perdre le sens de ce moment, qui est assurément différent du moment historique postérieur où les choses sont rationalisées ? Et que faire quand un mythe, sans doute important à une époque précise puisqu'il y est bien représenté dans les documents figurés, sur les vases, les frontons des temples, etc., n'est pas conservé dans la littérature de la même époque ? Bien sûr, on évoque la tradition orale — c'est l'enfance de l'art ; on évoque aussi l'immense naufrage de la littérature archaïque, les aléas de la transmission des textes. Parfois — et à juste titre — on conclut sur une note d'espoir : de nouveaux papyrus vont peut-être sortir des sables ou de quelque caverne d'Ali Baba. Mais, en attendant, faut-il pratiquer la maxime : *supporte et abstiens-toi* ? S'abstenir est assez facile mais n'est pas totalement satisfaisant : certes, si nous n'avons rien sur un mythe, ce n'est pas forcément parce que les textes n'en parlaient pas — on a pu perdre ces textes — mais inversement, ce n'est pas parce qu'on a perdu des textes qu'ils en parlaient pour autant. D'où l'ambiguïté, à double face, de l'argument *e silentio*, le malheur des commentateurs, la nécessaire prudence qu'ils doivent observer, et le devoir qu'ils ont de commenter, malgré tout, ces textes, pour les préserver du silence qui les guette : celui que génère le manque d'érudition comme celui que peut générer aussi l'excès d'érudition.

Tenant compte de toutes ces réserves, mon but ici est d'attirer l'attention sur ce personnage de Thésée qui, dans l'état actuel de la transmission des textes littéraires, ne prend son importance qu'à partir de Bacchylide.

Chez Plutarque, on trouve les différents moments, remis dans un ordre chronologique acceptable, de la geste de Thésée, telle que

---

2. Euripide, t. VIII, 2e partie, *Fragments, Bellérophon-Protésilas*, texte établi et traduit par F. Jouan et H.Van Looy, Paris, Les Belles Lettres, 2000, p. 164.

l'ensemble de la tradition nous l'a transmise, au point que nous la transmettons encore de cette manière aux jeunes écoliers. Les masses les plus importantes de ce mythe, qui viennent immédiatement à l'esprit, sont premièrement, l'épisode de la victoire en Crète sur le Minotaure (Minos, Dédale, le labyrinthe, le Minotaure, le fil d'Ariane, puis l'abandon, au profit de Phèdre, d'Ariane à Naxos — voir l'opéra de R. Strauss, et, moins connu, peut-être, celui de Darius Milhaud, *L'Abandon d'Ariane* [créé en 1928 à Wiesbaden], voir aussi, bien sûr, la *Phèdre* de Racine). Deuxièmement, l'épisode du retour, de la voile noire et de la mort d'Égée. Troisièmement, le synœcisme athénien dont parlent Thucydide au livre II, 15 et Aristote au début de la constitution d'Athènes. Quatrièmement, le combat, aux côtés de Pirithoos contre les centaures : c'est le sujet du fronton ouest du temple de Zeus à Olympie (dont la construction commence vers 470 av. J.-C.). Trois autres épisodes sont un peu moins célèbres de nos jours, me semble-t-il : la descente de Thésée aux enfers avec Pirithoos, le combat contre les Amazones, et l'enlèvement d'Hélène : Thésée se serait donc comporté comme Pâris, mais bien avant lui. A ce sujet (déjà attesté, au moins, par Hérodote, IX, 73 et Isocrate, *Hélène* 39), Plutarque a d'amusants propos (§ 31)[3] : « Il avait déjà cinquante ans, d'après Hellanicos, lorsque eut lieu l'affaire d'Hélène, bien inconvenante à cet âge. Aussi quelques-uns, pour le disculper de ce qui est le plus grave reproche porté contre lui, disent-ils qu'il n'enleva pas lui-même Hélène, etc. »

Admettons, ce qui est loin d'être sûr, que ce soit là un substrat commun de la tradition orale, dès les périodes les plus anciennes, dans lequel chacun pouvait puiser tel ou tel élément pour le revivifier. Mais que trouve-t-on, avant Bacchylide, dans les textes qui nous restent ?

Dans l'*Iliade* I, 256, Nestor mentionne Thésée et Pirithoos comme deux de ces héros exceptionnels qui maintenant sont morts. Dans l'*Odyssée* XI, 321 sq., Ulysse rapporte qu'il a vu aux enfers « Phèdre, Procris et la belle Ariane, fille du pernicieux Minos, autrefois enlevée de Crète par Thésée qui l'emmena vers la colline de la sainte Athènes ; mais il ne jouit point de son rapt ; dénoncée auparavant par Dionysos, elle périt frappée par Artémis dans l'île de Dia cernée des flots »[4]. Au vers 631 de ce même chant, Thésée est encore mentionné avec Pirithoos. C'est assez maigre sur le personnage de Thésée, surtout si l'on considère que Minos apparaît deux fois dans l'*Iliade* et trois fois dans l'*Odyssée* et que, à l'exception du passage que je viens juste de citer, en

3. Trad. J.-A. Pierron revue par F. Frazier, Plutarque, *Vies Parallèles*, II, Paris, GF-Flammarion, 1996.

4. Trad. M. Dufour et J. Raison, Paris, Garnier-Flammarion, 1965.

rapport avec l'enlèvement d'Ariane, il est présenté comme le brillant fils de Zeus (*Iliade* XIV, 322), « protecteur de la Crète — ἐπίουρον » (*Iliade*, XIII, 450), prince de Cnossos, où, « confident du grand Zeus », il règne dès l'âge de sept ans (*Odyssée* XIX, 172 sq.). Par ailleurs, Minos, selon une version que retiendra Platon, tient le sceptre d'or et rend la justice aux morts dans l'*Odyssée* XI, 568 sq.

Hésiode, dans le *Bouclier*, évoque, v. 182, « Thésée, fils d'Égée, semblable aux Immortels », prenant part au combat des Lapithes contre les Centaures lors de noces de Pirithoos.

Si l'on quitte l'hexamètre dactylique pour l'élégie, la moisson est maigre. Au VIe siècle, dans le recueil attribué à Théognis de Mégare, on peut lire ces vers assez inattendus, ou extrêmement conventionnels (1231-1234) :

> « Terrible Amour, ce sont les Folies qui t'ont servi de nourrices,
> C'est à cause de toi qu'a péri la haute cité d'Ilion,
> Qu'a péri le grand Thésée, fils d'Égée, qu'a péri Ajax,
> Le vaillant fils d'Oilé, pour ses propres égarements. »

Toujours au VIe siècle, mais dans le lyrisme monodique, il se peut que Sappho (c'est une scholie à Virgile, fr. 206 Lobel-Page) ait fait référence dans un poème à l'épisode du Minotaure où elle aurait tenu que Thésée avait libéré sept jeunes garçons et sept jeunes filles. Pour ce qui est de la lyrique chorale, selon Pausanias et une scholie d'Homère, le poète lyrique Alcman, au VIIe siècle av. J.-C., aurait évoqué l'enlèvement d'Hélène par Thésée (fr. 21 Page). Ce même sujet aurait intéressé Stésichore au siècle suivant (toujours selon Pausanias et un fragment papyrologique d'Oxyrinchus qui est un commentaire sur le poètes méliques, fr. 191 et 193 Page). Enfin, au Ve siècle, l'oncle de Bacchylide, Simonide de Céos, aux dires mêmes de Plutarque dans sa vie de Thésée, aurait composé un poème sur le retour de Crète. Il nous en reste trois vers (fr. 550 Page), selon lesquels la voile que Thésée aurait dû hisser n'était pas blanche, mais rouge.

Tout cela est fort décevant, et je tiens que ce n'est pas un hasard. Car si l'on regarde ce qui va se passer peu de temps après Bacchylide (qui, je le rappelle, est né vers 507 et mort vers 430), on trouve un personnage de Thésée bien mieux assis dans l'existence.

Dans les *Euménides* d'Eschyle, représentées en 458 av. J.-C., l'image qu'Athènes veut recevoir d'elle-même est celle d'un peuple juste qui met fin à la colère des Érinyes et acquitte Oreste. Ce peuple est celui du « pays de Thésée » (v. 1026) dont on glorifie la lutte contre les Amazones (v. 685). Héros quasi éponyme de la cité, Thésée reprend vie en tant que *dramatis persona* dans l'*Hippolyte* d'Euripide (représenté en 428), puis il se spécialise, pourrait-on dire, dans le rôle du héros qui, non content d'avoir accompli de multiples exploits, est aussi le tenant de ce qui fait la valeur de la démocratie athénienne, notamment dans les *Suppliantes* d'Euripide (en 423). De là, sa fonction d'hôte et de sauveur d'Héraclès dans l'*Héraclès furieux* du même Euripide (414 av. J.-C.), d'hôte et de sauveur d'un Œdipe errant, dans l'*Œdipe à Colone* de Sophocle (représenté en 401). Ce Thésée-là est à la gloire d'Athènes, c'est le héros conquérant, le roi sauveur, le prince éclairé, l'ordre, la force et la douceur à la fois, contre les puissances brutales, asociales, impies. C'est, peut-être, le héros qu'Eschyle mettait déjà en scène dans les *Éleusiniens* qu'A. Hauvette date d'environ 475 av. J.-C.[5], mais les quelques mots qui en restent[6] n'éclairent pas la pièce dont on sait par Plutarque qu'elle traitait le même sujet que les *Suppliantes* d'Euripide. On peut certes se poser la question de savoir qui fut l'initiateur littéraire de cette image d'un Thésée « vengeur du droit opprimé »[7]. Mais il faut bien reconnaître qu'à l'intérieur du corpus dont nous disposons, c'est Bacchylide qui aura ouvert cette voie littéraire-là.

De l'œuvre de Bacchylide qui nous est conservée, quatre passages renvoient à ce substrat mythique que je viens de décrire. J'utilise ici la belle édition de Bacchylide que J. Irigoin a publiée en 1993, avec une traduction de J. Duchemin et de L. Bardollet, dans la Collection des Universités de France. Pour aller du moins important au plus important pour notre sujet, il s'agit tout d'abord de l'épinicie I qui mentionne les amours de Minos et de Dexithéa et la naissance d'Euxantios de Céos. Le texte est assez mutilé, on ne trouve rien qui concerne Thésée et d'ailleurs cette version de l'histoire de Minos semble proprement céenne.

Il s'agit ensuite du fragment de dithyrambe n° 6, très mutilé, qui mentionne Pasiphaé, Dédale, Minos, le désir qu'a Pasiphaé de s'unir au taureau, et les soucis de Minos — on le comprend ! Rien n'apparaît sur Thésée et l'on n'en sait pas plus.

Il s'agit enfin de deux œuvres, qui présentent un ensemble cohérent, sur lesquelles je m'arrête : le dithyrambe III et le dithyrambe IV. Ces deux dithyrambes sont assez longs, 78 vers pour le premier en deux triades, 32 vers pour le second en quatre strophes. Ils permettent une lecture suivie et l'on peut même aller jusqu'à considérer qu'ils ont été transmis dans leur intégralité. Mais peut-être est-ce l'illusion que

5. A. Hauvette, « Les *Éleusiniens* d'Eschyle et l'introduction du discours funèbre à Athènes », dans *Mélanges Henri Weil*, Paris, 1898, p. 159-178.

6. *Tragicorum Graecorum Fragmenta*, vol. 5, S. Radt éd., Göttingen, 1985, fr. 53a et 54.

7. A. Hauvette, *art. cit.* (n. 5), p. 169.

génère le goût du fragment et dont Ph. Brunet a si bien parlé, et avec tant d'humour, dans l'introduction de sa traduction des poèmes de Sappho [8].

Ces deux dithyrambes ont sans doute été composés vers 477/474 av. J.-C. 477 marque le début de la ligue de Délos et de l'expansion maritime d'Athènes dans les lendemains immédiats des Guerres Médiques. 474 est l'année ou Cimon « retrouve » à Skyros les ossements de Thésée — une activité à laquelle chaque cité se livre périodiquement dans les moments cruciaux de son histoire — et les fait transférer à Athènes, ce qui veut dire qu'à ce moment-là, Athènes a décidé de se trouver un héros fondateur et de lui rendre un culte (on construit d'ailleurs le Théséion, qui a longtemps été confondu avec l'actuel Héphaisteion).

Dans le genre littéraire qui a le plus d'éclat à l'époque, celui de la lyrique chorale, deux œuvres, offertes par Céos ou commandées par Athènes, glorifient donc, avec beaucoup d'à-propos politique de l'avis de tous les commentateurs, le héros qui désormais passe au premier plan. Mais c'est aussi grâce à Bacchylide qu'il y passe.

Le dithyrambe III s'ouvre sur l'évocation d'une progression inexorable, qui me semble d'autant plus frappante qu'on retrouvera cette idée dans le dithyrambe IV, avec la marche de Thésée vers Athènes. Ici, la progression est celle du bateau de Minos, venu chercher son tribut de jeunes gens et de jeunes filles, et qui vogue, par bon vent, sur la mer de Crète :

Κυανόπρῳρα μὲν ναῦς μενέ-
κτυ[πον] Θησέα δὶς ἑπτ[ά] τ' ἀγλαοὺς
ἄγουσα κούρους Ἰαόνω[ν]
Κρητικὸν τάμνε πέλαγος·

« La nef à la sombre proue, qui emmenait Thésée, inébranlable dans le fracas des combats, et deux fois sept beaux jeunes gens d'Ionie, fendait la mer de Crète [9]. »

Que la proue soit qualifiée de κυανέος — bleu sombre, presque noir — est normal si l'on songe aux représentations figurées, mais κυανέος évoque aussi les profondeurs de la mer et, évidemment, le deuil qui accable Athènes devant ce nouveau tribut. Par anticipation, l'adjectif annonce déjà la colère que va manifester Thésée devant l'audace de Minos (v. 8-9) : « sous ses sourcils, il fit rouler son œil noir-μέλας. » De fait, si Thésée est décrit comme ferme, inébranlable, Minos,

8. Sappho, *Poèmes et Fragments*, édition bilingue, texte établi et traduit par Ph. Brunet, Paris, L'Âge d'Homme, 1991.

9. Traduction de J. Duchemin et L. Bardollet, comme dans les citations qui suivent.

lui, est présenté comme celui qui ne sait pas maîtriser ses désirs et qui touche la jeune Ériboia. On se dira que ce n'est qu'un moindre mal, si elle doit être livrée comme les autres au Minotaure, mais ce n'est justement pas cet aspect-là du mythe que Bacchylide a décidé de traiter et, objectivement, nous ne savons pas pourquoi ces jeunes gens partent en Crète. Le poète passe alors, comme il le fait dans le dithyrambe IV, de la narration au style direct. Thésée donne à Minos son titre de « fils de Zeus », mais lui reproche (v. 10-12) de ne pas maîtriser (κυβερνᾷς) — le mot est particulièrement bien venu pour un pilote de bateau — son θυμός, ses élans, dans ses φρένες — son esprit, son cœur, selon l'acception homérique, et de s'écarter de ce qui est ὅσιον — conforme à la loi divine, en faisant preuve d'ὕβρις (v. 21). Lui-même se dit investi par les dieux d'une mission qui changera l'ordre actuel de la justice, car si Minos est fils de Zeus, il est, lui, fils d'Aithra et de Poséidon (v. 19). L'antistrophe 1 se termine par un défi à Minos, celui d'un combat singulier pour l'issue duquel Thésée s'en remet aux dieux.

Cette émergence subite du personnage de Thésée dans un monde littéraire de type homérique, où Minos avait l'habitude de faire sa loi, se fait avec une fermeté qui est soulignée par la brièveté même des paroles que le poète met dans bouche de Thésée (v. 25 τόσ' εἶπεν). Tous les autres en restent sans voix :

> Τόσ' εἶπεν ἀρέταιχμος ἥ-
> ρως· **[τ]άφον δὲ ναυβάται**
> [φ]ωτὸς ὑπεράφανον
> [θ]άρσος·
> « Le héros, valeureux porte-lance, n'en dit pas davantage, et les passagers furent stupéfaits devant la suprême assurance de l'homme. »

Suit, bien sûr, la réaction de Minos, où l'on peut saisir le processus de constante re-création qu'est un mythe. Car Bacchylide lui-même signale l'originalité qu'il va apporter à cet épisode : Minos, dit-il, « se mit à tisser un dessein surprenant » — ὕφαινέ τε ποταινίαν μῆτιν. Ce qui, métaphoriquement, dit la suite que Bacchylide lui-même va tisser dans son ode. Minos invoque donc Zeus, qui lance un éclair de sa foudre en sa faveur, puis il défie Thésée de plonger dans la mer rechercher la bague qu'il y jette. On verra bien, ajoute-t-il pour railler, si Poséidon accordera à Thésée ὑπέρτατον κλέος. Les dieux trancheront donc dans cette ordalie qui est aussi un *catapontismos*, et une épreuve initiatique. Devant ce défi, qui se déplace d'ailleurs du côté des dieux, Thésée ne se trouble pas, v. 46-47 :

> τῷ δ' οὐ πάλιν
> θυμὸς ἀνεκάμπτετ', ἀλλ' εὐ-
> πάκτων ἐπ' ἰκρίων

σταθεὶς ὄρουσε, πόντιόν
τέ νιν δέξατο θελημὸν ἄλσος.

« L'ardeur de Thésée ne fléchit ni n'inversa sa route ; mais, s'étant dressé sur le gaillard bien bâti, il se lança. L'aire sacrée de la mer volontiers l'accueillit. »

Et, tandis que le navire s'éloigne et que les compagnons de Thésée pleurent, Minos, comme les marins précédemment, en reste stupéfait (v. 48)[10] :

Τάφεν δὲ Διὸς υἱὸς ἔνδοθεν
κέαρ.

Bacchylide n'a pas le sens du raccourci dont use si volontiers Pindare, et il aime davantage le drame et la mise en scène du suspens. Nous plongeons donc nous aussi à la suite de Thésée que des dauphins sont venus secourir et transporter dans le palais splendide des Néréides[11]. Apparaît alors la thématique de l'éclat, de l'or, de la pourpre, que J. Duchemin avait étudiée autrefois à propos de Pindare. Transfiguré dans les profondeurs marines, Thésée réapparaît à la surface, θαῦμα πάντεσσι, étonnant tout le monde par sa splendeur, et les marins entonnent le péan. Cette victoire de Thésée sur Minos, dans l'élément marin, est une façon d'affirmer, dans ces lendemains des guerres médiques, la suprématie maritime d'Athènes. On songe à ce qu'écrira Thucydide dans l'*Archéologie* I, 4 : « Minos est en effet le plus ancien personnage connu par la tradition qui ait eu une flotte et conquis, pour la plus grande partie, la maîtrise de la mer aujourd'hui grecque[12]. » Cette maîtrise, désormais, c'est Athènes qui la revendique et qui cherche à en asseoir les origines, par le biais d'un mythe qui en fonde la légitimité, dans des temps plus reculés.

Je m'attarderai moins longuement sur le dithyrambe IV dont j'ai déjà parlé dans un article de la *Revue des Études grecques*[13]. Le dithyrambe IV chante l'arrivée à Athènes du jeune Thésée qui vient se faire reconnaître par son père Égée. On sait par Plutarque qu'Égée avait reçu de la Pythie l'oracle selon lequel il ne devait avoir d'enfants que d'une Athénienne, mais à Trézène (un endroit risqué dans les mythes !)

10. Τάφεν est une lecture de Pearson reprise par Jebb danns *Bacchylides, The poems and Fragments*, Cambridge, 1905, H. Maehler, *Bacchylides*, Berlin, 1970, et J. Irigoin, 1993. Dans les *Mélanges Weil*, « Bacchilidea », p. 236, Jebb proposait initialement γᾶθεν.

11. Les représentations figurées montrant Thésée auprès des Néréides datent du début du Ve siècle. J. Neils, *LIMC*, *art. cit.* (n. 1), p. 950, y voit nettement l'introduction d'un nouveau thème dans le mythe de Thésée.

12. Traduction de J. de Romilly.

13. D. Arnould, « Quand Thésée voyait rouge : à propos du dithyrambe IV de Bacchylide », *Revue des Études grecques* 114, 2001, p. 222-227.

il s'unit à Aithra et laisse, pour l'enfant à naître, de futurs signes de reconnaissance (son épée et ses chaussures qu'il cache sous un gros rocher). Quand Thésée arrive à l'adolescence, Aithra lui révèle le nom de son père et Plutarque ajoute : « A son arrivée à Athènes, il trouva les affaires publiques pleines de trouble et de dissensions et les affaires privées d'Égée et de sa maison en fort mauvais état. Médée, exilée de Corinthe, avait en effet promis à Égée que, grâce à des drogues, il ne serait bientôt plus sans enfant et elle vivait avec lui. » Au stade où Bacchylide initie le mythe, le héros est l'inconnu qui menace subitement la cité. Il est décrit, dans un crescendo pressant qui dramatise la situation, à travers les questions du chœur, qui multiplie les suppositions, et les réponses que le roi peut lui donner d'après ce qu'il a entendu dire. Or, des différentes hypothèses du chœur, le roi, à chaque fois, n'en retient qu'une, justement celle qui contribue à présenter l'avenir comme inéluctable. Le chœur, qui a entendu le signal d'alarme des trompette de la cité (v. 2), presse Égée de questions : s'agit-il de l'attaque d'une armée ennemie, d'une razzia sur le bétail, ou bien quel est le souci qui l'inquiète ? En même temps, il le rassure en rappelant qu'Égée dispose de forces militaires jeunes et vaillantes (v. 7). Égée rapporte qu'un héraut vient d'arriver de l'Isthme et qu'il annonce les exploits qu'on ne saurait décrire (ἄφατα ἔργα v. 10) d'un homme puissant (κραταιοῦ φωτός). Ce héros sans nom s'est, dit-il, rendu victorieux de puissances monstrueuses : le géant Sinis, la laie de Krommyon, Skiron, Kerkyon et Procoptas. Le roi conclut (v. 16) sur sa crainte de l'avenir : ταῦτα δέδοιχ' ὅπᾳ τελεῖται.

A l'annonce de ces exploits qui rappellent ceux d'Héraclès et qui sont autant d'épreuves préliminaires dans les mythes de conquête, le chœur pose une deuxième série de questions : qui est cet homme, d'où vient-il, arrive-t-il avec une troupe guerrière, ou s'avance-t-il, seul, avec quelques compagnons, comme un voyageur ? Et la conclusion du chœur débouche, non plus comme au vers 7 sur des paroles rassurantes, mais sur un éloge du héros inconnu et sur une menace pour le pouvoir royal : lui qui est assez robuste, vaillant et hardi, pour avoir contenu la force de tant d'hommes, c'est sûrement un dieu qui le mène pour qu'il « s'occupe d'administrer la justice aux injustes » (v. 22) — δίκας ἀδίκοισιν ὄφρα μήσεται. Le vers peut s'entendre aussi bien par référence à ceux qu'il a vaincus qu'à ceux qu'il peut encore vaincre, c'est-à-dire Égée. De la même manière, la maxime selon laquelle (v. 23) « dans l'action ininterrompue, il n'est pas aisé d'éviter le mal » — οὐ γὰρ ῥᾴδιον αἰὲν ἔρδοντα μὴ 'ντυχεῖν κακῷ —, fonctionne aussi bien pour Thésée qui n'aurait pas pu accomplir tant d'exploits s'il n'était pas soutenu par un dieu, que pour Égée dont le pouvoir ne saurait durer éternellement. Et d'ailleurs, le chœur conclut par une autre maxime : « Que s'allonge le temps, et tout finira. » Comme dans l'échange des deux premières strophes, le roi répond là aussi à la troisième question du chœur et l'élargit : ce héros n'a que deux compagnons, il porte une épée, deux javelots, un casque laconien, une tunique pourpre, une chlamyde thessalienne. Il ajoute que sa chevelure est couleur de feu tandis que la flamme rouge de Lemnos sort de ses yeux. Le rouge de la flamme est donc la couleur dominante de Thésée, tant dans son habillement que dans son apparence physique et dans son regard. Les vers 29-30 — ὀμμάτων δὲ στίλβει ἄπο Λαμνίαν φοίνισσαν φλόγα, « de ses yeux sort, resplendissante, la flamme rouge de Lemnos » —, sont particulièrement intéressants. Tout d'abord en ce qu'ils font image : ce qui sort des yeux de Thésée est une coulée de lave en fusion et cette image est aussi, et avant tout, une réfection de tournures homériques qui renseignent sur les dispositions intérieures de celui qui agit. Mais pourquoi la « flamme de Lemnos » ? Le héros n'a pas de lien particulier avec cette île, et qui plus est, c'est là la première attestation, dans la littérature qui nous reste du moins, du *feu* de Lemnos où il y a bien un volcan Mosychlos mais, comme l'écrit plaisamment W. Burkert, il ne semble être actif que dans la littérature et surtout chez les commentateurs tardifs. En revanche, l'histoire des femmes de Lemnos est attestée à une date ancienne (458) comme étant déjà passée en proverbe. Dans les *Choéphores*, v. 631 sq., Eschyle évoque le crime lemnien où les femmes avaient assassiné leurs maris et il ajoute que toute catastrophe est comparée aux malheurs de Lemnos (633-634). Dans l'ode de Bacchylide, la jonction entre ce qui est passé en proverbe et la situation se fait d'autant mieux qu'il y a en réalité deux crimes Lemniens, comme le rapporte Hérodote en VI, 138, qui poussent à appeler lemnien tout acte de cruauté. Le premier de ces crimes est celui auquel Eschyle fait allusion et qui remonte à l'époque du roi Thoas, le second date de l'époque où les Pélasges de Lemnos enlevèrent des Athéniennes dont ils firent leurs concubines. Ces femmes élevèrent les enfants qu'elles eurent d'eux dans les mœurs et la langue d'Athènes et ces enfants finirent par souhaiter prendre le pouvoir. C'est alors que les Pélasges, inquiets de leur cohésion, les tuèrent tous. Or, cette situation renvoie précisément au cas de Thésée qui n'est pas encore reconnu comme fils légitime d'Égée et qui voit « rouge », après avoir accompli des exploits qui qualifieraient n'importe quel étranger pour s'emparer du pouvoir, alors même que ce pouvoir lui revient de droit. C'est-à-dire que le héros que présente Bacchylide serait bien déterminé à commettre un crime si ses droits n'étaient pas reconnus. Face à cette représentation menaçante du héros inconnu, et comme pour la conjurer, Égée ajoute

(v. 30) que c'est encore un tout jeune homme, qui se plaît aux jeux d'Arès, et, sans pouvoir répondre aux questions « qui est-il, d'où vient-il ? », il conclut sur son arrivée inéluctable — δίζησθαι δὲ φιλαγλάους Ἀθάνας — et sur l'évocation de la renommée de la cité : une renommée qu'elle connaîtra précisément grâce aux exploits postérieurs de Thésée.

Dans les deux dithyrambes, on remarque donc l'insistance de Bacchylide sur cette nouvelle justice que vient instaurer Thésée : nouvelle justice face à Minos, nouvelle justice à Athènes. Cette nouvelle justice est incarnée dans un héros, déterminé et modéré à la fois, qui agit avec le soutien d'une divinité. L'ordre même de la narration de Bacchylide suggère l'idée d'une évolution inéluctable de l'état des choses. Ainsi, l'image qu'Athènes reçoit ou se donne d'elle-même dans ces deux dithyrambes préfigure avec quelque vingt ans d'avance celle qui sera la sienne dans les *Euménides* d'Eschyle, et il est intéressant de constater que cette image, elle se la donne très tôt, comme si elle avait bien conscience des problèmes que susciteront son empire maritime et sa prépondérance politique dans les cinquante années à venir.

Dominique ARNOULD

RÉFLEXION DRAMATURGIQUE ET LYRISME SUR LES CHŒURS DE L'*AGAMEMNON* ET DU *PROMÉTHÉE ENCHAÎNÉ* D'ESCHYLE

L'histoire littéraire s'est longtemps habituée à comprendre son objet, avec ses particularités, ses déviances ou ses transformations, à partir de questions qu'elle lui adressait du dehors, en supposant qu'elle détenait, elle, les notions qui lui permettent de déterminer et d'ordonner les phénomènes qu'elle observait. Elle a eu ainsi tendance à considérer les textes comme des cas particuliers, venant illustrer, plus ou moins bien, des schémas historiques transcendant chacun de ces cas et leur apportant leur sens au sein de l'histoire de la poésie. Ainsi, pour la tragédie grecque, ce qu'Eschyle ou Euripide font, dans chacune de leurs œuvres, de la forme traditionnelle qu'était pour eux le chant du chœur était considéré comme autant d'exemples d'une évolution clairement définie du genre tragique. La portée de leur création particulière devenait ainsi dépendante d'une perspective plus générale qui les dépassait. En fait, l'histoire du genre, telle qu'on croyait pouvoir la reconstituer, primait sur l'histoire des œuvres, qu'elle devait conditionner. C'était alors chaque fois une définition de la tragédie en soi qui était à la base des évaluations historiques. Si, dans la tradition d'Aristote, on posait que l'intrigue est l'élément essentiel des drames, l'examen des chœurs devait d'abord répondre à la question : le lyrisme, chez tel auteur, est-il en relation avec l'action ou non ? De très nombreux travaux partaient et partent encore de cette question comme si elle allait de soi. Et ils insistent tantôt sur la fonction de commentateur, pour le chœur, ou, au contraire, d'acteur, en dosant méticuleusement l'un ou l'autre aspect[1]. Comme on notait chez Euripide,

1. Avec J. Bollack, j'ai analysé cette discussion sur le rôle du chœur dans l'introduction, « La dissonance lyrique », à nos volumes *L'*Agamemnon *d'Eschyle. le texte et ses interprétations* (Cahiers de philologie, 6-8), Lille, Presses Universitaires de Lille, 1981-1982 ; voir le premier volume (J. Bollack, *Agamemnon 1*), p. XI-CXXV. Pour la discussion plus récente, voir R. Thiel, *Chor und tragische Handlung im* Agamemnon *des Aischylos*

toujours d'après Aristote, un certain relâchement du lien entre les chœurs et l'intrigue, on en tirait l'idée que la tragédie avait chez ce poète déjà perdu de son authenticité. Poser une telle question présuppose que l'on sait au préalable ce que sont et l'action et le chant, qu'on a là des entités définies, données, dont on peut, à l'infini, interroger les rapports.

Une telle conception de l'histoire littéraire, qui se veut empirique — on part de définitions en apparence raisonnables, puis on regarde si la réalité leur correspond, quitte à modifier, mais légèrement (puisqu'on reste toujours dans le cadre des mêmes questions), les définitions de départ —, tombe vite dans une contradiction évidente. Comme il fallait bien donner une signification historique aux faits que l'on observait et expliquer la dissolution progressive du lien entre chant et intrigue, on recourait à une perspective généralisante sur l'histoire du genre que l'on voyait suivre un cours nécessaire : on pensait, selon une vision philosophique héritée (de Winckelmann, des frères Schlegel, puis de Nietzsche) et non explicitée, que la tragédie, après sa grandeur, était comme condamnée à une forme de dégénérescence, selon une logique du déclin qui était due, selon les interprétations, soit à son épuisement propre comme forme d'art désormais accomplie (avec Sophocle), soit aux conditions historiques d'une décadence supposée d'Athènes pendant la démocratie et la guerre du Péloponnèse [2], soit à l'influence négative de la sophistique et de Socrate, etc. Quelque chose comme un destin était posé. Le philologue, dans son souci d'identifier les faits, de les classer et de les relier entre eux selon un schéma clair et linéaire, se faisait ainsi, sans le savoir, métaphysicien, et porte-parole d'une philosophie idéaliste de l'histoire — quel que soit le matérialisme affirmé par certains historiens, dans leur souci de s'en tenir aux conditions « réelles », matérielles (sociales, politiques ou rituelles), de la production poétique. Cette philosophie était plutôt réactive et conservatrice, puisque le temps, après la floraison des formes poétiques, devait conduire à leur délitescence. Il n'était pas facteur de progrès (d'où les innombrables condamnations modernes d'Euripide). La conséquence la plus grave de cette manière de voir est qu'en concevant le temps comme

(Beiträge zur Altertumskunde, 35), Stuttgart, 1993, et mes volumes de commentaire sur les scènes parlées de l'*Agamemnon*, où je reviens sur la question : *L'*Agamemnon *d'Eschyle. Commentaire des dialogues* (Cahiers de philologie, 18), 2 vol., Lille, Presses Universitaires du Septentrion, 2001.

2. Cette vision linéaire de l'histoire oublie que la production poétique d'Euripide est strictement contemporaine de celle de Sophocle.

cours nécessaire et continu on s'empêchait de prendre vraiment au sérieux le moment d'arrêt que constitue chaque œuvre, comme ouverture possible, comme rupture cherchant à faire sens par elle-même. Il n'y avait pas de pauses, mais une série homogène.

Or la diversité des chœurs, au sein d'une même œuvre ou du travail d'un même poète, incite à être historien en un autre sens : non pas s'intéresser à la régularité d'une évolution qui entraînerait dans sa course les œuvres particulières, mais chercher les raisons des différences d'un texte à l'autre dans l'utilisation d'une même forme en partant de l'idée que cette forme était elle-même l'objet d'un travail, d'une évaluation, d'une réflexion à la fois problématisante et productrice de la part des auteurs. S'il n'y a en fait pas d'évolution linéaire du lyrisme depuis *Les Perses* jusqu'aux *Bacchantes* et à *Iphigénie à Aulis*, mais une variété, des retours, des utilisations paradoxales, des parodies, des refus, c'est que chaque fois est à l'œuvre une volonté de mise en question et de recomposition. Une analyse, au sein des textes eux-mêmes, est opérante ; elle entraîne chez les auteurs des choix, des mises en perspective qui débouchent sur une diversité à la fois ouverte et réglée des utilisations d'une même forme générique. Ouverte, parce que l'homme de métier qu'est le poète tragique a devant lui non seulement des règles héritées de composition, mais un matériau — à savoir ce que ses prédécesseurs et lui-même ont déjà réalisé — qu'il peut librement interroger quant à sa valeur, quant à son bien-fondé, en se demandant quelle relation s'est instaurée entre les intentions qui ont présidé à tel type d'utilisation et les effets réellement atteints. Cette discussion, interne au travail de composition, est par ailleurs réglée : en effet, il s'agit bien de la même forme qui est interrogée, le lyrisme, dans son contraste avec le discours parlé ou récité ; mais, surtout, la nouveauté propre à chaque tentative n'est pas anarchique puisqu'elle vise à être reconnue comme recevable, comme faisant sens pour la collectivité. Une tragédie, dans la manière dont elle est composée, renvoie ainsi implicitement, mais visiblement, à une idée de l'histoire du genre telle qu'elle s'est déroulée jusqu'à elle, et à une poétique interne décidant des possibilités expressives d'une forme traditionnelle, en fonction des réussites et des échecs des réalisations existantes, à la fois tenues à distance, examinées et éventuellement réemployées. L'historien de la littérature n'a donc pas affaire à des cas particuliers représentant des essences fixes qu'il aurait su définir (« la tragédie », « l'action », « le chœur »), mais à un travail de réflexion historique qui a déjà eu lieu dans le détail concret des œuvres, au sens où il a pris position sur ce que de telles catégories peuvent signifier dans un contexte historique précis. Les textes proposent des définitions du chant, de l'action, etc., et les confrontent au matériau existant. L'interprète a alors à entrer dans cette relation, et à l'analyser. Un poète ne composera pas ses chants de la même manière avant et après ce qu'Eschyle a proposé, de manière spectaculaire, pour son chœur de l'*Agamemnon*. Il aura là, face à lui, un « arrêt », une pause, à savoir une manifestation particulièrement marquante de ce que peut signifier le lyrisme, une synthèse nouvelle des éléments constitutifs d'un chant, et sa propre composition sera, qu'il le veuille ou non, jugée en relation avec ce moment singulier de l'histoire du genre.

A une conception idéaliste de l'histoire de la poésie, comme flux continu (dont, de manière contradictoire, la dynamique est évaluée par rapport à des catégories littéraires établies une fois pour toutes), on opposera une histoire en fait plus singularisante et plus matérielle, qui prend comme objet ces moments arrêtés de reconfiguration que sont les œuvres individuelles, tout le problème, pour l'interprète, étant de dégager les outils, les orientations qui ont permis aux auteurs, dans un contexte historique précis, de réfléchir sur l'existant de manière à le transformer dans une tentative nouvelle. Il serait tentant d'objecter qu'il s'agit là d'une conception qui n'est pas moins « moderne » que celle à laquelle elle s'oppose, pas moins extérieure aux œuvres, puisqu'elle ne ferait que leur appliquer du dehors une certaine conception radicale de la nouveauté. On pourrait même dire qu'elle est plus improbable, puisqu'elle fait jouer au sein d'une culture connue pour la force de ses traditions un concept anachronique d'individualité comme force réflexive d'innovation. Il est bien connu que l'Antiquité n'a pas défini ce que serait une subjectivité poétique libre, capable de fonder ses propres règles, et qu'on a là un concept moderne de l'auteur comme individu. Mais à dire cela (qui est couramment dit), on pose, je crois, mal les termes de la question. Nous n'avons pas à nous enfermer dans une alternative opposant l'idée d'une histoire comme évolution continue et nécessaire, à celle d'une histoire discontinue, commandée par la liberté poétique des écrivains. Ce serait, chaque fois, s'en remettre à des abstractions définies *a priori*, aussi peu efficaces l'une que l'autre. Il s'agit plutôt de dégager les conditions historiques d'un travail concret, dans la fabrication des œuvres, de manière à rendre compte de l'histoire complexe du genre.

Le problème est donc de définir les méthodes et les orientations de la réflexion poétique telle qu'elle s'est mise à l'œuvre dans les textes, sans tomber dans l'anachronisme [3]. En fait, nous trouvons un témoignage explicite sur cette forme de réflexivité dans un texte contemporain des Tragiques, *Les Grenouilles* d'Aristophane. Ce texte montre qu'il s'agit bien d'une réflexion artisanale, qui n'opère pas au moyen de concepts théoriques, mais qui s'interroge *a posteriori* sur les potentialités d'une forme esthétique.

Le personnage « Euripide » y dit, dans sa critique d'Eschyle, qu'il a « fait maigrir » la tragédie qu'il avait reçue de son prédécesseur : elle était « gonflée de grandiloquences et de vocables accablants » (v. 940) ; il lui a fait subir une cure de « versicules », de « digressions » et de... « bettes blanches » (v. 942). Le traitement concerne l'ensemble de la forme tragique, qui, au terme de ce traitement, devient plus performante : le chant est généralisé et offert, sans discrimination, aussi bien au chœur qu'aux personnages, dans les monodies (v. 944) ; l'action devient plus claire grâce aux prologues qui expliquent l'origine du drame (v. 946 sq.) ; le discours est universalisé, puisque même les esclaves et les femmes se mettent désormais à parler sur scène : personne ne doit rester « inactif » (v. 948-950) ; les raffinements du langage, grâce à la mise en scène du bavardage et des règles subtiles du discours (v. 955-957), sont restitués à la tragédie, et, à travers elle, aux spectateurs qui en avaient été privés à cause de l'enflure de la tragédie eschyléenne [4]. « Euripide » dit par là qu'il a su rationaliser le genre, employer de manière non restrictive ses capacités signifiantes. Il a mis fin à l'arbitraire.

Le point important est que ce modèle perfectionné de la tragédie, moins inégal, plus harmonieux, Euripide n'en disposait pas, mais l'a tiré des œuvres d'Eschyle, malgré leurs défauts : en deçà des outrances propres à ce poète (qui faisait autorité) il a su dégager les règles qu'Eschyle transgressait sans le savoir, puisque personne n'avait composé en les observant. Pour le dire en termes différents, sous les réalisations excessives d'Eschyle, sous ses œuvres, « Euripide » a su, par analyse, reconstruire la grammaire fonda-

3. Ce serait une illusion seulement inverse à celle de l'anachronisme (qui prêterait aux auteurs anciens une liberté de type « moderne ») que de refuser, au nom du refus de l'anachronisme, la possibilité même que chez des auteurs archaïques ou classiques il y ait quelque chose comme une réflexion libre : on enfermerait l'Antiquité dans un concept passablement idéaliste de naïveté, d'objectivité, d'adéquation *a priori* des moyens expressifs collectifs et des intentions individuelles. Les interprètes qui figent ainsi la poésie ancienne montrent par là la nostalgie d'un monde unifié.

4. Dont les outrances rendaient les Athéniens quasiment aphasiques, brutaux dans l'emploi du langage (cf. le vers 1073 pour les rameurs paraliens).

mentale du genre. L'innovation n'est pas présentée comme une tentative différente, mais comme une réduction à l'essentiel, un « amaigrissement ». Ce que les critiques d'Euripide présentent comme des audaces inconvenantes n'est en fait qu'une prise de conscience de l'essence de la forme tragique. La déviance n'est pas de son côté. Et c'est cette grammaire, et non pas une prétention individuelle, qu'« Euripide » affirme comme principe de sa composition personnelle. Le genre a grâce à lui connu une histoire régressive, de retour à sa vérité, même si cette vérité n'avait jamais été illustrée avant lui. On est alors à l'opposé de la perspective présentée par Aristote dans sa *Poétique* — perspective reprise en fait par les historiens modernes de la littérature —, d'un enrichissement progressif de la tragédie (une « augmentation »), qui, d'auteur en auteur, serait parvenue par ajouts successifs à son plein accomplissement (ch. 4, 1449 a 13-15). Il n'y a pas, dans l'histoire représentée par Aristophane, de téléologie, mais une réflexion critique, reconsidérant le matériau. Cette réflexion est individuelle et marque un arrêt, dans l'histoire de la tragédie, arrêt qui peut, au nom de la tradition établie, être lui-même critiqué (et, de fait, « Eschyle » sera préféré malgré tout à la fin du drame)[5]. La forme tragique ne surplombe pas les différentes tragédies : la représentation qu'on en a, chaque fois, et de manière différente, est le moteur des productions individuelles. La poétique est ainsi l'un des enjeux des œuvres, dans une discussion dont Aristophane explicite ici les arguments.

La réflexion poétique, dans cette scène des *Grenouilles* (il en va autrement ailleurs dans la pièce), n'est pas dépendante de facteurs extérieurs à la tragédie (comme la prédominance de la philosophie dans la culture athénienne, l'évolution politique, etc.), mais reste interne au métier, artisanale. Entendue ainsi, elle ne peut être prise comme un moment particulier de l'histoire du genre, comme si, après des réalisations naïves, non problématisantes, un moment critique, dominé par l'entendement et non plus par la spontanéité créatrice, s'était mis en place, comme si Euripide, auteur rationaliste, venait après coup réfléchir sur un art déjà établi et le corrompre par son insistance critique. On retomberait dans une vision téléologique de l'histoire où la force collective du *logos*, une fois établie dans son autonomie, finirait par étendre son emprise sur la poésie. Chaque auteur, même « archaïque », est confronté à son métier, et tire de cette confrontation des virtualités nouvelles.

5. Je n'entre pas dans la discussion sur le caractère sérieux ou non de la préférence accordée par Dionysos à Eschyle à la fin de la pièce.

A relire Eschyle, on découvre vite, en effet, qu'il n'est pas moins réflexif qu'Euripide, et que ce qui a été pris comme une outrance, une « enflure », n'est pas seulement un style, choisi parmi d'autres pour une raison inconnue, mais l'effet d'une analyse des conditions matérielles de son art de la scène.

*
* *

J'avais mentionné au début de cette étude l'opposition traditionnelle du chant et de l'action. Mais on doit être plus rigoureux si l'on s'en tient au matériau premier du drame, qui est le discours, et partir plutôt de l'opposition du chant choral et du dialogue, puisque c'est cela, et non l'action, qui est donné à entendre et à voir sur la scène[6]. On posera que cette opposition est un donné, propre au genre, dont le sens, pour chaque œuvre, vient de l'analyse qu'en a fait le poète. Ce ne sont pas des essences, mais les termes convenus d'une situation matérielle que les auteurs réinterprètent en fonction de l'histoire qu'ils souhaitent mettre en scène. Deux formes de discours s'opposent : l'une est consensuelle, dans la voix collective du chœur, qui ne se scinde que rarement en éléments individuels ; l'autre est par définition contrastée, avec le dissensus continu des antagonistes. La forme dramatique est ainsi fondamentalement divisée par la juxtaposition de ces deux modes opposés de discours. L'unité ne requiert pas que l'une des voix se règle sur l'autre, par exemple que le chœur se fasse lui-même personnage ; elle résulte de la manière dont le contraste entre les deux formes de voix a été réfléchi, et du sens que dans tel cas particulier prend leur antagonisme formel. J'aborderai ici deux exemples, le chœur de l'*Agamemnon* et celui du *Prométhée enchaîné*. Les comparer est intéressant car ces chœurs semblent dominés par des orientations contraires : la réflexion théologique et politique chez les nobles vieillards d'Argos de l'*Agamemnon* et la plainte larmoyante des Océanines qui entourent Prométhée. La rigueur du concept d'un côté, l'affect de l'autre. D'un chœur à l'autre, Eschyle n'a pas évolué,

6. Friedrich Schlegel, en bon analyste des formes et de leurs effets sémantiques et historiques, y avait insisté ; voir le texte de la conférence qu'il avait donnée le 23 décembre 1803 à Paris sur la « Caractéristique de la tragédie grecque » : « Essentiellement, nous trouvons dans le drame grec une composante lyrique-chorale et une composante rhétorique-dialogique. L'action elle-même était subordonnée aux deux », *Kritische Ausgabe*, E. Behler éd., vol. 11 (Wissenschaft der Europäischen Literatur), Munich-Paderborn-Vienne, 1958, p. 75.

il n'a pas changé de manière, mais a donné deux interprétations différentes de l'espace scénique tel que le construit le conflit entre chant collectif et voix isolées.

*
* *

Agamemnon

Le chœur de l'*Agamemnon*, quantitativement prépondérant dans la première partie du drame (avant la scène de Cassandre), occupe une place singulière : contrairement au personnage central, Clytemnestre, et au spectateur, informé dès le prologue, il ne sait pas, pendant les 216 vers de son chant d'entrée, la *parodos*, que l'événement qu'il attend et dont il analyse le sens possible, la prise de Troie, a eu lieu. L'ampleur étonnante de ce morceau lyrique [7] vient compenser une ignorance. Parce qu'il ne dispose pas de la connaissance du fait, il est libre de donner à son inquiétude la forme réglée d'une réflexion suivie et rigoureuse sur les conditions de possibilité de ce fait. Pour cela, il remonte des événements qu'il connaît (les épisodes d'Aulis, avec le présage envoyé par Zeus, son interprétation par Calchas, la tempête déclenchée par Artémis en réaction contre la volonté de Zeus, la décision du roi et le sacrifice de sa fille) au principe universel et divin (une théologie) qui garantit l'existence d'un sens représentable au-delà des contradictions dont il a été le spectateur. Pour construire cette réflexion sur le sens de l'histoire, la *parodos* mêle les genres traditionnels de discours : principalement le récit lyrique, à la manière d'un Stésichore, l'hymne au dieu souverain, comme expression angoissée de son souci du bien de la communauté, le jugement éthique, etc. Les autres chants, dans la pièce, prolongeront cette réflexion en tentant de donner un écho rationnel aux informations qui lui viendront de la scène : l'annonce de la prise de Troie par Clytemnestre, puis par un héraut, et, finalement, le spectacle d'une outrance, avec le luxe dépensier du triomphe que la reine impose à Agamemnon au moment de son retour.

Le début de la partie lyrique de la *parodos* définit l'autorité qui garantit à ce chant son emprise sur le réel et son pouvoir de convaincre (v. 104-112) :

---

7. Qui se compose de 63 vers de récitatif, en anapestes, et de 153 vers chantés.

Κύριός εἰμι θροεῖν ὅδιον κράτος
αἴσιον ἀνδρῶν
ἐκτελέων, ἔτι γὰρ
θέοθεν καταπνεύει
πειθώ μολπᾶν
ἀλκάν ξύμφυτον αἰών,
ὅπως Ἀχαιῶν
δίθρονον κράτος, Ἑλλάδος ἥβας
ξύμφρονα ταγάν,
πέμπει ξὺν δορὶ καὶ χερὶ πράκτορι
θούριος ὄρνις Τευκρίδ᾽ ἐπ᾽ αἶαν...

Str. 1 « Je suis maître de prononcer le pouvoir parti sur les routes
sous l'auspice des dieux, qu'exercent des hommes
accomplis. Car, encore,
un dieu accorde à la vie qui grandit avec moi de souffler
la persuasion, force des chants.
Je sais dire comment le pouvoir des Achéens
et ses deux trônes, commandement uni
de la jeunesse grecque,
avec la lance et le bras vengeurs
un oiseau fou de guerre l'envoie vers la terre de Troie... »

J'ai suivi la disposition du texte proposée par B. Gentili et L. Lomiento[8], qui revient à celle des manuscrits (celle des vers 104-105 se retrouve dans les manuscrits des *Grenouilles* d'Aristophane, qui citent ces vers). Elle a l'avantage, pour ce passage, de montrer mieux comment le texte articule regroupements sémantiques et métriques. Les vers 104 sq. sont d'habitude présentés sur une seule ligne comme un hexamètre dactylique, de manière à souligner le rapport à l'épopée, qui est la matière de ce chant. La référence est claire, mais avec l'adonique que constitue αἴσιον ἀνδρῶν, qui matérialise la coupe bucolique de l'hexamètre, est mis en relief le contraste entre le pouvoir divin (la loi divine dans αἴσιον) et les hommes (ἀνδρῶν) sur lesquels elle s'exerce. Le lien entre κύριος et κράτος, entre le pouvoir qui chante et celui qui est chanté, est ainsi souligné. De même, le groupe ἐκτελέων ἔτι γάρ, une fois isolé, oppose clairement une durée achevée (avec les hommes « accomplis », ἐκτελέων, que sont les Atrides) et la durée encore ouverte de la compétence poétique des choreutes (« car encore », ἔτι γάρ).

Eschyle fait de son chœur un aède, capable de chanter l'expédition contre Troie (« comment l'oiseau fou de guerre — à savoir

8. Cf. leur étude « Colometria antica e filologia moderna », *Quaderni urbinati di Filologia classica*, n.s., 69/3, 2001, p. 7-21 ; voir p. 19-21.

l'aigle envoyé en présage par Zeus — envoie en Troade les deux rois d'Argos »). Mais ce rôle n'est pas préétabli ; il est même à contre-emploi de la fonction habituelle d'aède. Les vieillards sont des chanteurs « inspirés », leur thème est de type iliadique, mais, contrairement aux poètes épiques, ils ne disposent pas de toute l'histoire : ils connaissent les événements d'Aulis, mais ne savent pas (contrairement aux spectateurs) quelles conséquences ces actions ont eues. Le passé n'est pas encore là, disponible, il reste ouvert, et ceux qui savent ne sont pas des poètes éventuels, mais les héros eux-mêmes, qui sont partis et les ont laissés en Grèce à cause de leur âge. Le chant, pour affirmer sa force, empruntera, pour une part, au langage et à la thématique des poètes (cf. « souffle encore »), mais surtout à la thématique des rois et des guerriers héroïques. Il montrera qu'il existe une autre force, certes au-delà de l'« accomplissement » des hommes en armes et régnants, mais comparable. Ainsi le mot choisi ici pour dire l'autorité (« je suis maître de… », κύριος) a normalement une valeur politique ; la persuasion est définie comme la « force défensive » des chants (ἀλκά), elle est leur rempart, comme Ajax. L'inspiration elle-même n'est pas divine. L'adverbe θέοθεν (« de la part d'un dieu », rendu par « un dieu accorde » dans la traduction) ne porte pas sur le contenu du souffle (καταπνεύει), mais sur le fait qu'il y a encore ce souffle, issu de la substance vitale des choreutes (« la vie qui grandit avec moi »). Le chœur se met ainsi dans la position de Nestor au chant IV de l'*Iliade* : le vieux roi répond à Agamemnon, qui a insisté sur sa vieillesse, sur l'usure de sa force guerrière, que les dieux n'accordent pas toujours la même chose au cours de la vie. Il n'a plus la vigueur, mais, au combat, la force de conseiller et de convaincre les jeunes guerriers (v. 318-325)[9]. Ici, l'inspiration n'est pas divine par ce qu'elle va révéler, mais comme don des dieux.

Comme dans tout proème épique, on s'attend à ce que l'objet du récit soit doté d'une cohésion et d'une puissance divines. Ce qui est à raconter n'est pas, dans l'épopée, une succession indéfinie d'événements, mais la réalisation d'un plan divin, d'une volonté olympienne. Le chant tirera sa force persuasive de ce qu'il sait ramener la matière diffuse du récit à son principe universel. Ce thème est présent, mais, encore une fois, sur un mode inattendu, et dans son contenu et dans son expression, en relation avec la situation scénique des choreutes. Le sens divin de l'expédition est

9. Je dois cette référence à Ph. Rousseau.

donné dès la première phrase par les mots ὅδιον κράτος αἴσιον. Le pouvoir des Atrides est à la fois « sur la route » (ὅδιον) et porteur d'une « règle divine » (αἴσιον). Ce dernier mot signale que l'expédition est dotée d'une légalité : le rassemblement de la flotte, la violence qui était prête à se déchaîner contre Troie correspondent bien à un choix ratifié par Zeus (une « part » accordée par les dieux, une αἶσα). Mais l'adjectif n'est pas pris ici dans son sens propre. Normalement, αἴσιος (qui garde son lien sémantique avec αἶσα) signifie « de bon augure, favorable », sens qui ne va pas ici : le pouvoir des Atrides n'est pas lui-même un augure favorable, mais a été accompagné d'un signe bénéfique, à savoir les aigles qui, à Aulis, ont dévoré une hase et ses petits comme l'armée grecque mettra Troie en pièces. La raison de cette innovation sémantique est indiquée par la présence dans le texte de l'adjectif ὅδιον, « sur la route ». Eschyle renvoie clairement à une tournure homérique qu'il trouvait en *Iliade* XXIV, 375 sq. : Hermès, que Priam rencontre sur son chemin et qui lui permet de franchir les lignes grecques et d'entrer chez Achille pour reprendre le corps d'Hector, y est présenté comme un « chemineau de bon augure », ὁδοιπόρον... αἴσιον. Il assurera effectivement le succès de la démarche de Priam. Sa rencontre est bénéfique. Retravaillant cette expression, Eschyle lui donne un sens particulier qui correspond à la situation du chœur à ce moment. Ce qu'il sait des dieux n'est qu'un présage, le cheminement de l'armée est mis sous un bon augure. Ce qu'il a à raconter n'est ainsi qu'une rencontre, un événement initial, et non la certitude de la réalisation d'un plan divin.

Un texte épique est donc bien sous-jacent au texte lyrique, avec des différences qui soulignent l'impossibilité du chœur à jouer le rôle d'aède, qui est pourtant le seul qui lui reste, en raison de son incapacité à prendre lui-même part au voyage, à rejoindre les héros qu'il chante, faute de mieux. Cette référence épique fonde le caractère persuasif du chant, sa « force de défense » (μολπᾶν ἀλκάν). Ces mots ont ici une valeur générale, il s'agit de tout chant, d'Homère et de tout chœur, et non pas seulement du récit que nous allons entendre. Les choreutes proposent ici leur propre analyse de la légitimité poétique. Mais, comme l'a souligné Pietro Pucci [10], se pose tout de suite la question du destinataire : qui sera persuadé ? La persuasion consiste à rendre crédible la représentation présente d'un passé lointain et ce sont normalement les Muses qui assurent

10. « ΠΕΙΘΩ nell'*Orestea* di Eschilo », *Museum Criticum* 29, 1994, p. 75-137.

la médiation entre l'objet du chant et l'auditoire ; ici, le chœur chante dans le vide, seul sur scène. Il ne crée aucun consensus autour de lui, aucune reconnaissance sinon la sienne propre. La force du chant est ainsi immédiatement doublée de sa faiblesse. Le chœur compense l'âge par la puissance poétique, mais celle-ci ne s'adresse qu'à lui-même. Le savoir de tendance universalisante qu'il va déployer, avec les héros et les dieux, avec la réflexion théologique que progressivement il va mettre en place, en fait le particularise, dans une position de parole qui n'appartient qu'à lui. La scène, comme espace, a ainsi un effet relativisant. Le chœur n'est que l'un de ses occupants, et là il est seul. Alors que la singularité de l'aède, son retrait provisoire hors des échanges normaux, lui permet d'être initié par les Muses et fonde sa capacité à convaincre la collectivité, à faire tradition, l'écart est ici celui d'une impuissance, quelle que soit la force de la réalisation poétique.

Au cours des chants suivants, cet écart pourra être investi d'un sens positif, comme garantie de la vérité du discours, qui, loin des erreurs admises et du consensus traditionnel, sait dégager la raison véritable d'événements connus de tous. Ainsi, dans le deuxième *stasimon*, le chœur s'adjuge la position isolée du sage, qui pense seul, à rebours de l'opinion commune (v. 750-758) :

Παλαίφατος δ' ἐν βροτοῖς γέρων λόγος
τέτυκται...
δίχα δ' ἄλλων μονόφρων εἰ-
μί...
« Prononcée aux temps anciens, une parole a l'autorité de l'âge
chez les humains...
Moi, je ne suis pas du côté des autres et ma pensée
est une... »

Le chœur opposera à la croyance naïve en une alternance nécessaire des conditions humaines (une fortune trop grande engendre une misère immense) une conception plus rationnelle et moniste : il ne faut pas dire que le bonheur produit le malheur, mais, avec plus de rigueur, que le crime (qui a été la condition du bonheur) engendre le crime. On est dans la loi d'une stricte causalité où le même se répète. L'isolement prend ainsi une qualité intellectuelle ; mais il restera impuissant en raison même de la réussite qu'il suscite, puisque les théorèmes dégagés par la réflexion, au lieu de déboucher sur la possibilité d'un bien rationnellement fondé pour la collectivité poseront au contraire la nécessité de la catastrophe, si la violence passée d'Agamemnon doit produire sa destruction. La posture théoricienne ne libère pas, elle rend le cours nécessaire des choses, une fois ramené à ses principes, plus angoissant (dans cette pièce, le mouvement apollinien vers la clarté du concept déclenche la violence dionysiaque du lyrisme ; les deux moments sont solidaires).

Le théâtre, quand il se donne l'élaboration de la théorie comme spectacle, contient une critique de la théorie. Elle n'est plus une vérité seulement générale valant par elle-même et devant s'appliquer au réel, mais est, sur scène, rattachée à l'effort pathétique d'un groupe d'individus, condamnés à la réflexion parce qu'ils ne peuvent agir. Le recours aux concepts est l'effet d'une situation, d'une volonté particulière de dire ; ils ne surplombent pas la réalité ; les rechercher, les prononcer signifie occuper une position partielle dans cette réalité, et implique une forme de précarité. Cette tension entre le contenu à visée universelle du chant et la faiblesse singularisante de celui qui l'énonce est indiquée très clairement par la manière étonnante, au regard de l'usage formulaire théâtral, dont le chœur se présente à Clytemnestre, qui entre en scène au terme de la *parodos* (v. 258 ; ce sont les premiers mots du premier épisode, Clytemnestre n'a encore rien dit) :

> Ἥκω σεβίζων σόν, Κλυταιμήστρα, κράτος.
> « Je viens, parce que je respecte, Clytemnestre, ton pouvoir. »

Le verbe « je viens » (ἥκω)[11] accompagne normalement une entrée en scène (cf., entre beaucoup d'autres emplois, *Prométhée*, v. 1, *Choéphores*, v. 3, *Bacchantes*, v. 1). Or, ici, c'est Clytemnestre qui entre pour annoncer en quelques mots que Troie est tombée ; le chœur était présent déjà depuis plus de deux cents vers. En disant « je viens », il signifie que l'espace scénique ne lui appartient pas ; c'est elle qui le domine (il se rend « chez » elle), alors qu'il l'a occupé souverainement pendant la durée de son chant. Cette observation montre que le lieu scénique, pour une pièce particulière, n'est pas une donnée préalable qui ne serait pas affectée, comme espace formel, par ce qui s'y passe. Il a son histoire dans le drame, et se construit progressivement, dans les contrastes entre les différentes manières dont il est occupé verbalement. Ce que dit le chœur est limité par sa position d'« entrant », de groupe venant du dehors interroger la reine ; mais, en retour, celle-ci, avec toute son autorité reconnue, parlera désormais sur fond des réflexions générales du chœur ; son discours, pourtant efficace, sera lui-même rendu pré-

11. Certes, il note l'aboutissement d'un mouvement (« je suis là ») et non le mouvement lui-même ; mais il s'agit bien d'une arrivée.

caire par l'écho qu'il donne, sans le savoir, aux principes théologiques dégagés par le chœur. Un discours n'interprète pas directement l'autre, puisqu'ils se succèdent sans communication, mais ils se relativisent mutuellement [12]. Et l'action représentée, à côté de l'intrigue, sera la relation conflictuelle entre ces deux formes de la parole. Deux lignes se mettent en place, l'une tirant son sens de son opposition avec l'autre. Ici, Eschyle a choisi de mettre en contraste, grâce à la forme que lui offrait le genre, une tentative, rigoureuse mais angoissée, de clarification collective du sens du droit et une stratégie rhétorique individuelle qui, si elle vise bien à appliquer le droit, dans une vengeance, se refuse à entrer publiquement, sauf de manière ironique, dans les catégories d'une pensée guidée par le droit : c'est, en effet, au nom de la justice qu'Iphigénie a été tuée ; Clytemnestre, qui défend le droit de sa fille, se refusera dès lors à parler le langage de la justice, signalant par là qu'elle n'entre pas dans l'univers politique des échanges. Le droit n'est de ce fait plus un concept disponible, servant à interpréter ou à orienter le réel, mais le lieu d'un litige ; il devient, à ce moment de la trilogie, insaisissable, car il renvoie à des pratiques de discours incompatibles entre elles.

*

* *

Prométhée enchaîné

Cette interprétation vaut exclusivement pour l'*Agamemnon*, mais la règle esthétique qui semble guider l'histoire du chœur dans cette pièce est générale : l'espace scénique est le lieu d'un processus temporel d'individuation, qui s'applique aussi au chœur. Dans cette pièce, l'individuation prend un tour paradoxal puisqu'elle passe dialectiquement par une relation suivie, et finalement douloureuse, à la généralité la plus universelle, avec la réflexion sur les dieux et le droit. D'autres relations sont possibles, le chœur pouvant être confronté non pas à des concepts, mais à ses affects. L'individualité qu'il se constitue passe alors par la mise en forme de son sentiment,

---

12. La construction du drame joue des effets de cette juxtaposition. A plusieurs reprises la reine reprend ce qu'a dit le chœur, sans l'avoir entendu, puisqu'elle vient après (dans les trois premiers épisodes) ; il y a alors un effet d'interprétation rétrospective, puisqu'elle redira, mais autrement, ce que le chœur seul ou avec son interlocuteur (le héraut, puis Agamemnon) aura déjà dit, mais cet écho a un effet déstabilisant ; sous sa rhétorique, qui vise, avec succès, à préparer son acte, il faudra aussi entendre, décalé, l'interprétation générale de la situation qu'a construite le chœur.

et par les conséquences pratiques qu'il en tire. Ainsi, le chœur du *Prométhée* est pris par sa compassion envers le dieu prisonnier : de chant en chant, les filles d'Océan représentent et analysent ce sentiment sur des modes divers. Et de nombreux critiques n'ont pas manqué de voir dans cette sentimentalité la preuve du caractère non eschyléen du drame : on était loin, selon eux, de la profondeur réflexive des autres chœurs, et l'on se rapprocherait du maniérisme de la lyrique d'Euripide. Mais (outre que le jugement sur Euripide est sommaire), on négligeait là l'un des traits essentiels de la lyrique théâtrale en général : le thème qu'elle se donne (les concepts ou la tristesse) n'est pas un contenu (intellectuel ou psychologique) venant s'adapter tant bien que mal à une forme poétique préexistante, mais est déjà en soi une forme de discours : la plainte est un acte de langage [13] qui produit une relation définie aux choses, différente de la relation mise en œuvre par le récit ou la réflexion ; si, comme cela a lieu habituellement dans la lyrique, cet acte est objectivé, c'est-à-dire décrit et analysé par celui qui s'y est engagé, il se produit un type de diction complexe, qui a sa temporalité particulière, dans une rythme alternant l'épanchement et l'interprétation de cet épanchement par celui qui pleure, et de ce rythme, qui change selon les chants et les situations, résulte le style propre à ce chœur. Le thème du chant peut être très différent de ce que l'on entend ailleurs dans Eschyle, mais le principe poétique qui règle le lyrisme reste le même, avec l'interaction entre la forme et le thème. Cette interaction est possible car l'un et l'autre sont déjà du discours. De même que dans l'*Agamemnon* la réflexion théorique, comme orientation donnée à la voix collective de cette pièce-là, conférait son sens à la forme lyrique, dans le *Prométhée*, la tristesse des filles d'Océan donne sa raison d'être au chant, et décide de sa forme.

A l'origine de la variété du lyrisme dans chaque pièce il y a donc d'abord une abstraction, avec l'analyse stricte du thème choisi. Une réduction précède le déploiement des possibilités formelles : pour l'*Agamemnon*, l'analyse de la relation aux concepts, pour le *Prométhée*, celle de l'acte discursif qu'est la plainte. Le chœur n'incarne que cela, et le décline.

---

13. Fortement ritualisé dans cette culture. N. Loraux, dans *La Voix endeuillée. Essai sur le tragédie grecque*, Paris, 1999, rappelle que la tragédie fait un usage illégitime de la plainte (au regard de sa codification sociale à Athènes), en ne lui fixant aucune limite. En cela la tragédie n'est pas politique, mais anti-politique, puisque la survie de la cité demande l'oubli des griefs et la limitation de la plainte.

C'est cette abstraction préalable qui fait du lyrisme un événement, comme mode de parole nettement caractérisé venant en heurter d'autres et prenant donc sa place dans l'espace scénique de manière inattendue et toujours révocable. Dans le *Prométhée*, le chant est une rupture, parce qu'il est par nature étranger, et même contraire, au monde que Zeus vient d'assigner à sa victime. Prométhée est cloué sur un rocher de manière à ne plus échapper au regard spatialisant et identifiant de Zeus. Le « scélérat » (λεωργός, v. 4), qui a trahi ses frères les Titans en passant du côté du dieu nouveau pour lui donner la victoire, puis qui a trahi ce dieu, Zeus, en volant le feu pour les humains, est désormais fixe, dans un lieu désert où on ne parle pas. Pour la première fois, il est soumis à la règle stricte de l'identité. Il est lié, comme Ulysse au mât de son bateau[14]. Sa douleur sera alors sans fin et toujours égale, de jour comme de nuit, et son langage sans effet (v. 31-35 ; Héphaïstos s'adresse à Prométhée, qu'il va entraver)[15] :

> « Pour la peine, tu seras la sentinelle de ce rocher sans joie,
> debout, insomniaque, sans lover les genoux.
> Tu feras sortir de ta bouche un tas de cris, de plaintes,
> sans résultat : les prières accèdent difficilement au cœur de Zeus.
> On a les angles vifs, quand on est novice au pouvoir. »

Zeus fige, à jamais, un spectacle dont il est le metteur en scène et le spectateur privilégié. Le temps du personnage qu'il a arrêté sur le théâtre qu'il s'est offert devrait être celui d'une immobilité parfaite brisant indéfiniment toute anticipation d'autre chose. On retrouve là la relation dynamique des deux aspects du temps, selon la théorie archaïque, comme durée linéaire, χρόνος, perpétuellement entretenue par la force d'une durée vitale, l'αἰών : le temps sera relancé par la répétition perpétuelle de ces projections déçues[16]. Mais ce spectacle stabilisé que Zeus a organisé pour sa propre jouissance produit sa contradiction immédiate : l'éternité imposée est aussi, dans sa violence, un événement ; elle rompt l'ordre des choses, même si c'est au nom de l'ordre des choses

14. Pour la reprise de ce thème dans la philosophie de l'identité développée par Parménide, contemporain d'Eschyle, avec les « grands liens » qui tiennent l'être, voir le livre de B. Cassin, *Parménide. Sur la nature ou sur l'étant. La langue de l'être*, Paris, 1998.

15. Je reprends, comme pour les autres passages, la traduction que j'ai écrite avec Myrto Gondicas (*Eschyle. Prométhée enchaîné*, Éditions Comp'Act, Chambéry, 1996).

16. Dans la pièce suivante, *Prométhée délivré*, le supplice prend une autre forme, avec l'aigle venant chaque jour dévorer le foie qui s'est reformé la nuit : l'amour des humains est puni par l'expérience éternelle des cycles de la mortalité.

qu'elle est imposée[17]. Quelque chose s'est passé, qui peut susciter une réaction immédiate, non pas une réplique, puisque Zeus a un pouvoir absolu, mais un effet symbolique, dans le langage, qui se voit offrir avec cette immobilité qui commence un temps indéfiniment ouvert, et qu'il pourra remplir de ses fluctuations.

Comme Ulysse, Prométhée aura donc ses Sirènes, mais elles sont amicales : l'espace aérien qui sépare Zeus de Prométhée est tout de suite empli par des voix compatissantes, d'abord insaisissables, qui donnent au temps du supplice un autre contenu, non plus l'attente sans objet, mais le temps d'un discours libre, pouvant varier à sa guise la représentation du figement. Cette transposition suppose que le langage de la sympathie, de la communication immédiate, ait sa propre force, qu'il soit détaché de ce dont il parle de manière à se prendre lui-même comme thème. Le chœur, comme concrétisation de la plainte, joue ce rôle ; par lui, le langage de la tristesse, concentré en une figure, s'autonomise. Dès son entrée, le chœur des jeunes filles indique que c'est un son qui a provoqué sa venue soudaine : le vacarme des coups de marteau donnés par Héphaïstos a été entendu jusque dans les fonds de l'Océan et a détruit toute règle établie (v. 128-135, les premiers mots du chœur) :

> « N'aie pas peur ! Nous sommes une troupe
> d'amies que l'impatience batailleuse de nos ailes a poussées
> jusqu'à cette montagne. Le cœur de mon père
> fut dur à fléchir,
> mais les barques du vent m'ont vite amenée.
> Un grand claquement de fer a traversé les profondeurs
> de ma caverne et mis en pièces
> la pudeur qui figeait mon visage.
> Je suis partie pieds nus ; un char ailé m'a emportée. »

On est tout de suite dans l'ordre du sonore et du musical. Le chant fait écho à un bruit violent, qu'il contredit par sa douceur. Une fois installé sur la scène, il pourra passer sans contrainte d'un ton à l'autre, et multiplier ses formes.

Le dionysiaque n'est donc pas premier, pas plus que dans l'*Agamemnon*. Il est ici la contrepartie de la géométrisation visuelle que les dieux imposent à Prométhée en le condamnant à figurer au centre d'un espace pur, avec le désert, l'à-pic, et le ciel du dieu spectateur. Cette fixité ne peut simplement se dire dans un langage qui

17. Prométhée a commis une injustice en dérobant un bien divin pour le donner aux humains.

lui ressemble ; elle est posée, mais est immédiatement commentée par un flux de mots changeants qui la décrivent et la condamnent.

En faisant des filles d'Océan les membres de son chœur, Eschyle travaille en fait sur un mode allégorique : elles sont là comme représentation de la parole labile, jamais fixe, et qui pourtant fait sens, car née de l'Océan, le fleuve qui cerne la totalité de l'univers terrestre et assure au monde sa cohérence. Elles peuvent donc dire ce qui est, mais sur un mode déplacé, qui échappe aux règles ; elles sont bien filles de leur père, mais leur présence sur scène a requis qu'elles rompent avec les convenances : elles sont parties « pieds nus », et pour venir, il leur a fallu persuader leur père, qui fut « dur à fléchir ».

Brisant la mise en scène de Zeus, l'entrée du lyrisme change la nature du spectacle. Elle transforme l'espace visible du théâtre, tel qu'il a été décidé par Zeus, en une matière temporelle : la parole lyrique n'aura à dire que l'impossibilité de fixer dans une forme ce qui est vu, et l'impossibilité de dire autre chose que ce qui s'impose aux yeux. Ses métamorphoses viendront de cette tension, qui est posée dès la seconde strophe chantée par le chœur. Vision et plainte s'opposent, tant la vision est forte. Le regard, dont Zeus faisait une arme contraignante, devient instable et prend des aspects contradictoires ; en effet, la clarté de la vue suscite l'eau des pleurs, et s'assombrit. Le chant a alors pour objet cette contradiction (v. 144-148) :

> « Oui, Prométhée, je regarde, mais une brume terrifiante,
> gorgée de larmes, s'est jetée
> sur mes yeux dès que j'ai vu ton corps
> se dessécher contre ces pierres,
> où un carcan d'acier te torture. »

La question qui se pose à l'interprète est alors de savoir si l'on n'a là qu'un thème lyrique, qui n'a rien d'inattendu dans un chœur (après tout, les pleurs voilant les yeux sont un motif traditionnel), ou si, par ce thème, Eschyle indique une orientation importante de son œuvre. Les aventures discursives du chœur produisent-elles un effet dans le drame, où sont-elles là en plus, à côté de l'action, comme un discours d'accompagnement suivant sa ligne propre ? La virtuosité que semble mettre l'auteur à donner un sens au chant choral dans le dispositif scénique qu'il a inventé, avec cette oscillation entre la fixité du héros et les mouvements du chant, est-elle seulement formelle ou montre-t-elle quelque chose sur le sens de son drame pris dans sa totalité ? Encore une fois, je crois qu'il serait inadéquat de s'en tenir pour répondre à des catégories fermées, comme « chœur » ou « personnage », ou « chant » et « action », et d'essayer de mesurer leurs degrés de proximité. Comme on l'a vu, c'est le contraste entre deux manières de parler, entre les chants et les épisodes, qui fait la matière du spectacle, et la question est plutôt celle du sens que, dans chaque œuvre, prend ce contraste. La même situation est mise en discours deux fois, de deux manières différentes, et le drame progresse en étant relancé par leur décalage. On a alors à se demander comment les deux directions du discours que proposent ces deux formes peuvent tendre vers un même but poétique, et contribuer à représenter, par leurs différences, une même analyse des potentialités du langage.

Eschyle semble être très précis sur ce point. Comme ailleurs, il montre l'interprétation qu'il donne, dans cette pièce, de la forme théâtrale en créant un effet de surprise [18] ; il suscite une attente, puis la déçoit, et oblige ainsi le spectateur à reconstruire ce qu'il voit. Le premier chant du chœur est suivi d'un dialogue où Prométhée explique la raison de son supplice ; le but de cet entretien est de fixer la relation qui a commencé à se nouer (« Partagez la souffrance / de celui qui peine devant vous », v. 275 sq.). Le chœur donne son accord, et, quittant le char ailé qui l'a amené jusqu'ici, s'apprête à faire vraiment le chœur. Un couplet composé dans un mètre indiquant un mouvement (des anapestes récités) clôt cette scène, et l'on s'attend à un nouveau dialogue entre les deux interlocuteurs (v. 277-583) :

> « Tu assènes des ordres qui ne me contrarient pas,
> Prométhée. Je quitte sans regret
> ce char aux élans de bourrasque
> et le ciel sacré qui s'ouvre aux oiseaux.
> Je prends pied sur les rugosités de cette terre.
> L'histoire de tes peines,
> je désire l'entendre dans sa totalité. »

Or au moment même où les jeunes filles ont posé pied à terre, survient dans les airs un autre personnage, Océan, leur père, porté par un griffon. Le dialogue terrestre qui devait avoir lieu est remplacé par un nouveau dialogue aérien, qui, cette fois, va tourner court : Océan vient avertir Prométhée qu'il veut intercéder en sa

18. De même, dans la *parodos* de l'*Agamemnon*, en ne donnant pas de raison événementielle à la colère d'Artémis contre le chef des Grecs, il oblige l'auditeur à s'ouvrir à la possibilité que le chant soit porté par un intérêt de type spéculatif.

faveur auprès de Zeus, tout en demandant à son ami d'être enfin raisonnable. Prométhée le renvoie chez lui. Or pendant toute la scène, Océan, qui a pris la place du chœur dans le dispositif scénique, ne s'adresse pas à ses filles, ne mentionne même pas leur présence et le chœur, contrairement à la règle, ne commente ni son arrivée ni son départ. On a donc affaire à un vrai accident dans la progression du drame, à une scène hors règles et inutile, où fait mystère l'absence de tout lien exprimé entre le père et les filles[19]. Eschyle a choisi de juxtaposer seulement deux paroles de même origine océanienne, et signale clairement qu'il a fait ce choix. Il ouvre son spectacle à l'interprétation. Sans doute fait-il entendre que face à la fixité pétrifiante imposée à Prométhée, la mobilité de la parole pouvait être utilisée et allégorisée de deux manières différentes, dans l'afflux de la plainte et des pleurs, et dans le discours stratégique, qui, tout comme le fleuve prend la forme de ses rives, s'adapte à ce qui est, comme s'il n'y avait pas d'histoire ; Océan s'apprête à traiter avec Zeus comme si de rien n'était : le cours perpétuel du fleuve, qui se referme sur lui-même, est l'image d'un éternel présent[20]. Océan part aussi vite[21] qu'il est venu, dans un va-et-vient sans objet.

Qu'apporte cette scène, que change-t-elle pour le chœur et pour le drame ? Il semble à nouveau qu'action et réflexion poétique sur les conditions de représentation de l'action soient liées. L'épisode sert à situer, par l'échec d'Océan, le milieu où se déroule véritablement le drame. En dédoublant la parole issue de l'eau, et en composant un Océan inattendu, discoureur impuissant, Eschyle produit un effet de déréalisation : l'être divin qui borne le monde n'a pas la densité qu'on pouvait attendre, on ne retrouve rien en lui d'une réalité substantielle à laquelle le langage aurait la possibilité de se référer pour avoir la garantie d'être vrai[22] ; il est lui-même langage, et le moins assuré, et nées de lui, ses filles donnent corps à une autre forme de langage. Ce passage du réel au symbole verbal,

19. Absence d'autant plus étonnante que les filles ont dit qu'il leur a fallu négocier avec leur père pour venir.

20. Selon le formulaire épique, il a « un cours inverse », remontant vers sa source, puisqu'il la rejoint.

21. Le texte insiste clairement sur le lien étymologique entre le nom du dieu et l'adjectif ὠκύς, « rapide ».

22. Dans l'*Iliade*, il est l'origine des choses, avec Téthys (XIV, 246). Le dieux prêtent serment par les régions du monde et par l'eau du Styx, qui est issue de lui ; sur la cosmologie du serment, et le rôle qu'y joue Océan, voir J. Bollack, « Styx et serment » (1958), repris dans *La Grèce de personne*, Paris, 1997, p. 265-287.

qui fait de ce symbole la réalité qui est véritablement à affronter, indique que l'histoire des dieux ne va pas se jouer en fonction d'un ordre des choses préétabli ; aucune cosmologie ne décidera de ce qui devra être dit et de ce qui sera obtenu par le discours. Les grands dieux qui organisent le monde quittent par là leur statut de réalités visibles ; ils sont eux-mêmes engagés dans une lutte dont l'issue dépend de ce qui va être dit sur scène, dans la joute qui s'instaure à distance entre Prométhée qui parle et Zeus qui écoute.

La scène d'Océan sert ainsi à régler définitivement dans le drame la question du lien entre l'action et l'ordre spatial et visible des êtres : il n'y a pas de monde au nom duquel on peut parler, ce monde doit se refaire sur la scène [23]. La forme théâtrale, où prédominent les mots, se voit ainsi, par l'utilisation qu'en fait Eschyle, dotée d'un certain contenu de vérité ; elle ne sert pas seulement à représenter une histoire, mais donne son sens à cette histoire en mettant les mots au centre du conflit : malgré la violence physique des assistants de Zeus, malgré la puissance originelle d'Océan, le différend va véritablement se nouer par l'échange verbal. Le *medium* scénique qu'est le langage, dans le contraste qu'il instaure avec l'immobilité spectaculaire du prisonnier, devient ainsi le vrai lieu du conflit ; le chœur devient alors libre de proposer sa représentation des choses à partir de l'acte de langage qui lui est propre, la plainte.

Immédiatement après le départ d'Océan, les mots lyriques envahissent pour la première fois la scène. Jusqu'ici, le chœur n'avait chanté qu'en s'adressant à Prométhée, qui lui répondait (v. 127-192). A peine leur père a-t-il quitté la scène, ses filles chantent un *stasimon*, le premier (v. 397-435), où le chant gagne sa pleine autosuffisance. La plainte, en effet, y est à la fois l'acte accompli par le lyrisme (avec le performatif « je pleure ») et l'objet d'une description. Elle prend une dimension universelle et, au-delà du chœur, touche les sociétés humaines (« les hommes de la sainte Asie », « les habitantes de la terre de Colchide », « la foule des Scythes », « la fleur guerrière de l'Arabie », « les gens de la citadelle… tout près du Caucase ») et les éléments du monde (« la houle de la mer », « les gouffres », « la béance noire des Enfers », « l'eau sacrée des fleuves »), qui reprennent le même acte de langage du gémissement. A l'ordre visible des choses que représentait Océan se substitue un discours lyrique généralisé. Le monde n'est pas celui que gèrent les

23. *Les Euménides* articulent de la même manière réflexion sur le langage comme matériau scénique et théologie.

dieux vainqueurs avec l'aide des anciens qui se sont ralliés ; il est, contre eux, réuni par la déploration du malheur imposé au dieu cloué à ses marges. Les pleurs qui voilaient la vision et donnaient, par cette tension, son dynamisme à la parole chantée occupent désormais l'espace des choses, à la seule exclusion du ciel, qui reste source de souffrances et n'entre pas dans ce lyrisme. L'espace est redéfini, des lieux humains sont nommés, et c'est sur fond de cette géographie que, plus tard, seront racontés les voyages futurs de l'unique personnage humain du drame, la jeune Io.

Quant à la scène elle-même, l'universalité de la plainte du chœur achève d'instaurer un espace de communication. Au début du drame, Héphaïstos annonçait à sa victime que ses gémissements seront vains, comme s'ils ne pouvaient avoir que Zeus comme destinataire (voir plus haut) ; mais la plainte s'est objectivée depuis en une présence physique, et une interlocution est désormais possible ; les cris de Prométhée sont pris en charge par d'autres, et le protagoniste pourra lui-même commenter cette plainte, s'en détacher, et employer par contraste d'autres registres du discours. Le temps ouvert d'une action scénique est ainsi établi.

Pierre JUDET DE LA COMBE

L'INSERTION DU LYRISME DANS LE DRAME CHEZ SOPHOCLE : L'EXEMPLE D'UN *COMMOS* (*PHILOCTÈTE*, v. 1081-1217)

L'objet de la communication est de montrer que, malgré la régression de la lyrique chorale au profit de l'action au cours du développement de la tragédie grecque [1], les parties chorales ont pu néanmoins être insérées de manière plus étroite à l'action, même dans les tragédies les plus récentes de la fin du ve siècle. L'une des adaptations de la lyrique chorale les plus caractéristiques de cet effort pour insérer le chant choral dans l'action est ce qu'Aristote appelle, dans sa *Poétique*, le *commos* [2]. A la place d'un chant choral, appelé techniquement *stasimon*, qui rompt l'action dans la mesure où le chœur évolue dans l'*orchestra* en chantant et en dansant alors que la scène où évoluent les personnages reste normalement déserte, on peut avoir un dialogue lyrique entre un personnage et le chœur. Le dialogue lyrique entre un personnage présent sur scène et le chœur, qu'il remplace ou non un chant du chœur, est appelé par Aristote *commos*. Ce mot technique signifie, par référence à un geste de la déploration funèbre (« se frapper la poitrine »), un chant de deuil. Mais si ce mot technique a l'avantage de souligner que cette forme lyrique n'est pas artificielle dans la tragédie grecque et s'inscrit dans le rituel de la religion, il ne rend pas compte de la fonction essentielle dans la tragédie de cette forme du lyrisme : ce qui est essentiel, c'est moins la thématique de la déploration que l'insertion du dialogue dans une partie lyrique, autrement dit l'insertion de ce qui est essentiel au drame, à savoir la communication entre les personnages [3].

1. Voir J. Jouanna, « Lyrisme et drame : Le chœur dans l'*Antigone* de Sophocle », dans *Le Théâtre grec antique : la tragédie* (Cahiers de la Villa Kérylos, 8), p. 101-103.

2. Aristote, *Poétique* 1452 b 24 sq. : κομμὸς δὲ θρῆνος κοινὸς χοροῦ καὶ ἀπὸ σκηνῆς, « Le *commos* est un thrène commun au chœur et à ce qui vient de la scène ».

3. Sur le *commos* dans la tragédie grecque, voir récemment C. Pirozzi, *Il commo nella tragedia greca*, Naples, 2003, 196 p. (avec la bibliographie p. 5-20). Toutefois, la défi-

Pour réfléchir sur les liens particulièrement étroits qui existent entre lyrisme et drame dans cette forme particulière du lyrisme tragique, je prendrai pour exemple le *commos* entièrement lyrique[4] qui remplace le troisième *stasimon* (v. 1081-1217) dans une des dernières tragédies de Sophocle, son *Philoctète*, datant de la fin du ve siècle, exactement de 409 av. J.-C.[5].

---

nition adoptée ici est plus large que celle qui est retenue par cet auteur, dans la mesure où la présente définition ne lie pas nécessairement le *commos* dans la tragédie à ce qui était son thème originel, le thrène. Pour Aristote, qui définit les parties de la tragédie suivant l'étendue, ce qui importe, ce n'est pas le contenu des parties, mais leur définition par référence à ce qui vient de la scène (c'est-à-dire des personnages) et du chœur. Dans les parties particulières à certaines tragédies, il distingue les chants venant de la scène seule (= monodies des personnages) et les chants venant de la scène et du chœur (= dialogues lyriques d'un personnage et du chœur). Il est évident qu'Aristote veut embrasser dans son analyse toutes les parties de la tragédie. Que deviendraient les dialogues lyriques qui ne sont pas une déploration funèbre, si l'on adopte uniquement une définition thématique ? Ne sont-ils pas une partie de la tragédie ? L'appellation de « chants amœbés » (τὰ ἀμοιβαῖα), que l'on trouve chez les modernes pour désigner les dialogues lyriques de la tragédie, est postérieure à Aristote et dérive de l'usage du terme dans la poésie bucolique de l'époque hellénistique appliqué à la tragédie. Pour l'application du terme τὰ ἀμοιβαῖα à la tragédie, voir, par exemple, Plutarque, *Vie de Crassus* XXXIII, 6, où le terme désigne le dialogue lyrique entre Agavé et le chœur dans Euripide, *Bacchantes*, v. 1168 sqq. (avec citation du v. 1179). Du reste, même dans le cadre d'une définition étroite du *commos* par le thrène dialogué, le présent dialogue lyrique du *Philoctète*, dans la mesure où il est en partie une déploration de Philoctète sur sa mort à venir, participe en quelque façon au genre du thrène, malgré ce qu'en dit C. Pirozzi, p. 32, n. 18 *in fine*. En tout cas, ce dialogue lyrique du *Philoctète* est appelé *commos* aussi bien par A. Dain que par T. B. L. Webster, comme on le voit par les deux citations données un peu plus loin dans le corps de l'article ; cf. aussi J. C. Kamerbeek (cité à la n. 5), p. 150. Sur les dialogues lyriques dans la tragédie, voir H. Popp, « Das Amoiboion », dans *Die Bauformen der griechischen Tragödie*, W. Jens éd., Münich, 1971 (Beihefte zu *Poetica* 6), p. 221-275 (pour Sophocle, p. 249-260).

4. Par *commos* entièrement lyrique, on entend le dialogue où le personnage et le chœur chantent continuellement. Ce type diffère du *commos* dit semi-lyrique, où le parlé (ou éventuellement le récitatif) se mêle au chanté pour former un contraste entre le personnage et le chœur. Pour un *commos* semi-lyrique dans le *Philoctète*, voir celui qui tient lieu de *parodos* (v. 135-219), ou celui qui tient lieu de deuxième *stasimon* (v. 828-866). Dans ces deux cas, il s'agit d'un dialogue entre le chœur et Néoptolème. Le chœur chante, alors que Néoptolème s'exprime en récitatif au début du premier *commos* (v. 135-200) et en parlé dans le deuxième *commos* (v. 828-866).

5. Pour le texte de ce dialogue lyrique, comparer les éditions d'A. Dain (cité à la n. 6), de R. D. Dawe (Teubner 1979, 2e éd., 1985) et de H. Lloyd-Jones et N. G. Wilson (Oxford Classical Texts, 1990). Pour l'explication de détail de ce *stasimon* (v. 1081-1217), voir les éditions commentées de R. C. Jebb (1898), T. B. L. Webster (1970), J. C. Kamerbeek (1980), R. G. Ussher (1990) ; cf. aussi H. Lloyd-Jones, N. G. Wilson, *Sophoclea. Studies on the Text of Sophocles*, Oxford, 1990, p. 206-209 ; Id., *Sophocles : Second Thoughts*, dans *Hypomnemata* 100, 1997, p. 112. Voir aussi R. W. B. Burton, *The Chorus in Sophocles' Tragedies*, Oxford, 1980, p. 244-248 ; C. P. Gardiner, *The Sophoclean Chorus. A Study of Character and Function*, Iowa, 1985, p. 42-44 ; Th. Paulsen, *Die Rolle des Chors in den späten Sophokles-Tragödien. Untersuchungen zu* Elektra, Philoktet

Je commencerai par une présentation de la structure de ce *commos* pour montrer surtout les rapports qui existent entre la composition lyrique et le dialogue. Le héros Philoctète est abandonné par Ulysse et Néoptolème ; ils viennent de s'éloigner avec son arc, en principe, pour un départ définitif vers Troie. Le chœur, formé des marins de Néoptolème, est resté provisoirement, sur ordre de leur chef, en attendant la fin des préparatifs du départ. Dans ce *commos*, Philoctète se lamente sur sa solitude totale puisqu'il est maintenant privé de son arc, tandis que le chœur s'efforce de le convaincre de partir à Troie. Pour aborder la structure de ce *commos*, je partirai de la présentation faite par deux éditeurs, un Français, Alphonse Dain, et un Anglais, T. B. L. Webster. Dans son édition du *Philoctète* parue dans la *Collection des Universités de France*, Alphonse Dain présente ainsi la structure du *commos* :

> « Ici commence un long *commos* chanté par Philoctète et le chœur (ou le coryphée). Ce morceau se compose de deux parties : a) deux couples ordonnées chacune en strophe et antistrophe, 1081-1168 ; b) suite astrophique de vers ἀπολελυμένα 1169-1217. Pourtant, dans ce dernier morceau, où se déchaîne un flot de passion désordonnée, une coupure de rythme se fait après le vers 1195, divisant ainsi l'ensemble en deux sections qui rappellent la couple strophe et antistrophe. » [6]

Cette première analyse peut servir de point de départ, à une seule réserve près. Il n'y a pas lieu, me semble-t-il, d'évoquer l'éventualité que les parties qui reviennent au chœur soient chantées uniquement par le chef du chœur. Aucun témoignage ancien n'autorise une telle éventualité. Dans les parties chorales, même dialoguées, l'essence même de la lyrique chorale suppose le chant de l'ensemble du groupe au moment où il danse.

A cette première présentation on comparera la présentation faite dans son édition commentée par T. B. L. Webster, citant dans la seconde moitié de sa présentation l'ouvrage classique de A. M. Dale [7] sur les mètres lyriques dans la tragédie grecque :

> « Le *commos* consiste en deux paires de strophe et d'antistrophe, largement éolo-choriambiques avec insertion de dactyles et d'iambes, et une longue épode — et là commence la citation de Dale — " avec des iambes, des ioniques, des éolo-choriambiques jusqu'à 1195, puis un climax

und Oidipus auf Kolonos, Bari, 1989 ; T. Visser, *Untersuchungen zum sophokleischen Philoktet*, Leipzig-Stuttgart, 1998, p. 145 sq.

6. A. Dain, *Sophocle*, t. III, *Philoctète, Œdipe à Colone*, Paris, C.U.F. (1re éd. 1960), 5e tirage revu par J. Irigoin, 1999, p. 50 sq.

7. A. M. Dale, *The lyric Meters of Greek Drama*, 2e éd. 1968 (p. 42, n. 2 de la p. 41 *in fine*).

de la passion, se terminant en désespoir lorsqu'il retourne aux iambes et aux éolochoriambiques ". »[8]

Cette seconde présentation est substantiellement en accord avec la première, à une seule divergence près. Après les deux paires de strophe et d'antistrophe, alors qu'A. Dain voit une suite astrophique, avec esquisse d'une couple de strophe et antistrophe, T. B. L. Webster, après A. M. Dale, suivi par H. Lloyd-Jones[9], y voit une épode correspondant à une structure lyrique triadique. Mais ce n'est là qu'une divergence de dénomination qui n'a aucune incidence majeure sur l'interprétation de la structure[10].

Dans ces deux présentations, on observe le même souci de mettre en rapport la nature du rythme avec la psychologie de Philoctète. Dain parle du flot de passion désordonnée dans la fin du *commos* correspondant au rythme plus libre. Dale voit aussi un rapport entre la passion de Philoctète et le rythme. Elle donne des précisions plus techniques sur la nature du rythme ; mais il est probable qu'A. Dain les a volontairement passées sous silence pour ménager son lecteur.

Toutefois ces deux présentations, aussi excellentes soient-elles, doivent être complétées sur ce qui constitue à mon sens l'originalité de tout *commos* par rapport aux autres formes de la poésie lyrique, à savoir la manière dont le dialogue, outil par excellence du drame, est inséré dans le lyrisme. On constatera que le rythme des échanges varie en fonction de la structure lyrique. Dans les deux paires de strophe/antistrophe (v. 1081-1168), la répartition des répliques entre les personnages se fait régulièrement de telle façon que strophe et antistrophe se répondent exactement, non seulement par la nature des mètres, mais aussi par l'échange des répliques. Dans la première paire de strophe/antistrophe (v. 1081-1122), on a quatorze côla[11] pour Philoctète et six côla pour le chœur, aussi bien dans l'antistrophe que dans la strophe ; et dans la seconde paire (v. 1101-1145), de la même manière, dix-sept côla pour Philoctète et six côla pour

8. T. B. L. Webster, *Sophocles, Philoctetes*, Cambridge, 1970, p. 135.

9. H. Lloyd-Jones, N. G. Wilson, *Sophocles. Fabulae*, Oxford Classical Texts, 1990, p. 342.

10. Dain et Dale voient tous deux une coupure du rythme après le v. 1195, dans ce qui est soit l'épode soit la série de ἀπολελυμένα. Du reste, A. M. Dale, dans *Metrical Analyses of Tragic Choruses*. Fasc. 2 *Aeolo-Choriambic*, *Bulletin of the Institute of Classical Studies* XXI, 2, 1981, p. 48, parle cette fois, comme Dain, de ἀπολελυμένα pour la partie 1169-1217.

11. Par côlon (côla au pluriel), on désigne une partie de vers lyrique formant une ligne.

le chœur[12]. L'alternance, dans la partie construite en strophe/antistrophe, est donc parfaitement équilibrée, avec toutefois une progression dans l'ampleur de l'intervention de Philoctète entre la première et la seconde paire de strophe/antistrophe, puisque le nombre de côla chantés par Philoctète augmente de la première paire à la seconde (de quatorze côla à dix-sept côla). Cette progression est d'autant plus sensible que l'intervention du chœur reste remarquablement constante (six côla dans chacune de ses quatre interventions). En revanche, à partir du moment où l'on passe à la seconde partie au v. 1169 — que l'on désigne cette partie comme une épode ou comme une succession de côla « indépendants » —, le rythme des échanges s'accélère de façon considérable et devient irrégulier. La durée de chaque intervention ne dépasse pas sept côla, et elle se réduit souvent à un côlon ou même à une partie de côlon[13].

Cette opposition entre les deux parties du *commos*, qui est visible pour tout un chacun, se double d'une opposition aussi nette, mais plus cachée, relative à la nature de la communication. C'est sur ce point que je voudrais insister. Dans la première partie du *commos*, formée des deux paires de strophe/antistrophe (v. 1081-1122), il n'y a pas, à proprement parler, de dialogue, ou si l'on préfère, le dialogue est tronqué ; ce n'est qu'à partir de la seconde partie (v. 1169 sqq.) que le dialogue est effectif. En effet, dans la première partie, Philoctète ne s'adresse pas au chœur, alors que le chœur s'adresse à lui. Philoctète, lorsqu'il prend la parole à la strophe 1, commence par s'adresser à la grotte vers laquelle il se tourne (v. 1081). Il emploie bien la seconde personne (v. 1085 συνείσῃ, « tu seras le témoin »), mais c'est à l'adresse de la grotte et non du chœur. Au contraire, quand le chœur s'exprime pour la première fois dans le *commos* (v. 1095), il s'adresse directement à Philoctète, en essayant d'attirer son attention par l'emploi, en tête de son intervention, du pronom « toi » qu'il répète (v. 1095 Σύ τοι σύ τοι, « c'est toi, oui, c'est toi »). Toutefois, cette amorce de dialogue n'aboutit pas. Car Philoctète, lorsqu'il reprend la parole au début de

12. Ce partage des strophes / antistrophes en deux parties entre les deux interlocuteurs se rencontre chez Sophocle déjà dans le *commos* d'*Antigone*, v. 839-875 (strophe et antistrophe 2), et dans le *commos* d'*Électre* tenant lieu de *parodos* (v. 121-250). Cette technique existait déjà chez Eschyle dans l'*exodos* des *Perses* et des *Sept* ; voir H. Popp, *art. cit.* (n. 3), p. 253.

13. L'existence d'une partie lyrique astrophique à la fin du *commos* et de son partage entre les deux interlocuteurs appartient à la fin de la carrière de Sophocle ; autre exemple dans *Œdipe à Colone*, v. 208-236, à la fin du *commos* qui tient lieu de *parodos*.

l'antistrophe 1, ne répond pas au chœur. Il n'emploie plus la seconde personne, mais uniquement la première (v. 1105 ὀλοῦμαι, « je mourrai »). C'est à lui-même qu'il s'adresse désormais, dans un solipsisme total (v. 1101 Ὦ τλάμων, τλάμων ἄρ' ἐγώ, « Ô misérable, misérable que je suis »). Sans pouvoir suivre dans le détail ces signes de l'absence d'une communication réciproque dans le reste de la première partie du *commos*, je noterai que Philoctète emploie la seconde personne pour s'adresser, soit à un ami qui lui a été ravi, son arc[14], soit à des ennemis, les oiseaux et les animaux sauvages, afin qu'ils viennent le dévorer maintenant qu'il est privé de son arc[15]. Ainsi donc, dans la première partie du *commos* où la composition est strophique, l'alternance des interventions entre Philoctète et le chœur ne correspond qu'à un dialogue tronqué.

C'est seulement au début de la seconde partie astrophique (v. 1169 sqq.) que le dialogue devient réalité, parce qu'il y a réciprocité de la communication. Philoctète emploie pour la première fois, à ce moment-là, un verbe à la deuxième personne qui s'adresse au chœur (v. 1170 ὑπέμνασας, « tu rappelles »). C'est donc seulement dans cette partie que le lyrisme devient l'équivalent du drame, s'il est vrai que l'action au théâtre se définit d'abord par l'affrontement de personnages dans un dialogue.

De l'analyse de la structure de ce *commos*, il résulte donc que Sophocle a mis en relation la structure du système lyrique, non seulement avec l'intensité des sentiments et des émotions, comme on l'a dit, mais aussi avec le rythme et la nature de la communication entre le personnage et le chœur.

En choisissant de ne pas établir une communication réciproque entre le personnage resté sur scène et le chœur dans l'*orchestra* pendant toute la première partie du *commos* composée de deux systèmes de strophe / antistrophe, Sophocle a profité des ressources du lyrisme pour mettre en valeur de façon indépendante la réaction désespérée du personnage. C'est ce que nous allons voir dans une seconde partie où nous étudierons les ressources du lyrisme dans l'expression du pathétique.

*
* *

14. V. 1128 Ὦ τόξον φίλον « Ô arc qui m'es cher » ; cf. v. 1130 ὁρᾷς, « tu vois » ; et v. 1135 ἐρέσσῃ, « tu es ballotté ».

15. V. 1146 sq. Ὦ πταναὶ θῆραι χαροπῶν τ' ἔθνη θηρῶν, « Ô gibier ailé, ô race des bêtes sauvages à l'œil brillant » ; cf. v. 1150 πελᾶτ', « approchez-vous » ; v. 1155 Ἕρπετε, « venez ».

Il y a un paradoxe dans la façon dont le lyrisme est exploité dans la première partie du *commos*. Traditionnellement, le lyrisme, apanage du chœur, sert à amplifier les sentiments que la collectivité éprouve face au drame. C'est le cas dès la *parodos*, où le chœur éprouve de la pitié pour Philoctète [16]. Ici, au contraire, tout le pathétique est concentré sur le personnage qui est sur la scène [17]. Le lyrisme sert donc essentiellement, dans la première partie du *commos*, à l'expression du chant désespéré du héros, alors que le chœur, lui, reste en retrait. Nous comprenons maintenant la raison d'être de l'inégalité de la répartition des côla, entre le personnage et le chœur, que nous avons relevée dans la première partie traitant de la structure [18]. Elle correspond à cette utilisation décalée du lyrisme choral qui sert à mettre en valeur les sentiments, non pas de la collectivité, mais de l'individu. Cet artifice permet à Sophocle d'utiliser les ressources lyriques de ce qui pourrait être la monodie d'un personnage, tout en maintenant la présence du chœur, ce qui correspond à une nécessité dramaturgique, puisque le chœur reste d'ordinaire présent durant toute la tragédie.

Dans ce cadre, le désespoir de Philoctète prend une ampleur maximale. Le voilà abandonné une seconde fois par Ulysse, dix ans après le premier abandon, mais dans des conditions infiniment plus tragiques, puisqu'il est désormais privé de son arc. Philoctète se livre alors à une déploration sur lui-même qui se rapproche de la déploration funèbre, d'où est issu le mot technique *commos*. Cela revient, en effet, à une déploration sur sa propre mort annoncée. Philoctète ne cesse d'envisager sa propre mort (v. 1085 μοι καὶ θνῄσκοντι, « au moment de ma mort » ; v. 1105 ὀλοῦμαι, « je mourrai » ; v. 1158 ἀπὸ γὰρ βίον αὐτίκα λείψω, « car je vais aussitôt quitter la vie »). Et quand on compare ces trois évocations de sa propre mort, situées respectivement dans la strophe 1, dans l'antistrophe 1 et dans l'antistrophe 2, on constate une subtile progression vers l'évocation d'une mort de plus en plus rapprochée. C'est la conséquence inéluctable de la perte de ce qui était l'instrument de sa survie, son arc.

---

16. *Parodos* : v. 169 Οἰκτίρω νιν, « J'ai pitié de lui... ».

17. H. Popp, *art. cit.* (n. 3), p. 255, range ce *commos* du *Philoctète* dans ce qu'il appelle « Das Pathos-Amoibaion », groupe auquel il rattache aussi *Ajax*, v. 348-429, *Antigone*, v. 806-822, *Œdipe-Roi*, v. 1297-1368, et *Électre*, v. 86-250. Dans ce groupe, le héros tragique a le rôle principal. Il oppose ce groupe à un précédent groupe qu'il appelle « Das Aktionsamoiboion » (p. 253-255). Mais une telle classification, qui ne manque pas d'intérêt, ne permet pas de rendre compte de la complexité de la fonction de notre dialogue lyrique qui n'est pas seulement pathétique, mais aussi dramatique (voir *infra*, p. 163 sqq.).

18. Voir *supra*, p. 155.

Voici le début de la déploration de Philoctète où, comme nous l'avons vu, il se tourne vers sa grotte (v. 1081-1094) :

> « Ô renfoncement de la roche creuse
> chaude et glacée, comme
> je devais, oui, ô malheureux que je suis,
> ne jamais te quitter ! mais de ma mort aussi
> tu seras le témoin !
> Hélas sur moi, sur moi !
> Ô gîte si rempli
> du chagrin venu de moi, malheureux que tu es,
> que sera donc pour moi la vie de chaque jour ?
> Que vais-je donc rencontrer
> comme espoir de me nourrir, misérable que je suis, d'où ?
> Allons ! que les oiseaux qui, dans la partie supérieure de l'éther,
> se blottissaient, viennent en fendant l'air strident
> me saisir ! Je ne les tiens plus à l'écart. »

Dans ce début, comme dans tout le reste de la déploration qui s'étend tout au long de la première partie du *commos*, le mode lyrique permet une multiplication des effets par rapport au mode parlé. Cette séquence constitue un laboratoire privilégié pour comparer les ressources de la parole parlée et de la parole chantée, car elle reprend sur un mode lyrique ce que Philoctète avait déjà exprimé sur le mode parlé dans une scène de l'épisode précédent (3e épisode), lorsque Néoptolème lui avait avoué la ruse, mais refusait de lui rendre l'arc. Voici le passage parlé où Philoctète, devant le silence de Néoptolème qu'il vient de supplier pour qu'il lui rende l'arc, se tournait déjà vers la grotte pour déplorer son nouveau malheur (v. 952-962) :

> « Ô façade rocheuse à double entrée, une fois encore
> je vais revenir vers toi, désarmé, sans avoir de nourriture,
> mais je me dessécherai dans ce gîte seul,
> sans abattre d'oiseau ailé ni de fauve des montagnes
> avec cet arc, mais moi-même, malheureux,
> en mourant j'offrirai un repas à ceux par qui j'étais nourri
> et ceux que je chassais auparavant me chasseront maintenant.
> Je paierai de mon sang le prix du sang versé, malheureux que je suis, à cause de celui qui semblait ne connaître aucun mal.
> Puisses-tu périr — pas encore, pas avant que je sache si tu
> ne changeras pas d'avis. Sinon, puisses-tu mourir misérablement. »

Tous les thèmes de cette première déploration sur le mode parlé sont repris dans la déploration chantée, et ces thèmes sont exprimés parfois par les mêmes mots :

— le retour vers la grotte à laquelle il s'adresse [19] ;
— l'absence de nourriture maintenant qu'il est privé de son arc [20] ;
— l'impossibilité de tuer les oiseaux et les bêtes sauvages, qui, en revanche, vont venir le dévorer [21] ;
— la déploration sur son malheureux destin inéluctablement lié à la solitude et à la mort [22].

Il n'y a donc rien dans la déploration sur le mode parlé qui ne soit pas repris dans la déploration chantée. Mais, comme la déploration parlée se concentre en huit vers (trimètres iambiques), alors que la déploration chantée s'étale sur deux fois quatorze côla et deux fois dix-sept côla (28 + 34 = 62), il est clair que l'expression lyrique donne une ampleur en multipliant les effets pour accentuer le pathétique [23].

Une analyse comparative attentive des différences entre la déploration parlée et la déploration chantée de Philoctète pourrait montrer avec la plus grande rigueur possible, par-delà les ressemblances, les ressources de la poésie tragique lyrique par rapport à la poésie tragique parlée, à l'exception évidemment des effets de la musique et de la danse, qui, eux, ont totalement disparu. Il n'est pas loisible de rentrer dans des détails trop techniques sur le style lyrique. Mais on peut esquisser, à la lumière de cette comparaison, quelques grandes tendances.

C'est d'abord toute une série de procédés qui visent à l'amplification de l'expression, soit par le choix de mots plus longs ou de formules plus développées, soit par la répétition de mots ou la

19. Comparer : partie parlée v. 952 Ὦ σχῆμα πέτρας δίπυλον (cf. v. 954 τῷδ' ἐν αὐλίῳ), et partie chantée v. 1081 Ὦ κοίλας πέτρας γύαλον θερμὸν καὶ παγετῶδες et v. 1087 Ὦ πληρέστατον αὔλιον / λύπας τᾶς ἀπ' ἐμοῦ τάλαν.

20. Comparer : partie parlée v. 953 ψιλός, οὐκ ἔχων τροφήν, et partie chantée, entre autres passages, v. 1007 οὐ φορβὰν ἔτι προσφέρων, / οὐ πτανῶν ἀπ' ἐμῶν ὅπλων / κραταιαῖς μετὰ χερσὶν ἴσ-/χων).

21. Comparer : partie parlée v. 955-959 et partie chantée v. 1146-1158 ; cf. déjà v. 1092-1094. Les deux passages sont trop longs pour être cités en entier. On notera simplement ici que les oiseaux et les fauves sont désignés de façon comparable (partie parlée : v. 955 οὐ πτηνὸν ὄρνιν, οὐδὲ θῆρ' ὀρειβάτην et partie chantée : v. 1146-1148 Ὦ πταναὶ θῆραι χαροπῶν τ' / ἔθνη θηρῶν, οὓς ὅδ' ἔχει / χῶρος οὐρεσιβώτας) et que l'on trouve la même idée d'une vengeance des oiseaux et des fauves qui feront couler son sang en réponse au sang qu'il a versé (partie parlée : v. 959 φόνον φόνου δὲ ῥύσιον, et partie chantée : v. 1156 ἀντίφονον).

22. Le mot τάλας « malheureux » employé au nominatif, attesté deux fois dans la partie parlée (v. 956 et 959), revient dès le début de la déploration chantée (v. 1085).

23. Un calcul comparatif plus précis devrait prendre pour base les temps marqués.

reprise en écho de formules ou de thèmes. On pourrait prendre en exemple l'invocation à la grotte qui inaugure les deux déplorations : dans la déploration parlée (v. 952), cette invocation introduite par Ὦ comprend trois mots (σχῆμα πέτρας δίπυλον), deux mots pour désigner la grotte (σχῆμα πέτρας) et un qualificatif (δίπυλον), le tout formant huit syllabes ; dans la déploration chantée (v. 1081), l'invocation introduite de la même manière par Ὦ comprend six mots (κοίλας πέτρας γύαλον / θερμὸν καὶ παγετῶδες), trois mots pour désigner la grotte (κοίλας πέτρας γύαλον) et deux qualificatifs au lieu d'un (θερμὸν καὶ παγετῶδες), le tout totalisant quinze syllabes, donc pratiquement le double. On a là un bon exemple de l'amplification par la longueur des mots ou des formules.

Cette invocation à la grotte offre aussi un bon exemple de l'amplification par la reprise, car l'invocation, qui était unique au début de la déploration parlée, se développe en deux vagues dans la déploration chantée : la première invocation (v. 1081 sq. Ὦ κοίλας πέτρας γύαλον / θερμὸν καὶ παγετῶδες) est reprise dans la même strophe par une seconde invocation à la grotte commençant également par Ὦ, aussi ample que la première, et même un peu plus puisqu'elle totalise seize syllabes, une syllabe de plus que la première invocation (v. 1087 sq. Ὦ πληρέστατον αὔλιον / λύπας τᾶς ἀπ' ἐμοῦ τάλαν).

On perçoit donc très précisément comment une invocation de huit syllabes dans la déploration parlée s'est transformée, par un double procédé d'amplification, en un total de trente et une syllabes dans la déploration lyrique, c'est-à-dire à peu près quatre fois plus. Ces calculs ne sont là que pour donner une idée des possibilités d'amplification de la poésie chantée dans la tragédie, par rapport à la poésie parlée.

A côté des procédés d'amplification, et parfois liés à eux, on distinguera les procédés stylistiques qui accroissent l'expression de l'émotion et multiplient les effets du pathétique, tels que l'invocation, l'exclamation, l'interrogation ou les cris.

Alors que la déploration parlée de Philoctète ne comprend qu'une seule invocation initiale à la grotte introduite par Ὦ, la déploration chantée, non seulement redouble cette invocation, comme on vient de le voir, mais étend considérablement le registre de l'invocation. Philoctète constatait dans la déploration parlée qu'il allait être la proie des oiseaux et des fauves (v. 957-959) ; cela devient dans la déploration chantée, au début de la seconde antistrophe, une longue invocation aux oiseaux et aux fauves introduite par Ὦ (v. 1146-1158) : Philoctète s'adresse cette fois directement à eux et les invite, par deux impératifs en asyndète[24], à s'approcher sans crainte pour dévorer sa chair, maintenant qu'il est privé de son arc. Et entre les deux invocations à la grotte et cette invocation aux oiseaux et aux fauves, il y a, en plus, l'invocation pathétique à son cher arc qui lui a été arraché et qu'il appelle comme témoin de sa misère (v. 1128 sqq.). En définitive, aucune des quatre interventions de Philoctète dans sa déploration chantée ne s'effectue sans une invocation ou une exclamation introduite par l'interjection Ὦ ou Ὢ, si l'on ajoute que Philoctète s'adresse par trois fois à lui-même pour se plaindre avec la même interjection (v. 1101 Ὢ τλάμων τλάμων ἄρ' ἐγώ ; v. 1152 ὢ δύστανος ἐγώ ; cf. v. 1083 ὢ τάλας). Au total, sept interjections scandent la déploration chantée de Philoctète, alors que l'on n'en compte qu'une seule dans la déploration parlée, et cela malgré l'identité des thèmes.

A ce procédé pathétique de l'invocation, qui se développe de la déploration parlée à la déploration chantée, s'ajoutent, dans la déploration chantée, d'autres procédés pathétiques absents de la déploration parlée, tels que l'interrogation et les cris.

Dans la déploration parlée, Philoctète constate seulement qu'il sera privé de nourriture, maintenant qu'il est privé de son arc (v. 953 ψιλός, οὐκ ἔχων τροφήν, « désarmé, sans avoir de nourriture »). Cette constatation se retrouve aussi dans la déploration chantée (v. 1107 οὐ φορβὰν ἔτι προσφέρων, « ne rapportant plus la nourriture »). Mais ce n'est pas ainsi que le thème y apparaît d'abord. Il émerge à travers une série de questions angoissées (v. 1089-1091) :

> « Que sera donc pour moi la vie de chaque jour ?
> Que vais-je donc rencontrer comme espoir
> de me nourrir, misérable que je suis ? où le trouver ? »

Et c'est également à travers une série de questions angoissées que le thème se clôt et qu'il clôt en même temps la déploration (v. 1159-1162) :

> « D'où, en effet, pourrai-je tirer de quoi vivre ?
> Qui peut se nourrir ainsi de la brise,
> quand il ne possède plus aucun
> des fruits qu'envoie la terre donneuse de vie ? »

En plus des questions angoissées, ce sont des cris de lamentation qui viennent au début de la déploration lyrique ponctuer la réflexion désespérée, d'abord οἴμοι μοί μοι dans la strophe 1

24. V. 1150 πελᾶτ(ε), « approchez » ; v. 1155 Ἕρπετε, « venez ».

(v. 1086), puis αἰαῖ αἰαῖ dans l'antistrophe 1 (v. 1106). On retrouve aussi οἴμοι μοι en tête de la strophe 2 (v. 1123). De tels cris sont absents de la déploration en mode parlé.

Ces cris permettent d'aborder une autre différence essentielle entre la déploration parlée et la déploration chantée, c'est celle qui tient au rythme et à l'organisation strophique. C'est même la différence fondamentale, puisque nature du rythme et organisation strophique sont les deux critères essentiels permettant de différencier les parties chantées des parties en mode parlé ou en récitatif. L'organisation strophique est facteur d'équilibre, non seulement par la *responsio* du rythme entre la strophe et l'antistrophe (même nombre de côla qui se correspondent métriquement), mais aussi par l'effort du poète pour doubler cette *responsio* rythmique (qui est théoriquement systématique, mais parfois bien malmenée dans la tradition manuscrite), d'une *responsio* beaucoup moins systématique, mais parfois non moins réelle, des sonorités, des termes, des figures ou des thèmes. C'est ainsi que les deux premières séries de cris formées de quatre longues (v. 1086 οἴμοι μοί μοι et v. 1106 αἰαῖ αἰαῖ) se situent exactement en *responsio* dans la strophe 1 et l'antistrophe 1 au sixième côlon. Si la poésie lyrique offre au poète tragique la possibilité de multiplier les effets du pathétique pour traduire les élans de la douleur, en revanche l'organisation strophique contribue à maîtriser, à ordonner, on pourrait presque dire à ritualiser, ne fût-ce que discrètement, l'exubérance de la déploration. Quant au choix du rythme lyrique fait par le poète, et à l'effet voulu par les changements de rythme, il est beaucoup plus difficile à utiliser dans l'interprétation. Mais certains effets sont perceptibles. Pour en rester à ces deux longs cris de Philoctète formés de quatre longues, ils forment un contraste avec leur environnement rythmique, où le noyau de base est le choriambe, un mètre formé d'une succession d'une longue, de deux brèves et d'une longue. Nul doute que ces cris devaient donc, par suite de ce contraste, être plus impressionnants encore et prendre plus de relief.

Ainsi donc, organisation strophique et changement de rythme vont dans des sens différents, mais complémentaires : d'un côté les cris, par leur retour à une place attendue, sont arrachés à la sphère du sauvage ; d'un autre côté, par leur isolement rythmique, ils sont mis en relief. On pourrait peut-être généraliser en disant que le mode lyrique, quand il est strophique, exprime le pathétique avec la plus grande force possible en étant capable de mobiliser tous les procédés stylistiques et d'utiliser tous les changements de rythme, mais qu'il conserve une certaine maîtrise dans le rendu de l'émotivité, symbolisée par la *responsio* rythmique entre strophe et antistrophe.

Telle est donc la signification des différences entre les deux déplorations parallèles de Philoctète qui relèvent de la différence de nature entre poésie parlée et poésie chantée. Mais il est d'autres différences entre ces deux déplorations qui relèvent de la situation dramatique.

Entre les deux déplorations, la situation a évolué. Ulysse est intervenu pour empêcher Néoptolème de rendre son arc à Philoctète, alors que le fils d'Achille était ébranlé par la pitié et le remords. Puis, devant le refus de Philoctète de partir pour Troie, Ulysse change de tactique et décide brusquement de le laisser sur place en ordonnant à Néoptolème, qui est en possession de l'arc, de le suivre. Philoctète se trouve donc pour la première fois totalement séparé d'un arc qu'il ne voit plus. On comprend qu'il puisse maintenant s'adresser plus naturellement à cet arc, puisqu'il est absent. Il imagine très concrètement Ulysse brandissant l'arc sur le bord de la mer en signe de triomphe, et se moquant de lui-même, suprême humiliation pour un héros. On comprend aussi que l'imprécation, visant Néoptolème lors de la première déploration (v. 961 ὄλοιο), se soit reportée lors de la seconde déploration sur l'auteur du projet, sur Ulysse (v. 1114 τὸν τάδε μησάμενον). La déploration lyrique n'est donc pas une simple reprise de la déploration parlée. Elle prend en compte, par ces subtils décalages, l'évolution de l'action. Et, on peut même aller plus loin dans les relations entre lyrisme et drame. Comme la situation dramatique est devenue maintenant plus désespérée pour Philoctète, d'une part parce que son arc a disparu, et d'autre part parce qu'il ne peut plus faire pression sur Néoptolème apparemment retombé sous l'autorité d'Ulysse, le choix, opéré maintenant par Sophocle, d'une déploration lyrique correspond à l'aggravation de la situation dramatique. A situation dramatique plus grave convient la forme poétique la plus apte à exprimer le pathétique de la déploration, à savoir la poésie chantée. Tout en s'inscrivant dans l'alternance des épisodes et des *stasima* imposée par la tradition, le passage de la déploration parlée de Philoctète à sa déploration chantée se justifie donc de façon plus profonde par la progression de l'action dramatique et par son impact plus fort sur le personnage.

Ainsi, le lyrisme du *commos* ne contribue pas seulement à l'expression du pathétique ; la déploration est aussi insérée dans le cours de l'action. Mais le *commos* participe plus directement encore à l'action : c'est par l'intervention du chœur au début du *commos* et par le dialogue qui s'instaure entre le chœur et le héros à la fin. C'est ce rôle dramatique du chœur que nous développerons dans une troisième et dernière partie.

*
* *

Le chœur, comme nous l'avons vu, reste en retrait par rapport au personnage principal dans la première partie du *commos*. Pourtant il intervient à quatre reprises en s'adressant à Philoctète, même si Philoctète ne répond pas à ses trois premières interventions[25]. Or ces interventions sont critiques à l'égard de Philoctète : elles rentrent dans une stratégie du chœur qui est dans le droit fil de l'action.

Pour comprendre la conduite des marins de Néoptolème, il faut se souvenir qu'ils sont depuis le début de la mission au service de leur maître. Lors de leur entrée au début de la tragédie (dans la *parodos* qui a déjà la forme d'un *commos*), la première question qu'ils adressaient à leur maître était de savoir ce qu'ils devaient faire (v. 135), lequel répondait, en substance, d'observer ses ordres et de pourvoir aux besoins du moment (v. 148 sq.). Or dans la fin de la scène qui précède le *commos* que nous étudions, Néoptolème, resté totalement silencieux durant l'affrontement entre Ulysse et Philoctète, va se plier à la volonté d'Ulysse qui lui ordonne de partir définitivement avec l'arc. Toutefois, par pitié pour Philoctète, il donne ordre au chœur de rester sur place le temps des préparatifs, et il lui suggère même une mission lorsqu'il dit (v. 1078 sq.) :

> « Et peut-être que lui (*sc.* Philoctète), pendant ce temps-là, concevra quelque meilleur sentiment à notre égard. »

Le chœur interprète cette éventualité comme une invitation à ramener Philoctète à de meilleurs sentiments, c'est-à-dire à accepter de partir, lui aussi, pour Troie. C'est la raison pour laquelle le chœur, dès sa première intervention dans le *commos*, loin de manifester de la pitié en écho à la déploration de Philoctète, n'hésite pas à rendre son entêtement responsable de son propre malheur (v. 1095-1100) et à répliquer, dans ses deuxième et troisième interventions (v. 1116-1122 et v. 1140-1145), aux imprécations et aux accusations excessives de Philoctète contre Ulysse, en prenant sa défense. Ulysse, selon le

25. Première intervention (strophe 1) : v. 1095-1100 ; deuxième intervention (antistrophe 1) : v. 1116-1122 ; troisième intervention (strophe 2) : v. 1140-1145 ; quatrième intervention (antistrophe 2) : v. 1163-1168.

chœur, n'est pas condamnable : la mission qu'il accomplit est voulue par les dieux et il est l'envoyé d'une collectivité au service de laquelle il agit. Cette réhabilitation discrète forme un contrepoint au portrait peu flatteur d'Ulysse dans l'ensemble de la tragédie.

Par cette attitude critique du chœur à l'égard du héros, ce *commos* rappelle de très près celui de l'*Antigone*, où le chœur des vieux conseillers du roi, au moment du départ de l'héroïne pour la prison souterraine, dénonce sa responsabilité, alors qu'elle-même déplore son malheur ; et de même que le chœur du *Philoctète* prend la défense d'Ulysse, celui de l'*Antigone* prend la défense de Créon [26]. Mais l'intervention critique du chœur dans le *Philoctète* est plus tournée vers l'action. Car, le chœur des vieillards thébains dans *Antigone* se contente de justifier, par ses remarques critiques, la condamnation de la révoltée, mais ne tente rien pour modifier son sort, malgré un premier mouvement de pitié. Au contraire, le chœur des marins de Néoptolème, tout en critiquant l'entêtement et les jugements excessifs de Philoctète, va s'efforcer d'agir sur son sort. Certes, ses trois premières interventions paraissent dramatiquement inefficaces, puisque Philoctète, submergé par son désespoir, semble ne pas écouter.

Mais le chœur joue le rôle d'un véritable personnage à partir du moment où Philoctète lui répond, c'est-à-dire quand on passe à la partie astrophique. Le lyrisme prend alors la forme la plus dramatique qui soit, celle où les échanges dans le dialogue sont les plus rapides. Les ressources pour accélérer la rapidité des échanges sont comparables à celles des parties parlées : on rencontre cinq fois dans ce dialogue le procédé le plus rapide d'échange des répliques, celui que l'on appelle d'un mot technique, l'*antilabè*, c'est-à-dire le partage d'un vers ou d'un côlon entre les deux interlocuteurs (v. 1182, 1185, 1204, 1210, 1211). Ce procédé, dont on sait qu'il s'est développé surtout dans les tragédies les plus récentes, n'est pas réservé aux dialogues parlés, comme on le voit ici [27].

26. Comparer sur ce dernier point *Antigone*, v. 874-875, et *Philoctète*, v. 1143-1145. Sur l'attitude critique du chœur vis-à-vis d'Antigone, voir J. Jouanna, *art. cit.* (n. 1), p. 123-126.

27. Notons qu'à ce changement du rythme des répliques correspond aussi un changement du rythme métrique. Alors que la partie strophique était dominée par un rythme choriambique (le noyau rythmique étant le choriambe, formé de la succession d'une longue, de deux brèves et d'une longue, que l'on peut interpréter comme un rythme iambique anaclastique ; voir *infra*, n. 30), le début de la partie astrophique est caractérisé par un rythme iambique sans anaclase (brève longue, brève longue). Le changement de rythme se fait toutefois sans inversion du rythme, qui reste ascendant (temps marqué sur le second élément du pied). Il y a donc convergence des procédés formels, à la fois lyriques et dramatiques, pour marquer le changement.

L'expression lyrique devient alors le meilleur instrument du drame. De fait, aussi paradoxal que cela puisse paraître, le dialogue lyrique prend des formes dramatiques plus intenses qu'un dialogue parlé. Ce qui est remarquable, en effet, dans ce final astrophique du *commos*, c'est la spontanéité et la rapidité des revirements, au cours du dialogue, dans les attitudes et les mouvements des personnages. Quand Philoctète, qui ne veut pas entendre parler d'un retour à Troie, donne ordre au chœur de le laisser désormais, le chœur, agacé, le prend immédiatement au mot et commence à partir (v. 1178-1180). Aussitôt, Philoctète le supplie de rester, de revenir (v. 1181-1184), en employant un argument que l'on trouvait déjà dans la bouche d'Ismène dans *Antigone* (v. 563-564) : le chagrin fait parler contre la raison (v. 1193-1195). Mais, dès que le chœur l'invite à le suivre, Philoctète refuse avec la dernière énergie (v. 1197).

Ces revirements sont soulignés par le rythme métrique. Car à partir du v. 1196, au moment où le chœur l'invite à partir et où Philoctète refuse, on a changement et même inversion[28] de rythme marqués par l'apparition, après un ensemble éolochoriambique, d'une série caractéristique de tétrapodies dactyliques (v. 1196-1201) qui donne ampleur et régularité. Au début de cette série, les dactyles correspondent de façon assez remarquable à des mots ou groupes de mots (v. 1196-1197) :

Χο. Βᾶθί νυν, ὦ τάλαν, ὥς σε κελεύομεν
Φι. Οὐδέποτ' οὐδέποτ', ἴσθι τόδ' ἔμπεδον

« Chœur. Pars donc, ô malheureux, comme nous t'invitons à le faire.
Philoctète. Jamais, jamais, sache que ma décision est inébranlable. »

Le rythme martelé correspond à la fermeté du ton, aussi bien de celui qui ordonne que de celui qui refuse.

Ainsi donc, par la souplesse des échanges, comme par les changements du rythme métrique, le dialogue lyrique convient mieux qu'un dialogue parlé pour caractériser la conduite du personnage de Philoctète, c'est-à-dire pour rendre ce qu'il y a d'exceptionnel

28. L'inversion du rythme vient de ce que le rythme ascendant (voir n. précédente) devient un rythme descendant : le rythme dactylique a le temps marqué sur le début du pied. De la sorte, le v. 1196 marque une coupure, qu'ont bien relevée A. Dain et A. M. Dale dans les citations données *supra*, p. 153 sq. Mais on ne peut pas suivre A. Dain qui voit dans cette coupure du rythme une division de la partie astrophique « en deux sections qui rappellent la couple strophe et antistrophe », car la partie astrophique est composée en fait de trois sections : après l'ensemble dactylique inaugurant cette seconde section, on revient, à la fin de la partie astrophique (v. 1209 sqq.), aux iambes et aux éolochoriambiques, comme dans la première section, ce que A. M. Dale a bien noté.

chez ce héros sophocléen : le contraste entre d'une part sa versatilité et son émotivité de surface et d'autre part sa profonde volonté inébranlable de résistance. De même, par son expressivité, le dialogue lyrique convient mieux qu'un dialogue parlé pour rendre l'intensité d'une crise qui se termine par le degré le plus extrême du désespoir de Philoctète, son désir de quitter la vie, d'aller chez Hadès pour y retrouver son père qu'il croit maintenant mort — il voit tout en noir —, refusant bien entendu d'aller à Troie, mais renonçant aussi à vouloir retourner dans sa patrie[29]. Là encore l'intensité du désespoir est soulignée par un dernier changement de rythme (avec inversion). Après la double série de tétrapodies dactyliques (v. 1196-1208), le cri φονᾷ φονᾷ νόος ἤδη (v. 1209 : « C'est à la mort, à la mort que mon esprit aspire désormais ») inaugure un dernier ensemble iambique et éolochoriambique[30]. Philoctète termine par la formule « je ne suis plus rien » (v. 1217) et il rentre dans sa grotte.

En conclusion, il est clair que le lyrisme dans la tragédie n'est pas antinomique du drame. Bien que ce *commos* du *Philoctète* prenne la place d'un *stasimon* dont le rôle traditionnel est d'apporter une pause dans l'action qui se déroule sur la scène, ce morceau lyrique joue, en fait, ici le rôle d'une véritable scène. Il présente en lui-même toutes les caractéristiques d'une scène : découpé par la sortie et l'entrée de personnages[31], il comprend des indications

29. Cette interprétation repose sur la traduction de v. 1214 πῶς ἂν εἰσίδοιμί σ' par « Comment serait-il possible que je te voie ? (Masqueray) et non par « Que ne puis-je te contempler ? » (Mazon qui représente l'interprétation traditionnelle). Dans le plus grand moment de désespoir, Philoctète n'envisage même plus de retourner dans sa patrie : sa misère est trop grande, pour qu'il puisse supporter de la revoir.

30. On reconnaît dans ce dimètre (v. 1209 : ˘ - ˘ - ˘ ˘ - -) le noyau choriambique (longue, brève, brève, longue), dont on sait que la place varie à l'intérieur du dimètre et donne lieu à des dénominations du côlon très différentes chez les métriciens suivant la position du noyau rythmique, ce qui masque le fonctionnement réel du rythme. Les métriciens analysent ce côlon (v. 1209) comme un énoplien choriambique B (Dale). Étant donné que le noyau choriambique résulte d'une anaclase d'un mètre iambique (voir par exemple D. Korzeniewski, *Griechische Metrik*, Darmstadt, 1968, p. 191 et n. 5), ce côlon inaugure un mouvement (v. 1209-v. 1217) dominé par les iambes, avec ou sans anaclase. Ce rythme ascendant (où le temps marqué est à la fin du pied) contraste avec le rythme dactylique précédent, qui était descendant (avec le temps marqué sur le début du pied).

31. Le début du *commos* vient immédiatement après le départ d'Ulysse et de Néoptolème (portant l'arc) par la *parodos* latérale les menant au port, la fin du *commos* par le départ de Philoctète dans la grotte située en fond de scène (cf. v. 1262), ce qui correspond aussi au retour inopiné de Néoptolème (portant toujours l'arc), suivi d'Ulysse, par cette même *parodos* latérale.

dramaturgiques sur les mouvements des personnages dans l'espace scénique au sens large du terme (comportant la scène et l'*orchestra*) [32], et il comporte un affrontement entre des personnages. Mais surtout, il est en continuité par rapport aux deux scènes parlées précédentes, où Néoptolème d'abord, Ulysse ensuite, se sont efforcés de convaincre Philoctète de se rendre à Troie. Le chœur prend le relais de Néoptolème et d'Ulysse, jouant ainsi le rôle d'un personnage ; mais il échoue lui aussi. Philoctète, même privé définitivement de son arc, ne revient pas à de meilleurs sentiments, contrairement à l'attente de Néoptolème (v. 1078 sq.). Du reste, Néoptolème, même lorsqu'il aura rendu son arc à Philoctète, n'obtiendra pas, malgré sa persuasion d'authentique ami, que Philoctète revienne à de meilleurs sentiments. Seul un dieu, Héraclès, l'ancien possesseur de l'arc que Philoctète a reçu en héritage, réussira là où les hommes avaient échoué.

Jacques JOUANNA

---

32. Le chœur prend Philoctète au mot, quand il lui demande de le laisser, et amorce un départ par la *parodos* qui mène à la mer.

PRÉSENCE ET IMAGE DES POÈTES LYRIQUES DANS LE THÉÂTRE D'ARISTOPHANE

La présence des poètes lyriques et les allusions aux chants (*mélè*) composés tant par ses prédécesseurs que par ses contemporains est constante dans le théâtre d'Aristophane[1] et revêt des formes multiples. Tantôt c'est la mention fugitive d'un nom, objet traditionnel de plaisanteries : « le froid » Théognis, Simonide, « âpre au gain », Cratinos, « amoureux de la dive bouteille »... Parfois c'est une brève citation ou un montage de citations, au sein d'un chant. Ailleurs la citation se fait plus longue, ou c'est une parodie dont on se joue. Il arrive que le poète parodié soit directement mis en scène — Euripide, Agathon ou Cinésias. Enfin dans les *Grenouilles* Aristophane instruit le procès au cours duquel Eschyle et Euripide s'opposent et soupèsent les qualités et défauts de leurs chants — *ta neura tēs tragōidias* — « le nerf de la tragédie ».

On constate d'emblée que la présence des poètes « méliques » dans ce théâtre ne se limite nullement à l'évocation des neuf noms consacrés de la lyrique archaïque ; cinq d'entre eux seulement sont nommés dans les pièces qui nous sont parvenues : Simonide, Alcée, Anacréon, Ibycos et Pindare (par le biais de l'adjectif *pindareion*, *Oiseaux*, v. 939) ; mais Alcman, Stésichore, Sappho et Bacchylide ainsi qu'Archiloque, s'ils ne sont pas nommément cités, sont bien connus du comique qui multiplie les allusions à leurs vers. De fait, aussi bien les prédécesseurs d'Aristophane que ceux de ses contemporains qui participaient aux trois concours canoniques — dithyrambe, tragédie, comédie — sont présents dans son œuvre : d'Alcman et Pindare à Philoxène et Cinésias, en passant par Ion de Chios ; de Phrynichos à Iophon, Carcinos et même un certain Mélètos pour la tragédie, de Magnès et Cratinos, jusqu'à Ameipsias et Sannyrion pour la comédie.

1. En tout cas dans les pièces de la comédie ancienne. Allusions, citations et parodies se font plus rares dans l'*Assemblée des femmes* et le *Ploutos* malgré la présence dans cette dernière pièce d'une parodie du célèbre dithyrambe de Philoxène, le *Cyclope* ou *Galatée*.

Ces allusions constantes sont d'emblée révélatrices de la qualité du public d'Aristophane, de son niveau de culture. Et par là même, elles confirment le rôle essentiel de la culture poétique et musicale dans la société athénienne [2] : en Grèce, la lyrique chorale a une fonction sociale et la présence de chœurs dans la cité est le symbole même de la paix et de la prospérité de la communauté civique. On comprend alors le souci de Dionysos descendant chercher dans l'Hadès un poète salvateur « afin que la cité puisse maintenir ses chœurs » [3]. On comprend mieux aussi l'attention que porta Platon à l'évolution des modes musicaux et des styles de composition (*nomoi tēs mousikēs*) et à leur influence sur la vie et les mœurs de la cité tant dans la *République* (397a1-b2) que dans le célèbre texte du livre III des *Lois* (700a-701b) [4].

Notre exposé s'articulera en trois temps. Nous dresserons d'abord un bref catalogue qui permettra de juger de la fréquence des mentions de noms de poètes, de ses formes et de ses orientations et nous rappellerons le rôle bien connu de la parodie dans ce théâtre. Nous constaterons ensuite qu'en matière de poésie chantée comme en d'autres domaines, Aristophane tient « pour les Anciens » : sa critique porte sans trêve sur les innovations insensées des nouveaux poètes — Agathon, Euripide, Cinésias. Nous terminerons avec l'analyse des deux formes de poésie lyrique qu'Aristophane met en scène dans les *Oiseaux* : poésie dans le style de Pindare et poésie du nouveau dithyrambe. Ce qui nous permettra d'esquisser en conclusion quelques remarques sur le lyrisme d'Aristophane lui-même.

I. Diverses formes d'allusions : noms, citations, parodies

Le plus souvent prétexte à plaisanteries ou jeux de mots certaines silhouettes de poètes virevoltent, telles des marionnettes, réapparaissant d'une comédie à l'autre.

Ainsi, dès l'ouverture des *Acharniens*, Dicéopolis maudit « le froid Théognis » (v. 11) qui réapparaît aux vers 138-140, en liaison avec l'évocation des paysages glacés et des fleuves gelés de la

---

2. On rappelle que chaque année plus d'un millier d'Athéniens — au moins 500 citoyens, 500 jeunes garçons — participaient aux chœurs lors de la célébration des Dionysies.

3. Aristophane, *Grenouilles*, v. 1419.

4. Ce texte est cité *infra* p. 175.

Thrace. Nous le retrouvons au vers 170 des *Thesmophories* : « froid lui-même, il crée avec froideur » — *psuchros ōn psuchrōs poiei* — conformément aux principes fondamentaux de la *mimēsis*.

Un peu plus loin, nous découvrons Cratinos et son amour de la bouteille (v. 849) ; on nous apprendra dans la *Paix* (v. 700) que Cratinos est mort de désespoir « car il n'avait pas supporté de voir casser une jarre de vin ». Ce même poète fut encore vainqueur l'année des *Nuées* avec une pièce intitulée la *Bouteille* où il défendait à la fois l'ivresse et la poésie et Aristophane lui avait rendu hommage dans la parabase des *Cavaliers* (v. 400 et v. 526-536). Dans les *Grenouilles* encore (v. 357), Aristophane évoque « ses accents bachiques ».

Au v. 389 des *Acharniens*, nous rencontrons le sombre Hiéronymos et sa tignasse hirsute (*skotodasupuknotricha*) un composé qui « sent » son dithyrambe[5]. Nous le retrouverons dans l'*Assemblée des femmes* (v. 201) ; et au v. 1150, nous croisons Antimaque, le poète lyrique (*ton meleōn poiētēn*) qui dans les *Nuées* se fait traiter d'inverti par le raisonnement juste (v. 1022).

Dans les *Nuées*, produites aux Dionysies de 423 et les *Guêpes*, représentées aux Lénéennes de 422, s'esquisse l'opposition entre l'ancienne et la nouvelle génération de poètes. Quand Strepsiade demande à son fils de lui chanter du Simonide (*Nuées* v. 1356) Pheidippide refuse tout net « cette vieillerie » (*archaion*), « ce mauvais poète » (*kakon poiētēn*) ; il récuse de même Eschyle « plein de bruit, incohérent, grandiloquent avec ses mots hauts perchés » (*ibid.* 1367) ; si bien que Strepsiade se rend (v. 1370 : *lexon ti tōn neōterōn ta sopha tauta*) : il subira de l'Euripide (*Euripidou rhēsin tina*, v. 1371).

De même, dans les *Guêpes*, le vieux Philocléon conduit sa troupe d'héliastes, au petit matin, « en chantant du Phrynichos » (v. 268-269) ; si bien que « les vieux chants sidoniens de Phrynichos » (v. 220), chers aux Marathonomaques, sont pour Bdelycléon, son fils, comme le signe de ralliement des vieux héliastes.

Philoclès, neveu d'Eschyle, avec sa diction âpre et rude, est mentionné au v. 462 des *Guêpes*. Il réapparaît, avec ou sans ses fils, Morsimos et Mélanthios qui s'attirent régulièrement des quolibets[6], dans les *Oiseaux* (v. 281) où il est transformé en alouette et encore dans les *Thesmophories* (v. 168).

5. Pour reprendre le mot de Platon qui soulignait lui-même dans le *Cratyle* (409c) le goût des poètes de dithyrambe pour ce type d'adjectif « surcomposé ».

6. Sur les fils de Philoclès, cf. *Cavaliers*, v. 401 ; *Paix*, v. 802-803 ; 1009 ; *Oiseaux*, v. 151.

Le finale des *Guêpes* oppose les vieux poètes chers au cœur de Philocléon, Lasos d'Hermioné, Simonide, Ésope et Thespis, aux compositions délirantes des poètes tragiques d'aujourd'hui. De retour du banquet,

> « le vieillard danse sans relâche les danses d'autrefois avec lesquelles concourut Thespis et il prétend démontrer que les poètes tragiques d'aujourd'hui sont de vieux Cronos (" des radoteurs antédiluviens ") en les défiant à danser ».

Et Philocléon entraîne dans une ronde folle Carcinos et ses trois fils « ses toupies » (*strobiloi*) — bientôt accompagné par le chœur, en un exodos endiablé. Carcinos et ses « toupies », déjà mentionnés dans les *Nuées* (v. 1261) réapparaîtront dans la *Paix* (v. 782 et 836), les *Thesmophories* (v. 441) et les *Grenouilles* (v. 86).

Cette énumération, que nous pourrions poursuivre, est à elle seule révélatrice. Elle devrait être complétée par une analyse exhaustive et minutieuse des citations ou parodies des diverses formes de poésie chantée — *engkōmion, humnos*, chanson de banquet, etc. — dans ce théâtre, et de la diversité de leur fonction : tantôt allusion lettrée qui scelle la communauté, et qui parfois contribue à rehausser le ton du lyrisme du comique, tantôt parodie inattendue qui déclenche le rire, etc.[7]. Il n'est pas possible d'ébaucher même une telle enquête dans le cadre de ce bref exposé. Nous avons préféré nous centrer ici sur l'aspect polémique de l'image du poète lyrique et sur ses nuances. Pour ce faire, nous examinerons successivement dans un premier temps la parodie des chants lyriques d'Agathon dans les *Thesmophories* et l'étude des *mélè* d'Euripide dans les *Grenouilles* : deux moments clés du

7. Nous rappelons pour mémoire les principales études critiques parues sur ce sujet : dès 1936 et 1937 A. C. Schlesinger donnait deux contributions parues respectivement dans les *Transactions of the American Philological Association* 67, 1936, p. 296 sqq., et dans l'*American Journal of Philology* 58, 1937, p. 294 sqq. L'ouvrage de Rau sur la paratragédie reste fondamental mais déborde la seule question du lyrisme tragique. M. G. Bonnano dans un article de *Dionisio* 57, p.135-157, est revenu sur le sujet. Parmi les contributions récentes celle de Bremer parue dans le 38e volume des Entretiens de la fondation Hardt et celle de B. Zimmermann publiée dans la revue *Drama* méritent d'être mentionnées. J. H. Bremer, dans la 3e partie de sa communication intitulée « Aristophanes on his own poetry » recense les souvenirs d'Alcman, Sappho, Alcée, Stésichore, Ésope et des tragiques Eschyle, Sophocle, Euripide et Achaios dans la *Paix*, *Lysistrata* et quelques passages des *Oiseaux*. Il conclut que, par ces emprunts et allusions, Aristophane rehausse le ton de ses propres chants lyriques, leur confère une sorte de grandeur empruntée. Inversement B. Zimmermann dans l'article cité n. 16 montre que les citations ou parodies de dithyrambes visent le plus souvent à faire rire par la dénonciation appuyée des travers des nouveaux poètes.

combat que conduit Aristophane contre les nouveaux poètes : Agathon et Euripide.

II. La critique des nouveaux poètes : Agathon et Euripide

1. *Le péan d'Agathon*

Nous avons déjà eu l'occasion d'étudier le péan d'Agathon [8]. Nous souhaitons souligner ici le retour des formes du verbe *kamptein* dans la présentation qui nous est faite de ce chant avant l'entrée en scène d'Agathon : « il courbe des jantes de vers nouvelles (*kamptei neas apsidas epōn*, v. 53), passe les uns au tour, assemble, frappe des sentences, coule en cire, arrondit, entonne… » ; l'esclave précise encore que le poète doit aller au soleil pour « contourner ses strophes » (*katakamptei tas strophas*). Les autres termes utilisés (cf. par exemple *leptologia*) que nous retrouvons à propos d'Euripide, révèlent d'emblée en Agathon un élève des sophistes et un tenant de la poésie nouvelle : *kampai* et *strophai* désignent les courbes capricieuses d'un air ou les modulations d'une voix. Dans les *Nuées* (cf. Annexe, texte 1), le Raisonnement juste rappelle que jadis « si quelqu'un se permettait une fioriture » ou « se plaisait à moduler l'une de ces inflexions compliquées (*kampseien tina kampēn*) à la mode aujourd'hui chez les disciples de Phrynis, on le rouait de coups pour vouloir abolir les Muses » (v. 968-970).

L'introduction des modulations — *kampai* — ici clairement dénoncée, marque donc la fin de la raideur solennelle de la musique ancienne (*tēn harmonian hēn hoi pateres paredōkan*, v. 968). Le commentaire auquel se livre Agathon lui-même, souligne ce goût pour « les assaisonnements de l'harmonie » (*harmonian chumidzein*, v. 162) et pour la couleur phrygienne de l'hymne (*Ionikōs*, v. 163) alors que pour un péan le mode attendu est le mode dorien et non cette « mélodie suave » (*hēdu to melos*) qui sent la femme, « les coups de langue et les baisers lascifs » [9]. Bernard Zimmermann, dans l'analyse métrique qu'il propose pour ce passage [10], souligne l'abondance des ioniques (⏑⏑--), qui parodie la structure métrique du nouveau dithyrambe, et les changements de rythme qui

8. Cf. M. Trédé, « Aristophane, critique littéraire », dans *La comédie* (Cahiers de la Villa Kérylos, 10), Paris, 2000, p. 129-139.

9. Cf. *ibid.*, v. 130-133 : le commentaire est mis dans la bouche du parent d'Euripide.

10. Cf. B. Zimmermann, *Untersuchungen zur Form und dramatischen Technik der Aristophanische Komodien* II, p. 22 sqq.

divisent la pièce en petites unités séparées ; il note que le chant même illustre l'oxymore du v. 121 — *pararhuthma eurhuthma* —, tour étonnant qui suggère que le rythme convient à ce style de chant et à la danse mais aussi le contredit et définit l'allure paradoxale de ce chant pseudo-amoebée dont Agathon assure à lui seul les deux parties — coryphée et chœur de femmes [11].

2. *L'Euripide des* Grenouilles

L'Euripide des *Grenouilles* pratique le même art, neuf (*kainos*) et subtil (*leptos*). Aristophane recourt ici au même vocabulaire que dans les *Nuées* (Annexe, texte 2) ou les *Thesmophories* : c'est par son art du combat, de l'esquive et du retournement (*antilogiai, lugismoi, strophai*) qu'Euripide a su convaincre la lie du peuple des Enfers de le déclarer *sophōtaton* « le plus habile ». Il est « le poète à la langue acérée (*oxulalos*), effilée (*lispē glōssa*), le faiseur de ciselures (*smileumatoergou phōtos*, v. 829) [12], qui combat à force de subtilités (*kataleptologei*), l'homme des propos spirituels (*asteios*) et bien limés (*katerrinēmenos*), celui qui a renoncé à la grandeur pour le verbiage » (*stōmulia*, v. 1069 ; *stōmullomenoi*, v. 1071). Tout l'oppose au génie bâtisseur d'Eschyle. Et les chants qui suivent, tant par leur modulations (v. 1314 ou 1348) que par leur rythme, où ioniques et bacchées sont nombreux [13], rendent sensible au spectateur l'évolution de la *mousikē* d'Eschyle à Euripide.

Un fragment du *Chiron* de Phérécrate (fr. 155 P.C.G.) présente une dénonciation violente de cette évolution de l'art musical à la fin du Ve siècle. Dans ce texte, Mousikè personnifiée énumère les mauvais traitements que lui ont infligés les nouveaux poètes, Mélanippide, Cinésias, Phrynis, Timothée et Philoxène :

> « Les malheurs ont commencé avec Mélanippide qui m'a abandonnée après m'avoir prise — il était le premier — après avoir éveillé mes sens avec ses douze cordes... Ce damné Cinésias l'Athénien m'a rendue malade avec les modulations exharmoniques de ses strophes (*exharmonious kampas*) si bien que dans ses dithyrambes on confond la gauche et la droite comme si tout se reflétait dans un bouclier... Avec Phrynis, ce fut pire encore, etc. » [14].

---

11. Voir le commentaire du Scholiaste *ad locum* : μονῳδεῖ δ' Ἀγάθων ὡς πρὸς χορόν... καὶ χορικὰ λέγει μέλη αὐτὸς πρὸς αὐτόν, ὡς χορικὰ δέ.

12. Si l'on adopte ici la conjecture de Heiberg, comme nombre d'éditeurs.

13. Cf. B. Zimmermann *op. cit.* (n. 10), I, p. 70-80.

14. Je laisse ici de côté le « double entendre » qui multiplie les allusions obscènes comme le jeu sur *chalará/chalān* « desserrer les cordes de la lyre » qu'éclaire J. Taillardat dans *Les images d'Aristophane*, Paris, 1965, p. 458, n. 4.

Douze cordes à la cithare — ce qui eut pour effet d'étendre son registre ; l'abus des modulations, les variations du rythme et les mélanges d'harmonie, tout dans le tableau que brossent les comiques de l'évolution de la *mousikē* prélude à l'analyse que Platon dresse dans les *Lois* quand il retrace le passage d'une « aristocratie musicale » à une forme fâcheuse de « théâtrocratie » :

> « Ils mêlèrent thrènes et hymnes, péans et dithyrambes, imitèrent sur la cithare le jeu de la flûte, ramenèrent tout à tout, et sans le vouloir, eurent l'inintelligence de lancer contre la musique cette calomnie, qu'il n'existait pas la moindre orthodoxie musicale, et que le plaisir de l'amateur, que celui-ci fût noble ou manant, décidait avec le plus de justesse. A force de composer de pareilles œuvres, d'y ajouter des proclamations de ce genre, ils inculquèrent aux gens du commun de faux principes musicaux et l'audace de se croire des juges compétents ; en conséquence, les auditoires devinrent loquaces de muets qu'ils étaient, croyant s'entendre à discerner en musique le beau et le laid, et à une aristocratie musicale se substitua une fâcheuse théâtrocratie » (*Lois* 700d-701a).

Tous s'accordent sur un fait : il ne reste plus rien, en cette fin du ve siècle, de la belle harmonie entre paroles, mélodies et danse qui caractérisait les chœurs anciens et que Pindare chantait dans la 1re *Pythique*, comme dans un fragment du 4e dithyrambe (fr. 75, 18 Maehler) :

> « ... la voix des chants résonne unie à celle des flûtes et les chœurs vont vers Sémélé. »

Or c'est l'opposition entre ces deux styles de composition lyrique — l'ancien et le nouveau —, que nous trouvons mise en scène dans les *Oiseaux*.

III. Deux images contrastées du lyrisme dans les *Oiseaux*

On sait que la fondation de Coucouville les Nuées, dès qu'elle est connue « sur terre », c'est-à-dire à Athènes, attire une foule de curieux. Se succèdent à la porte de la nouvelle cité toutes sortes de fâcheux : le premier d'entre eux est un malheureux poète, dans le style de Pindare, qui propose un hymne pour célébrer la cité nouvellement fondée (Annexe, texte 3, v. 904-957). Il est refoulé ainsi que d'autres (un vendeur d'oracles, Méton le géomètre et astronome, un inspecteur et un greffier). Après la seconde parabase, la construction du rempart, le succès du blocus, c'est l'engouement général sur terre pour la nouvelle cité (l'*ornithomania*) et parmi les premiers à demander à être admis figure Cinésias, le poète dithyrambique. La comparaison entre les deux scènes, c'est-à-dire entre les chants des deux poètes lyriques, est instructive car elle permet de mesurer sur pièces l'évolution du ton et de la forme des compositions chantées de Pindare à Cinésias.

1. Le poète pindarique, se présente comme « le serviteur empressé des Muses » (*Mousaōn therapōn*), expression qui mêle à dessein les souvenirs d'Homère (*therapōn otrēros*), d'Hésiode (*Mousaōn therapōn*, *Théogonie*, v. 99) et de Pindare.

Le comique de la scène naît du contraste entre la haute poésie du chant — un *engkōmion* avec citations de Pindare — et le prosaïsme du contenu du dialogue entre le poète et Peisetairos. Les souvenirs pindariques abondent et la parodie se fait citation (v. 925-27 ou aux v. 950-951).

Nulle part il n'est question de « préludes », ni de « modulations » — *d'anabolai* de *kampai* ou de *strophai*. Ce poète est fidèle à l'idéal ancien : il est démodé, comme cette vieillerie de Simonide, méprisée par Pheidippide et il n'a plus aucun succès ; il est froid et misérable. Peisetairos lui donne un manteau pour se réchauffer.

2. Avec l'arrivée de Cinésias, c'est le poète du nouveau dithyrambe qu'Aristophane met en scène. Nous connaissions déjà par les *Nuées* et la *Paix* l'affinité entre les poètes dithyrambiques et les hauteurs des nues. Dans les *Nuées*, Socrate rappelle que les nuées « repaissent les tourneurs d'hymnes pour chœurs cycliques à ne rien faire parce qu'ils les chantent » (Annexe, texte 4).

Plaisanterie reprise dans la *Paix* (Annexe, texte 5) où Trygée confie avoir rencontré dans les cieux « les âmes de deux ou trois poètes dithyrambiques » en quête d'inspiration qui attrapaient au vol des préludes (*anabolas*) nageant en tous sens dans l'azur limpide (cf. l'adjectif composé du v. 830 *endiaeriauronēchetous*).

Dans les *Oiseaux*, Cinésias, « le poète que les tribus se disputent » (v. 1403) offre en quelques vers un pot-pourri de son art qu'il définit ensuite lui-même aux v. 1388-1389 comme « aérien, ténébreux aux sombres reflets, tourbillonnant et ailé » — *aeria*, *skoteina*, *kuanaugea*, *pterodonēta* (cf. Annexe, texte 6). Il n'est dès lors question que de préludes — *anabolai* — de nouveauté (*nean*, v. 1376, ou *kainas*, v. 1384) : les adjectifs composés périphrastiques (v. 1385, 1389, 1390, 1393) et les néologismes abondent. L'ensemble est composé avec une liberté de rythme qui joue sur la surprise. Mais les préludes « battus des neiges » dénoncent le froid rimailleur et les vers légers, éthérés — sans poids, c'est à dire vains et sans signification —, aussi obscurs et grandiloquents qu'insipides, sonnent creux. Aristophane suggère que ce sont de purs effets sonores dépourvus de sens. La diversité des mètres (choriambes, bacchées, reizanion, ioniques) suit une perpétuelle variation circulaire que traduit la démarche même de Cinésias (*kullon poda ana kuklon kukleis*, v. 1379).

Dans les trois cas examinés, la critique est fondamentalement la même et énoncée dans des termes très proches : les trouvailles où se complaisent Agathon, Euripide ou Cinésias, leur goût des trilles et des modulations, des renversements rythmiques incessants qui sont censés traduire la force des émotions, des néologismes alambiqués, ce style ampoulé que caractérisent des composés grotesques, la pompe qui fait ressortir la trivialité du sujet, les roulades répétées, tout dénonce la gratuité de jeux sonores privés de sens.

Le paradoxe veut cependant qu'au moment même où il énonce ces critiques Aristophane dans les *Oiseaux* laisse trilles et modulations envahir ses chants. C'est ce que Cratinos relevait en créant le néologisme *euripidaristophanidzein* [15].

Dans les *Oiseaux* en effet, l'appel de la huppe (Annexe, texte 7) se caractérise par une forme non strophique, des changements fréquents de rythme, des roulades — où se mêlent, avec des souvenirs d'Alcman, dochmiaques, dactyles et ioniques : c'est-à-dire tout ce que l'on rencontre dans les arias d'Euripide ou de Cinésias.

Ce paradoxe suscite depuis longtemps l'interrogation des critiques. Dans une contribution récente, B. Zimmerman croyait pouvoir trouver un élément d'explication dans les rôles différents attribués à la comédie et à la tragédie dans la cité : la tragédie, suggérait-il, est tenue à l'héroïsme: il ne faut pas violer le *decorum* du genre. La comédie n'est pas tenue à ce respect du *decorum* : elle allège, l'espace d'un instant, le poids des contraintes du quotidien [16].

Je ne le suivrai point dans cette voie. Je noterai plutôt, qu'alors que les créations rythmiques, l'exubérance, l'émotion, tournent à vide dans le nouveau dithyrambe et deviennent une « scie » chez

15. Cf. fr. 342. P.C.G.

16. « The Aristophanie paradox has its basis in the festival of Dionysos and in the different functions comedy and tragedy have to fulfill on the occasion of the City Dionysia. The values transmitted by tragedy are subverted by comedy. Both functions affirmation and subversion complement one another and form a *palintonos harmonia*, a harmony in tension. » B. Zimmermann, « Comedy's criticism of Music », dans *Drama* 2, *Intertextualität in der griechisch-römischen Komodie*, N. W. Slater et B. Zimmermann éd., Stuttgart, 1993, p. 48 sq.

nombre de « nouveaux poètes », elles sont parfaitement adaptées pour traduire des chants d'oiseaux ; ces inventions rythmiques sont un merveilleux moyen de rendre une réalité qui exige préludes, retours et trilles (*kampai*, *strophai*, *anabolai*), si bien que la virtuosité ne tourne plus ici à vide. Il n'y a pas ce divorce entre son et sens que condamne toujours et partout Aristophane.

La monodie de la huppe loin d'être un étalage gratuit de virtuosité métrique et musicale est finalement une adaptation brillante des innovations musicales du nouveau dithyrambe et sans doute d'Euripide, à l'art comique [17].

Si bien que, pour qui relit les *Grenouilles* et les *Oiseaux*, la position défendue par Michael Silk dans son célèbre article des *Yale Classical Studies* [18] paraît, décidément bien sévère. Car le problème qu'a dû résoudre Aristophane n'était pas — comme semble l'avoir cru M. Silk — de composer, au sein de ses comédies, des formes élevées de poésie lyrique, mais bien d'adapter au contexte de la comédie les formes diverses de poésie chantée que lui offrait la tradition. Et je rejoindrai pour ma part, non M. Silk mais Peter Rau, qui, dans son étude sur la paratragédie, notait qu'à certains moments « la comédie aristophanienne mélange la trivialité avec la poésie élevée d'une manière si fantastique qu'on préfère parler de lyrisme comique autonome plutôt que de parodie » [19]. Il ne fait à mes yeux aucun doute que si Aristophane a pu atteindre à de telles réussites, non dénuées d'ironie, c'est qu'il avait une connaissance intime des diverses formes de poésie chantée pratiquées par ses prédécesseurs comme par ses contemporains.

17. Sur ce point, le lecteur pourra se reporter à l'analyse de la monodie de la huppe que propose Cécile Corbel-Morana dans sa thèse sur le bestiaire d'Aristophane, soutenue à l'Université Paris X-Nanterre le 14/12/2002. On y lit notamment (p. 322 sq.) : « Les roulades artificielles et absurdes employées par ces auteurs deviennent dans la monodie de la huppe des chants d'oiseaux dont l'imitation est tout à fait pertinente dans le contexte. Aristophane sait tirer partie du mélange des mètres. Chez lui il ne s'agit pas d'un mélange chaotique de mètres et de rythmes détachés des données linguistiques et sémantiques. » Nous partageons entièrement cette vision des choses.

18. M. Silk, « Aristophanes as a Lyric Poet », *Yale Classical Studies* 26, 1980, p. 99-151, ou l'on peut notamment lire « Charm, yes ; first lyrics, no » (p. 101) et, à propos de la monodie de la huppe : « This Lyric is in fact a piece of hyper-conventional high lyrical pastiche, written in a very relaxed style, devoid of any pressure or pointedness theme. Its simple theme is distended to fill up fourteen verses without wit or invention. »

19. P. Rau, *Paratragodia. Untersuchung einer komischen form des Aristophanes*, Munich, 1967.

ANNEXE

Texte 1

Nuées, v. 961 sqq.

Κρ. λέξω τοίνυν τὴν ἀρχαίαν παιδείαν ὡς διέκειτο,
ὅτ' ἐγὼ τὰ δίκαια λέγων ἤνθουν καὶ σωφροσύνη 'νενόμιστο.
πρῶτον μὲν ἔδει παιδὸς φωνὴν γρύξαντος μηδέν' ἀκοῦσαι·
εἶτα βαδίζειν ἐν ταῖσιν ὁδοῖς εὐτάκτως εἰς κιθαριστοῦ
τοὺς κωμήτας γυμνοὺς ἀθρόους, κεἰ κριμνώδη κατα{}νείφοι.
εἶτ' αὖ προμαθεῖν ᾆσμ' ἐδίδασκεν τὼ μηρὼ μὴ ξυνέχοντας,
967 ἢ « Παλλάδα περσέπολιν δεινάν » ἢ « τηλέπορόν τι βόαμα »,
ἐντειναμένους τὴν ἁρμονίαν ἣν οἱ πατέρες παρέδωκαν.
εἰ δέ τις αὐτῶν βωμολοχεύσαιτ' ἢ κάμψειέν τινα καμπὴν
970 οἵας οἱ νῦν, τὰς κατὰ Φρῦνιν ταύτας τὰς δυσκολοκάμπτους,
ἐπετρίβετο τυπτόμενος πολλὰς ὡς τὰς Μούσας ἀφανίζων.

Texte 2

Nuées, v. 1397-1405

Σὸν ἔργον, ὦ καινῶν ἐπῶν κινητὰ καὶ μοχλευτά,
1398 πειθώ τινα ζητεῖν, ὅπως δόξεις λέγειν δίκαια.
Φε. ὡς ἡδὺ καινοῖς πράγμασιν καὶ δεξιοῖς ὁμιλεῖν
1400 καὶ τῶν καθεστώτων νόμων ὑπερφρονεῖν δύνασθαι.
ἐγὼ γὰρ ὅτε μὲν ἱππικῇ τὸν νοῦν μόνῃ προσεῖχον,
οὐδ' ἂν τρί' εἰπεῖν ῥήμαθ' οἷός τ' ἦν πρὶν ἐξαμαρτεῖν·
νυνὶ δ', ἐπειδή μ' οὑτοσὶ τούτων ἔπαυσεν αὐτός,
γνώμαις δὲ λεπταῖς καὶ λόγοις ξύνειμι καὶ μερίμναις,
οἶμαι διδάξειν ὡς δίκαιον τὸν πατέρα κολάζειν.

Texte 3

Oiseaux, v. 904-958

904 Νεφελοκοκκυγίαν τὰν εὐδαίμονα
905-906 κλῆσον, ὦ Μοῦσα, τεαῖς ἐν ὕμνων ἀοιδαῖς.
907 ΠΙ. Τουτὶ τὸ πρᾶγμα ποδαπόν· Εἰπέ μοι, τίς εἶ ;
ΠΟ. Ἐγώ· μελιγλώσσων ἐπέων ἱεὶς ἀοιδὰν

Μουσάων θεράπων ὀτρηρός,
910 κατὰ τὸν Ὅμηρον.
ΠΙ. Ἔπειτα δῆτα δοῦλος ὢν κόμην ἔχεις ;
ΠΟ. Οὔκ, ἀλλὰ πάντες ἐσμὲν οἱ διδάσκαλοι
Μουσάων θεράποντες ὀτρηροί,
κατὰ τὸν Ὅμηρον.
ΠΙ. Οὐκ ἐτὸς ὀτρηρὸν καὶ τὸ ληδάριον ἔχεις.
Ἀτάρ, ὦ ποητά, κατὰ τί δεῦρ' ἀνεφθάρης ;
ΠΟ. Μέλη πεπόηκ' εἰς τὰς Νεφελοκοκκυγίας
τὰς ὑμετέρας κύκλιά τε πολλὰ καὶ καλὰ
καὶ παρθένεια καὶ κατὰ τὰ Σιμωνίδου.
920 ΠΙ. Ταυτὶ σὺ πότ' ἐπόησας· Ἀπὸ πόσου χρόνου ;
ΠΟ. Πάλαι, πάλαι δὴ τήνδ' ἐγὼ κλῄζω πόλιν.
ΠΙ. Οὐκ ἄρτι θύω τὴν δεκάτην ταύτης ἐγώ,
καὶ τοὔνομ' ὥσπερ παιδίῳ νυνδὴ 'θέμην ;
ΠΟ. Ἀλλά τις ὠκεῖα Μουσάων φάτις
οἷάπερ ἵππων ἀμαρυγά.
Σὺ δὲ πάτερ, κτίστορ Αἴτνας,
ζαθέων ἱερῶν ὁμώνυμε,
δὸς ἐμὶν ὅ τι περ
τεᾷ κεφαλᾷ θέλεις
930 πρόφρων δόμεν ἐμὶν τεῶν.
ΠΙ. Τουτὶ παρέξει τὸ κακὸν ἡμῖν πράγματα,
εἰ μή τι τούτῳ δόντες ἀποφευξούμεθα.
Οὗτος, σὺ μέντοι σπολάδα καὶ χιτῶν' ἔχεις,
ἀπόδυθι καὶ δὸς τῷ ποητῇ τῷ σοφῷ.
Ἔχε τὴν σπολάδα· πάντως δέ μοι ῥιγῶν δοκεῖς.
ΠΟ. Τόδε μὲν οὐκ ἀέκουσα φίλα
Μοῦσα δῶρον δέχεται·
938-939 τὺ δὲ τεᾷ φρενὶ μάθε Πινδάρειον ἔπος
940 ΠΙ. Ἄνθρωπος ἡμῶν οὐκ ἀπαλλαχθήσεται.
941-942 ΠΟ. Νομάδεσσι γὰρ ἐν Σκύθαις ἀλᾶται στρατῶν
943 ὃς ὑφαντοδόνητον ἔσθος οὐ πέπαται.
Ἀκλεὴς δ' ἔβα σπολὰς ἄνευ χιτῶνος.
Ξύνες ὅ τοι λέγω.
ΠΙ. Ξυνίημ' ὅτι βούλει τὸν χιτωνίσκον λαβεῖν.
Ἀπόδυθι· δεῖ γὰρ τὸν ποητὴν ὠφελεῖν.
948 Ἄπελθε τουτονὶ λαβών.
ΠΟ. Ἀπέρχομαι,
950 κἀς τὴν πόλιν ἀπελθὼν ποήσω τοιαδί·
« Κλῇσον, ὦ χρυσόθρονε, τὰν τρομεράν, κρυεράν·
νιφόβολα πεδία πολύπορά τ' ἤλυθον. Ἀλαλαί. »

ΠΙ. Νὴ τὸν Δί' ἀλλ' ἤδη πέφευγας ταυταγὶ
954 τὰ κρυερὰ τονδὶ τὸν χιτωνίσκον λαβών.
Τουτὶ μὰ Δί' ἐγὼ τὸ κακὸν οὐδέποτ' ἤλπισα,
οὕτω ταχέως τοῦτον πεπύσθαι τὴν πόλιν.
Αὖθις σὺ περιχώρει λαβὼν τὴν χέρνιβα.
Εὐφημία 'στω.

Texte 4

Nuées, v. 331-334

Σω. οὐ γὰρ μὰ Δί' οἶσθ' ὁτιὴ πλείστους αὗται βόσκουσι σοφιστάς,
Θουριομάντεις, ἰατροτέχνας, σφραγιδονυχαργοκομήτας·
333 κυκλίων τε χορῶν ᾀσματοκάμπτας, ἄνδρας μετεωροφένακας,
οὐδὲν δρῶντας βόσκουσ' ἀργούς, ὅτι ταύτας μουσοποοῦσιν.

Texte 5

Paix, v. 828-831

828 ΟΙ. Ἄλλον τιν' εἶδες ἄνδρα κατὰ τὸν ἀέρα
πλανώμενον πλὴν σαυτόν ;

ΤΡ. Οὔκ, εἰ μή γέ που
ψυχὰς δύ' ἢ τρεῖς διθυραμβοδιδασκάλων.

830 ΟΙ. Τί δ' ἔδρων ;

ΤΡ. Ξυνελέγοντ' ἀναβολὰς ποτώμεναι
τὰς ἐνδιαεριαυρονηχέτους τινάς.

Texte 6

Oiseaux, v. 1372-1409

ΚΙΝΗΣΙΑΣ
1372-1373 Ἀναπέτομαι δὴ πρὸς Ὄλυμπον πτερύγεσσι κούφαις·
1374 πέτομαι δ' ὁδὸν ἄλλοτ' ἐπ' ἄλλαν μελέων —
ΠΙ. Τουτὶ τὸ πρᾶγμα φορτίου δεῖται πτερῶν.
1376-1377 ΚΙ. ἀφόβῳ φρενὶ σώματί τε νέαν ἐφέπων.
1378 ΠΙ. Ἀσπαζόμεσθα φιλύρινον Κινησίαν.
Τί δεῦρο πόδα σὺ κυλλὸν ἀνὰ κύκλον κυκλεῖς ;
1380-1381 ΚΙ. Ὄρνις γενέσθαι βούλομαι λιγύφθογγος ἀηδών.
1382 ΠΙ. Παῦσαι μελῳδῶν, ἀλλ' ὅ τι λέγεις εἰπέ μοι.

ΚΙ. Ὑπὸ σοῦ πτερωθεὶς βούλομαι μετάρσιος
ἀναπτόμενος ἐκ τῶν νεφελῶν καινὰς λαβεῖν
ἀεροδονήτους καὶ νιφοβόλους ἀναβολάς.
ΠΙ. Ἐκ τῶν νεφελῶν γὰρ ἄν τις ἀναβολὰς λάβοι ;
ΚΙ. Κρέμαται μὲν οὖν ἐντεῦθεν ἡμῶν ἡ τέχνη.
Τῶν διθυράμβων γὰρ τὰ λαμπρὰ γίγνεται
ἀέρια καὶ σκοτεινὰ καὶ κυαναυγέα
καὶ πτεροδόνητα· σὺ δὲ κλύων εἴσει τάχα.
ΠΙ. Οὐ δῆτ᾽ ἔγωγε.
ΚΙ. Νὴ τὸν Ἡρακλέα σύ γε.
Ἅπαντα γὰρ δίειμί σοι τὸν ἀέρα.
Εἴδωλα πετηνῶν
αἰθεροδρόμων
οἰωνῶν ταναοδείρων —
ΠΙ. Ὠόπ.
ΚΙ. τὸν ἀλαδρόμον ἀλάμενος
ἅμ᾽ ἀνέμων πνοαῖσι βαίην —
ΠΙ. Νὴ τὸν Δί᾽ ἦ ᾽γώ σου καταπαύσω τὰς πνοάς.
ΚΙ. τοτὲ μὲν νοτίαν στείχων πρὸς ὁδόν,
τοτὲ δ᾽ αὖ βορέᾳ σῶμα πελάζων
ἀλίμενον αἰθέρος αὔλακα τέμνων.
Χαρίεντά γ᾽, ὦ πρεσβῦτ᾽, ἐσοφίσω καὶ σοφά.
ΠΙ. Οὐ γὰρ σὺ χαίρεις πτεροδόνητος γενόμενος ;
ΚΙ. Ταυτὶ πεπόηκας τὸν κυκλιοδιδάσκαλον,
ὃς ταῖσι φυλαῖς περιμάχητός εἰμ᾽ ἀεί ;
ΠΙ. Βούλει διδάσκειν καὶ παρ᾽ ἡμῖν οὖν μένων
Λεωτροφίδῃ χορὸν πετομένων ὀρνέων
Κεκροπίδα φυλήν ;
ΚΙ. Καταγελᾷς μου, δῆλος εἶ.
Ἀλλ᾽ οὖν ἔγωγ᾽ οὐ παύσομαι, τοῦτ᾽ ἴσθ᾽ ὅτι,
πρὶν ἂν πτερωθεὶς διαδράμω τὸν ἀέρα.

Texte 7

Oiseaux, v. 227-263

ΕΠ. Ἐποποποῖ ποποῖ, ποποποποῖ ποποῖ,
ἰὼ ἰὼ ἴτω ἴτω
ἴτω τις ὧδε τῶν ἐμῶν ὁμοπτέρων·
ὅσοι τ᾽ εὐσπόρους ἀγροίκων γύας
νέμεσθε, φῦλα μυρία κριθοτράγων
σπερμολόγων τε γένη
ταχὺ πετόμενα, μαλθακὴν ἱέντα γῆρυν·

ὅσα τ᾽ ἐν ἄλοκι θαμὰ
βῶλον ἀμφιτιττυβίζεθ᾽ ὧδε λεπτὸν
ἡδομένᾳ φωνᾷ·
— τιοτιοτιοτιοτιοτιοτιοτιο —
ὅσα θ᾽ ὑμῶν κατὰ κήπους ἐπὶ κισσοῦ
κλάδεσι νομὸν ἔχει,
240 τά τε κατ᾽ ὄρεα τά τε κοτινοτράγα τά τε κομαροφάγα,
241-242 ἀνύσατε πετόμενα πρὸς ἐμὰν αὐδάν·
243 — τριοτο τριοτο τοτοβριξ· —
οἵ θ᾽ ἑλείας παρ᾽ αὐλῶνας ὀξυστόμους
ἐμπίδας κάπτεθ᾽, ὅσα τ᾽ εὐδρόσους γῆς τόπους
246-247 ἔχετε λειμῶνά τ᾽ ἐρόεντα Μαραθῶνος, ὄρ-
248-249 νις <τε> πτεροποίκιλος, ἀτταγᾶς ἀτταγᾶς·
250 ὧν τ᾽ ἐπὶ πόντιον οἶδμα θαλάσσης
φῦλα μετ᾽ ἀλκυόνεσσι ποτῆται,
δεῦρ᾽ ἴτε πευσόμενοι τὰ νεώτερα·
πάντα γὰρ ἐνθάδε φῦλ᾽ ἀθροΐζομεν
οἰωνῶν ταναοδείρων.
Ἥκει γάρ τις δριμὺς πρέσβυς
καινὸς γνώμην
καινῶν ἔργων τ᾽ ἐγχειρητής.
Ἀλλ᾽ ἴτ᾽ εἰς λόγους ἅπαντα,
δεῦρο δεῦρο δεῦρο δεῦρο·
260 τοροτοροτοροτοροτιξ,
κικκαβαυ κικκαβαυ,
262 τοροτοροτορολιλιλιξ.

ΠΙ. Ὁρᾷς τιν᾽ ὄρνιν ;

Monique Trédé

LA POÉSIE LYRIQUE
ENTRE ARCHAÏSME ET CLASSICISME

Dans la trop célèbre lettre du 2 avril 1829 à J. P. Eckermann, Goethe définit le classique comme la santé de l'art et le romantique comme sa maladie. Homère est classique, parce que sain et respectable. Le neuf est romantique parce que faible, malingre et morbide ; l'ancien est classique parce que solide, frais, sain et joyeux.

> « Das Klassische nenne ich das Gesunde und das Romantische das Kranke. Und da sind die Nibelungen klassisch wie der Homer, denn beide sind gesund und tüchtig. Das meiste Neuere ist nicht romantisch, weil es neu, sondern weil es schwach, kränklich und krank ist, und das Alte ist nicht klassisch, weil es alt, sondern, weil es stark, frisch, froh und gesund ist. Wenn wir nach solchen Qualitäten Klassisches und Romantisches unterscheiden, so werden wir bald im reinen sein. »[1]

La double équivalence classique-antique *versus* romantique-moderne[2] envisage l'histoire de la pensée et de l'art dans une perspective bipolaire et fort schématique. Son simplisme herméneutique, aux yeux de Goethe limpide et suffisant (« im reinen sein ») pour éclairer l'histoire dans sa généralité, convient mal à l'élucidation des morceaux chronologiques que les œuvres et les événements au fil des siècles découpèrent dans l'espace et le temps. L'opposition classique/romantique postule un cycle alternatif de la plénitude et de la décrépitude, ajusté à une époque toute de convulsives mutations. Participant des deux versants, le poète-penseur allemand prend la mesure du bouleversement qui fit les choses d'avant basculer dans la morbidité. Inaugurant une querelle des anciens et des modernes dans un pays longtemps en quête d'une identité propre et déterminée, il suggère que l'excellence n'est indiscutable que dans

1. J. P. Eckermann, *Gespräche mit Goethe in den letzten Jahren seines Lebens*, R. Otto et P. Wersig éd., 2e éd., Munich, C. H. Beck, 1984, p. 286.

2. Les notices « Archaismus » et « Klassizismus » du *Neue Pauly. Enzyklopädie der Antike*, H. Cancik et H. Schneider éd., ne sont pas d'un intérêt illimité.

l'accompli du passé. L'ancien est promu au rang de classique, et le moderne condamné comme délétère ; l'avant l'emporte sur l'après. L'avant, par vertu d'antécédence et de précellence, devient le modèle de l'excellent.

Le classique, par transfert connotatif de l'idée de réalisé à celle d'accompli, est la norme de la beauté atemporelle et l'expression d'un absolu (« ein normatives Moment... Klassik als Akme einer Entwicklung », écrit P. Weitmann, 1989) [3]. Norme rémanente et récurrente érigée en impératif catégorique de l'exigence inséparablement esthétique et éthique. La santé serait donc classique et le classique sain, parce que le corps qui la porte n'est plus vivant. L'éclat de son épanouissement est inscrit en lui à jamais, fixé et non figé dans la perfection. L'Allemagne [4] encore mal définie accéda à la modernité par le commerce intime que la philologie lui permit d'instaurer avec le passé. Th. Bergk, dans *Griechische Literaturgeschichte* (1872), écrit :

> « Wir Deutsche haben lange Zeit kein rechtes Verständniss dieser classischen Werke gehabt, erst seitdem wir selbst wieder eine Literatur besitzen, sind wir im Stande das Geheimniss fremder Kunst zu fassen. » [5]

Portant le passé au pinacle sur le mode de l'éloge inconditionnel mais en définitive intéressé, le pays de Goethe instaura une forme de panchronie ou d'achronie, faisant de la philologie dite classique l'étalon d'une transcendance historique et axiologique. Par elle c'est l'Antiquité tout entière qui devint canonique, réglant pour longtemps la création et le goût. A travers théories et nomenclatures, elle se trouva continûment mêlée à l'histoire du moment. L'idéalité du parangon devint indissociable de la réalité nouvelle susceptible d'y puiser ; le nouveau s'étayait de l'ancien, dont il tirait exemple et progrès ; le classicisme et l'Antiquité étaient promis à faire l'unanimité. Envisagés ensemble comme entité double et insécable, ils satisfaisaient un besoin de rationalité autant que de naïve simplicité. Pour être admirable, le passé devait être grand et presque

---

3. « Die Problematik des Klassischen als Norm und Stilbegriff », *Antike & Abendland* 35, 1989, p. 150-186 [p. 172].

4. C. Träger, « Über Historizität und Normativität des Klassik-Begriffs », *Weimarer Beiträge* 12, 1979, p. 13 : « " Klassiker " vertreten in diesem Sinne weithin das humane Antlitz einer Nation (nicht primär das einer bestimmten Klasse oder Epoche) : ja sie helfen auf die Dauer das Bild von einer Nation nach außen hin prägen. Die dabei auftretenden offenkundigen Widersprüche zwischen dem Bild, das eine Nation von sich selber hat, und dem, das andere aufgrund der Literatur sich von ihr aufbauen, können erheblich sein. »

5. Th. Bergk, *Griechische Literaturgeschichte*, I, Berlin, Weidmann, 1872, p. 2.

indépassable, fauteur d'émulation autant que de regret. A l'histoire en cours il ajoutait le feston d'une pré-histoire, superposant finalité et causalité : le présent, afin d'être grand à son tour, devait regarder en arrière pour y trouver ce qui allait le déterminer. P. Nerrlich, dans *Das Dogma vom klassischen Altertum in seiner geschichtlichen Entwicklung* (1894), pour cette raison déplore :

> « Nicht zu viel in der That haben wir behauptet, wenn wir die Philologen als Feinde der Fortentwickelung hinstellen. Einigem des Erfreulichen zwar begegnen wir bei unserem Rückblicke. Niebuhr erhebt sich gegen Goethes Überschätzung der Kunst, Boeckh erklärt es für einseitig und oberflächlich, im Altertum nur Ideale zu sehen. »[6]

L'antériorité se révélait ainsi ordonnatrice de l'après, et la postérité plus ou moins librement maîtresse de son passé. Si au goût et à la création l'ensemble en gros suffisait, à l'érudition il ne proposait qu'un absolu vague et flou. L'idée de totalité parfaite à lui attachée demandait pour les besoins de la science à être détaillée. La perfection n'était pas le tout du passé classique, et l'Antiquité dans le détail devait être relativisée. A la théorie esthétique la philologie mêla l'histoire, au mieux pour l'exactitude, au pire pour la démythification (*The poverty of historicism*, dit K. Popper, 1957[7]). La beauté aussi avait sa chronologie ; il était temps d'y songer et de l'organiser. Avant la philologie moderne et scientifique le sens historique n'avait pas complètement manqué mais sa mise en œuvre ne fut systématique de propos délibéré que lorsque le temps vécu parut devoir être mesuré à l'aune des œuvres réalisées.

La beauté allait donc être historique et canonique, réelle et idéale. La distance que le temps depuis de longs siècles avait creusée lui permit d'être l'une et l'autre, entre vérité et mensonge, mythe et réalité. La philologie ne fut pas en l'occurrence moins mensongère et véridique que l'esthétique ou la philosophie ; elle fut créatrice de mythes elle aussi. Le passé à travers elle devint glorieux d'une manière moins axiomatique et monotone, gagnant en profondeur et en complexité. Dans l'unité du parfait la philologie mit au jour la diversité du multiple. Goethe et Winckelmann, se partageant les territoires respectifs de la littérature et de l'art, aux productions de l'esprit tissèrent une histoire, ordonnant les étapes et les progrès, appréciant les différences et les écarts. Le découpage tripartite, même avant Hegel, s'imposa comme juste mesure dialec-

6. *Das Dogma vom klassischen Altertum in seiner geschichtlichen Entwicklung*, Leipzig, C. L. Hirschfeld, 1894, p. 323.

7. Londres, Routledge-Kegan Paul, 1957.

tique et synthétique. J. J. Winckelmann, dans *Geschichte der Kunst des Altertums* (1764)[8], distingue trois stades dans l'évolution ou la maturation :

> « den Ursprung, das Wachstum, die Veränderung und den Fall derselben. »[9]

G. W. F. Hegel, dans *Vorlesungen über die Philosophie der Weltgeschichte* (1822-1823), esquisse une chronologie non moins idéale :

> « In der griechischen Welt sind drei Perioden, und dies ist von nun an bei jedem Volk der Fall... »[10]

Si cette classification s'applique à l'histoire, grecque en l'occurrence, dans sa globalité, elle se trouva transposée à toutes les manifestations de l'esprit et de la pensée. Littérature et art n'avancèrent pas cependant tout à fait au même rythme et du même pas. Si le schématisme convenait mieux pour rendre compte de leur cheminement parallèle, la vérité historique et surtout artistique requérait des critères plus précis et nombreux. Le raffinement de l'érudition donna lieu à l'élaboration d'une histoire à plusieurs vitesses et à multiples parallèles. La littérature et l'art pouvaient sans problème couler leur histoire dans la linéarité tripartite postulée par Winckelmann ou Hegel. Dans le détail toutefois, la clarté théorique confinait au réductionnisme. L'historien de l'art, dans *Geschichte der Kunst des Altertums* (1764), écrit :

> « Mit der Betrachtung der Kunst der Griechen verhält es sich wie mit der griechischen Literatur : man kann nicht richtig urteilen, ohne in dieser alles und mehrmal gelesen zu haben, so wie man in jener alles, was übrig ist, wenn es möglich wäre, sehen und untersuchen muß. »[11]

Pour la littérature, l'organisation ternaire en genres littéraires d'une part et en aires géographiques d'autre part conduisit les érudits à distinguer, dans le premier cas et pour la poésie, l'épopée, le lyrisme et le drame, dans le second cas, les phases ionienne, dorienne et athénienne, auxquelles F. Schlegel ajouta une phase alexandrine. Espace et temps traçaient ensemble les repères, en quelque sorte orthonormés, de l'actualisation historique des virtualités poétiques.

---

8. W. Senff éd., Weimar, Hermann Böhlaus Nachfolger, 1964.

9. Vienne, Phaidon, 1934 = Darmstadt, Wissenschaftliche Buchgesellschaft, 1972, p. 9. G. W. Most, « Zur Archäologie der Archaik », *Antike & Abendland* 35, 1989, p. 3, parle des « drei Momenten des Noch-Nicht-Reifen, des Reifen und des Überreifen ».

10. K. H. Ilting éd., K. Brehmer, Hambourg, Felix Meiner, 1996, p. 316.

11. W. Senff éd., Weimar, Hermann Böhlaus Nachfolger, 1964, p. 361.

Étrangère à la nomenclature des anciens, qui à la classification par grands genres préféraient la hiérarchie des repères canoniques ou la caractérisation descriptive du détail, la tripartition épopée-lyrisme-drame aux yeux de certains modernes n'était autre qu'une contestable commodité. W. Christ, *Geschichte der griechischen Litteratur bis auf die Zeit Justinians* (1889), constate :

> « Die veschiedenen Arten der lyrischen Poesie wurden von den Alten noch nicht als Ganzes mit einem gemeinsamen Namen der epischen und dramatischen Poesie gegenübergestellt. » [12]

De même H. Faeber, *Die Kunst in der Kunsttheorie der Antike* (1936) :

> « Das Gebiet der Dichtung wird in modernen Literaturgeschichten in epische, lyrische und dramatische Dichtung eingeteilt, wobei allerdings manchmal die Grenzen sehr verwischt sind. Unter lyrischer Dichtung verstehen sie dabei Dichtungen mit subjektivem Gefühls- oder Gedankeninhalt... » [13]

Enfin A. Croiset, *La poésie de Pindare et les lois du lyrisme grec* (1895) :

> « Le lyrisme se place historiquement entre l'épopée et le drame. L'épopée avait charmé les premiers siècles de la Grèce par ses longs et naïfs récits, remplis d'héroïsme et de merveilleux. Le lyrisme, aussi ancien sous sa forme populaire que l'épopée elle-même, et peut-être plus ancien, n'arrive pourtant à la perfection littéraire qu'après elle. Il est à la fois plus passionné et plus réfléchi. C'est d'ailleurs un art plus complexe, puisque la musique et la danse s'y ajoutent à la poésie. Un dernier progrès restait à faire : c'était d'associer la grandeur de l'épopée avec la force pathétique du lyrisme. Ce fut l'œuvre du drame, qui est la dernière grande création de l'imagination poétique en Grèce et qui résume en soi presque toutes les beautés des deux autres genres de poésie, avec quelque chose encore de plus éclatant, de plus fort et de plus concentré... » [14]

Tandis que théoriciens et historiens modernes inventèrent une forme de perfection régulière, la réalité des œuvres conservées ne manqua jamais de susciter obstacles et perplexité. L'alternative tenait entre classer et simplifier et inventorier et juxtaposer. Classification nivelante d'une part, exhaustivité désordonnée de l'autre. La fixation canonique garantissait une forme de permanence réglementaire, quand la nomination assurait un semblant de cohérence dénotative. Tantôt fourre-tout, tantôt inadéquatement subtiles, les

12. Nördlingen, C. H. Beck, 1889, p. 86.
13. Munich, Neuer Filser-Verlag, 1936, p. 3.
14. Paris, Hachette, 1895, p. 157 sq.

taxinomies hésitaient entre clarté simplificatrice et éclatement centrifuge. Sans vraiment explicitement le confesser, les modernes devaient globalement aux Grecs eux-mêmes les étiquettes et les catégories par eux ensuite réduites au minimum théorique de l'axiome. H. Faerber, dans *Die Lyrik in der Kunsttheorie der Antike* (1936), énumère ainsi toutes les manières que les anciens imaginèrent pour rendre compte de la poésie et, à l'intérieur d'elle, du lyrisme. Proclos subdivisait la production poétique en διηγηματικόν et μιμητικόν[15] ; tel scholiaste à Denys le Thrace en διηγηματικόν, δραματικόν et μικτόν[16]. Les œuvres lyriques — plus que la poésie, jamais vraiment désignée comme entité abstraite et pour elle-même — sont une variété particulière du type diégématique, au même titre, selon Proclus, que l'épopée, l'iambe et le chant mélique (καὶ τὸ μὲν διηγηματικὸν ἐκφέρεται δι' ἔπους, ἰάμβου τε καὶ ἐλεγείου καὶ μέλους[17]), des types que le scholiaste à Denys, pour sa part, rangeait sous la double catégorie diégématique et mixte. Dans tous les cas et malgré une désignation plus fluctuante qu'imprécise, la poésie lyrique, jamais dénotée d'un terme unique ou univoque, figure dans la rubrique diégématique. Le terme *lyrique* n'apparaît pas pour dénoter la poésie, sinon — conjecturalement — dans un texte grammatical latin, sous la forme « poeseos genera sunt tria : actuale, narrativum, coniunctivum. actuale est, quod Graeci drasticon dicunt, ubi poeta † lyrica, tragoedia, satyrica, [etc.] »[18]. On trouve en revanche le pluriel *lyriques* dans les récapitulatifs canoniques, notamment ceux de l'*Anthologie palatine* (τοὺς λοιποὺς λυρικούς[19] ; εἰς τοὺς λυρικοὺς ποιητάς[20]). Les lyriques, par ailleurs, étaient comptés au nombre de neuf, autre multiple de trois[21].

---

15. *Photii Bibliotheca* 319a 1 sq. Bekker.

16. *Schol. Lond. (AE) Dion. Thrac.*, 476, 29 Hilg. : Ἐμμελῶ δ' εἶπεν, ὅτι δεῖ μετὰ μέλους τοῦ προσήκοντος ᾄδειν τὰ λυρικά. ὅπερ νῦν ἡμῖν ἀδύνατον. εἰ μὲν γάρ τις ἐθελήσει κατὰ τὴν ἀρχαίαν μουσικήν, καθ' ἣν καὶ ἐγέγραπτο, ἀδύνατον. ἑτέρα γὰρ ἡ ἀρχαία πρὸς τὴν νῦν. ἡ μὲν γὰρ εἰς τρεῖς τρόπους διῄρητο — Δώριον, Φρύγιον, Λύδιον — ἡ δὲ νεωτέρα εἰς δεκαπέντε. πῶς ἂν οὖν τις δύναιτο κατὰ τὴν ἀρχαικὴν ἁρμονίαν γεγραμμένα μέλη κατὰ τὴν νῦν μελῳδίαν ᾄδειν ; ὥστε ἀδύνατον τὸ τοιοῦτον ἐν γραμματικῇ διὰ τὸ γεγενῆσθαι μεταβολὴν τῆς ἁρμονικῆς...

17. *Loc. cit.*

18. *Excerpta post Caes. Bassi frag.* (Keil, *Gr. L.* VI, 274, 6).

19. IX, 184, éd. Stadtmüller.

20. *Anth. Pal. nova*, III, 73, éd. Cougny ; III, p. 299 (= *Schol. Pind.* Drachmann, I, p. 10, 5 sq.).

21. *Comment. Melamp. seu Diomed.* (cod. C) *Dion. Thrac.*, p. 21, 18 Hilg. : Γεγόνασιν δὲ λυρικοὶ οἱ καὶ πραττόμενοι ἐννέα, ὧν τὰ ὀνόματά ἐστι ταῦτα ; *Anonymus*, éd. Drachm., *Schol. Pind.*, I, p. 11, 20 : λυρικοὶ ποιηταὶ μουσικῶν ᾀσμάτων ἐννέα.

Quoi qu'il en soit, aucun souci de chronologie dans ces nomenclatures, aucune hiérarchie non plus, sinon le besoin de mettre en ordre et de confier à la mémoire les traces des auteurs et des œuvres. Ce qui prévaut, c'est une sensibilité aux mètres, à la musique et à la prosodie, comme dans le passage de Mar. Victorinus expliquant « Species igitur metrorum sunt IV : epica, melica, comica, tragica », ou encore dans une scholie à Aristophane : οἱ λυρικοὶ ποιηταὶ χοροῖς καὶ λύραις τὰ ποιήματα ᾖδον [22]. Les œuvres lyriques d'une part, les poètes lyriques d'autre part furent, comme le portent les anthologies, tenus pour classiques (« classici », selon la formule inaugurée par Aulu-Gelle [23]), parce qu'admis et intégrés dans l'ordre officiel de la tradition et, en tant que tels, proposés à l'enseignement et à l'imitation. De tous les points de vue envisagés — générique, prosodique, géographique, canonique — la chronologie est notablement absente. Seules comptent en définitive la permanence du vestige et l'intemporalité de l'exemplarité. Les lyriques, en tant que classiques, pour le dire comme Goethe, sont donc tout bonnement sains, parce qu'ils ont la santé du durable et de l'atemporel.

Lorsque la modernité prit en charge ce passé, tout d'immobile perfection, elle passa la diversité au crible d'une sorte de pragmatisme épistémique. « In welcher Epoche sollen wir das echte und wahre antike Ideal suchen ? Die Wahl würde frei stehen, und die Schätzung auch der berühmtesten Antiken ist wandelbar ; sie ändert sich jeden Tag und wird sich in aller Zukunft weiter ändern », se demande R. Kekulé von Stradonitz dans sa conférence du 15 octobre 1901 sur *Die Vorstellungen von griechischer Kunst und ihre Wandlung im neunzehnten Jahrhundert* (1901). Changeante (« wandelbar ») est l'appréciation ; changeantes aussi les hiérarchies et les nomenclatures. Où fixer l'authentique et le véridique (« das echte und wahre antike Ideal »), quand l'Antiquité dans sa totalité se propose comme modèle parfait ; comment délimiter les trois stades de la maturité insuffisante ou immaturité, de la maturité accomplie et de la maturité excessive, imaginés par les philosophes et les historiens, quand chaque genre déroule sa propre histoire ? A l'intérieur des genres respectifs de l'épopée, du lyrisme et du drame, où placer les seuils et les frontières, où le début, le milieu et

22. *Schol. Arist. Nub.* 333.

23. *Noctes Atticae* XIX, 8, 15 : « dixerit e cohorte illa dumtaxat antiquiore vel oratorum aliquis vel poetarum, id est classicus adsiduusque aliquis scriptor, non proletarius. »

la fin ? Lorsqu'A. Croiset, dans *La poésie de Pindare et les lois du lyrisme grec* (1895), écrit que « Le lyrisme se place historiquement entre l'épopée et le drame »[24], il suggère, à juste titre, que chaque genre correspond à une tranche d'histoire. Dans ce cas, et pour pousser le syllogisme à l'extrême, le lyrisme, en tant que genre du milieu, serait celui de la maturité accomplie. Si l'avant, en tant qu'en deçà de l'accompli, doit être dit l'archaïque, et l'après, en tant qu'au-delà de l'accompli, le décadent ou le dégénérescent, le milieu serait alors le classique, c'est-à-dire l'accompli et l'apogée. E. Nageotte, *Histoire de la poésie lyrique grecque* (1888), pourtant suggère que la poésie lyrique n'arrive qu'après le « grand éclat » :

> « La poésie lyrique ne se développa réellement en Grèce qu'après le grand éclat, la floraison brillante de l'épopée ; elle était pourtant beaucoup plus ancienne. Pendant longtemps elle ne fit que végéter ; puis les destins changèrent. »[25]

Autrement dit, elle vient après, mais possède elle aussi son histoire ; non seulement segment d'un temps dont elle participe, mais elle-même segmentable en plusieurs étapes et degrés. Rien toutefois en la matière n'est vraiment simple. Un courant littéraire, explique F. Schlegel dans « Von den Schulen der griechischen Poesie » (1794)[26], se caractérise par son degré de plénitude et de vérité, sa pureté et son objectivité, ainsi que — plus concrètement — les moyens que pour y parvenir il met en œuvre, l'accomplissement artistique s'exprimant dans la double réalité de la représentation et de la beauté.

> « Die Charakteristik einer Schule der Griechischen Poesie beurteilt und charakterisiert erstlich die Darstellung : entweder an und für sich, ihre Vollkommenheit und Richtigkeit, ihre Reinheit und Objektivität ; oder ihre Organe. Diese sind Formen (die Dichtarten) ; oder sie sind materiell, und deren sind drei : Mythus, Diktion, und Metrum. Ferner bestimmt sie, ob und inwiefern das darstellende Genie das Dargestellte empfangen oder erzeugt hat ; sie bestimmt das Natürliche und das Ideale in der Darstellung. Es gibt zwei Elemente der Kunst : Darstellung, und Schönheit. Nächst der Kunst, wird also die Schönheit charakterisiert und beurteilt, ihre Teile, ihr Inhalt oder Sinn, die Erscheinung desselben, und die Verhältnisse beider. »[27]

---

24. Paris, Hachette, 1895, p. 157.
25. I, Paris, Garnier frères, 1888, p. 1.
26. *Studien des klassischen Altertums*, E. Behler éd., Paderborn, etc., F. Schöningh, 1979, I/1.
27. P. 5.

Le philosophe allemand, à côté des quatre écoles (ionienne, dorienne, athénienne et alexandrine) qui pour lui rendent compte de l'histoire de la poésie grecque, distingue aussi des individualités isolées, des périodes sans étiquette et des époques difficiles à déterminer.

> « Es gibt in der Griechischen Poesie vier Hauptschulen : die Jonische, die Dorische, die Athenische, und die Alexandrinische. Es gibt noch außer diesen Künstler, welche durch homogenen Stil Klassen bilden, die aber ästhetisch nicht wichtig genug sind, um den Namen einer Schule zu verdienen ; es gibt einzelne Künstler, welche sich nicht leicht unter irgendeine Schule ordnen lassen ; es gibt eine Periode, wo es keinen Stil, also auch keine Schule, gab ; es gibt endlich Perioden, über welche sich mit Sicherheit fast gar nichts festsetzen läßt. Dies gilt vorzüglich von der vorhomerischen Zeit, die deshalb hier mit Stillschweigen übergangen wird. » [28]

La poésie lyrique, en quelque sorte par principe et *a priori* philologique, est définie dorienne et manifeste toutes les caractéristiques de son époque, que par son existence même d'une certaine manière elle délimite et fait accéder à la réalité.

> « Ganz verschieden von dem Jonischen Geiste war der Dorische. Diese Verschiedenheit äußerte sich in Gebräuchen, Sitten, Gesetzen, Mythen, Dialekt, Musik, und auch in der Poesie. Die Eigentümlichkeiten und der Umfang dieser letztern sind so bedeutend, ihre Unterschiede von der übrigen Griechischen Poesie so auszeichnend und zusammenhängend, sie entspringen so ganz aus dem Dorischen Nationalcharakter und der Dorischen Nationalkultur, daß wir genötigt sind, eine eigne Dorische Schule in der Griechischen Poesie anzunehmen. » [29]

L'école dorienne avant tout est unie par un esprit — aristocratique — que ses représentants de diverses manières illustrent et magnifient. La grandeur, l'ingénuité et la sérénité dessinent un héroïsme paisible et délicat (*friedlich* et *heldenmütig*), convenant à une poésie de circonstance et d'agrément (*veranlaßte* ; *angenehm*). Faisant suite à l'école ionienne, que F. Schlegel définit comme naturelle, la poésie dorienne dans l'art reflète l'élaboration des mœurs et du goût.

> « Der Ton ihrer Sittlichkeit war Größe, Einfalt, Ruhe ; friedlich und doch heldenmütig, lebten sie in einer edeln Freude... » [30]

28. P. 5.
29. P. 8.
30. P. 10.

« Eben diesen Charakter : Größe, Einfalt und Ruhe, finden wir in der Schönheit der Dorischen Dichtkunst ganz wieder... »[31]

« Das Prinzip der Darstellung liegt in der Mitte zwischen Natur und Ideal... »

« Die einzige Form ist Lyrik (so wie Epos ausschließlich Jonische Form, und Drama Athenische ist)... »

« Die Dorische Lyrik ist eine veranlaßte Poesie, oder eine Kunst des Angenehmen, welche ihren Zweck durch das Schöne erreicht. »[32]

« Der Gang der Griechischen Poesie war also folgender : Sie ging von der Natur aus (Jonische Schule), und gelangte durch Bildung (Dorische Schule) zur Schönheit. »[33]

Dans le détail des œuvres produites, les choses sont évidemment moins simples et plus nuancées. Le dorien, qu'on l'envisage du point de vue de la langue ou d'un certain esprit, selon les auteurs et les poèmes, occasionnellement s'enrichit d'autres éléments ; Schlegel les considère avec discernement, mettant au jour des récurrences et des intersections.

« Die Kriterien um die Gränzen dieser Schule zu bestimmen, sind erstlich die Dichtart, nämlich eigentliche Lyrik im alten Sinne des Worts ; und das Dorische im Dialekt und im Charakter. Doch wird man eigentlich lyrische Werke aus der Zeit, in welcher Dorische Kunst blühte, wenn jene auch äolisch wie die des Alcäus und der Sappho, oder selbst Jonisch, wie die des Anakreon, geschrieben sind, vielleicht am besten zu dieser Schule rechnen können ; denn sie gehören zur eigentlichen Lyrik, und diese ist im Ganzen ein Dorisches Produkt. Die Zeit ist wohl ein Kennzeichnen, um von dieser Schule auszuschließen, wie den Leonidas und Theokrit, aber kein gültiges Kennzeichnen, um ein Werk dazu zu rechnen. Denn es gibt zu gleicher Zeit Poesien und Poeten, welche man weder zur Jonischen, noch zur Dorischen, noch zur Athenischen Schule rechnen kann, wie die Elegiker, Mimnermus, Tyrtäus, Stesichorus, Archilochus, Simonides, Solon. Die ältesten Elegiker sind Jonier, vermutlich also die Elegie selbst eine Jonische Erfindung, besonders da das Metrum nur ein veränderter Hexameter ist. — Der Anfang der dorischen Schule ist in undurchdringliches Dunkel verhüllt. Das Ende der Dorischen Lyrik und Musik fällt, allem Vermuten nach, mit dem Verderben ihrer Sitten und Staaten... zusammen. »[34]

Faisant valoir une logique de l'évolution en même temps que de la continuité, le philosophe n'a souci de la chronologie pour ainsi dire qu'incidemment, partageant en cela moins l'achronisme ou l'anachronisme des théoriciens que le réalisme esthétique inhérent

31. P. 11.
32. P. 11.
33. P. 17.
34. P. 9 sq.

à la philosophie de la philologie qu'il défend. Pindare donc est défini le dernier poète de l'école dorienne, Eschyle le premier de l'école athénienne ; leur œuvre s'inscrit dans un mouvement sans cassures ni césures autres que celles imaginées par l'historiographie pour compartimenter la chronologie. Le grand lyrique n'est ni jeune ni vieux ; il est du milieu, de la transition et de l'entre-deux. Sa biographie fait en lui se rencontrer au moins deux époques, celle d'avant et celle d'après. Pour la seconde, son œuvre est ancienne, vieille-grecque, comme on dirait vieille France ; pour la première, elle est seyante mais nouvelle aussi ; dans les deux cas, en définitive, décalée. On pourrait en dire autant, pour d'autres siècles, de Claudel ou de Chateaubriand.

Quand les uns veulent voir en Pindare le paradigme de l'archaïsme (« denn Pindar mußte die ältere Zeit paradigmatisch darstellen », résume Glenn W. Most[35]), d'autres relèvent qu'il était plus jeune qu'Eschyle, vécut encore au moins dix ans après la mort de ce dernier et écrivit la plupart de ses poèmes après Marathon. F. A. Wolf, qui dans l'histoire de la littérature introduisit des critères de chronologie politique, s'employa à faire correspondre le découpage respectif des œuvres et des événements[36]. Plaçant la césure en l'an 560, il comptait Pindare dans la période attique. Qu'ils suivent cette répartition, comme R. Nicolai dans la première édition de son histoire de la littérature (*Geschichte der gesammten griechischen Literatur. Ein Versuch*, 1867)[37], ou s'arrêtent à d'autres dates, 490 pour G. Bernhardy (*Grundriß der griechischen Literatur ; mit einem vergleichenden Ueberblick der Römischen. Erster Theil : Innere Geschichte der griechischen Litteratur*, 1836)[38] et dans la deuxième édition de R. Nicolai (*Griechische Literaturgeschichte in neuer Bearbeitung. Erster Band : Die antik-nationale Literatur*, 1873)[39], 500 chez Th. Bergk (*Griechische Literaturgeschichte*, 1872-1883)[40], 510 chez K. Sittl (*Geschichte der griechischen Literatur bis auf Alexander den Grossen*, 1884-1887)[41], Pindare ne se perd pas

35. « Zur Archäologie der Archaik », *A & A* 35, 1989, p. 13.

36. J. D. Gürtler, éd. *Fr. Aug. Wolfs Vorlesungen Über die Alterthumswissenschaft. II. Vorlesung über die Geschichte der griechischen Litteratur*, Leipzig, A. Leinhold, 1831, p. 9-11, 86.

37. Magdebourg, Heinrichshofen, 1867.

38. 2e éd., Halle, E. Anton, 1852.

39. Magdebourg, Heinrichshofen, 1873.

40. Berlin, Weidmann, 1872-1883.

41. K. Sittl, *Geschichte der griechischen Literatur bis auf Alexander den Grossen*, I, Munich, Th. Ackermann, 1884, p. 3 : « So stellt sich die hellenische Literatur dem Beschauer dar, im Grossen und Ganzen eine Einheit, wenn auch im einzelnen wieder

pour ces auteurs dans le brouillard des commencements, mais s'épanouit dans la lumière de la période athénienne donc classique. En 1888, W. Christ (*Geschichte der griechischen Litteratur bis auf die Zeit Justinians*, 1889 [42]) s'étonne qu'à l'époque des guerres médiques des talents comme Simonide et Pindare se soient épanouis ; en 1905, U. von Wilamowitz-Moellendorff, *Die griechische Literatur des Altertums* [43], fait figurer Simonide, Bacchylide et Pindare dans la période attique de la littérature, qui pour lui court de 480 à 320. La même année 1901, E. Meyer (*Geschichte des Altertums*, 1901 [44]), qui propose une longue comparaison de Pindare et d'Eschyle, et E. Schwartz, dans le texte d'une conférence sur Pindare, promise à figurer dans la première série des *Charakterköpfe aus der Antike* (1902) [45], reportent sur le grand lyrique leur propre difficulté à s'accommoder de sa chronologie biographique ; la contradiction entre l'appartenance éthique de Pindare à l'époque archaïque et son appartenance, pour ainsi dire biographique, à l'époque classique, est ainsi imputée à l'œuvre elle-même comme une prise de conscience tragique par l'auteur de sa position décalée.

> « (Pindars) Dichtung und die ältere Chorlyrik überhaupt steht und fällt mit den Ordnungen der alten entschwindenden Zeit... mit seinem Tode stirbt seine Dichtweise dahin. »
>
> « Die Welt, in der Pindar lebte und für die er kämpfte, trug längst den Keim des Todes in sich, und er erlebte es noch, wie sie Stein für Stein zusammenbrach. » [46]

Nüancen hervortreten. Weil die Gattungen einander ablösend in raschem Wechsel folgen und die Blütezeit der einen immer mit dem Archaismus der anderen zusammenfällt, kann man sie nicht in eine archaische und eine klassische Periode zerlegen. Ein Einteilungsgrund ist daher eher in der Herrschaft einer Gattung oder in der eines Landes, was bei den Griechen ungewöhnlicher Weise zusammenfällt, zu suchen. Die erste Periode ist die epische und asiatische. Homer steht an der Spitze und verhilft dem Epos zum Ehrenplatze ; an dieses lehnt sich die Elegie an und auch die Melik entzieht sich seinem Einflusse nicht. Als die Lyrik grösseren Raum zu gewinnen anfängt, dominiert wieder Asien, indem der Lesbier Terpander die Kunstlyrik begründet. Endlich gehen ebenso die Anfänge der Prosa von Asien aus. Den Endpunkt dieser Zeit möchte etwa die Tyrannis der Peisistratiden, welche Athen zum Beginne seines Siegeslaufes anspornen, bezeichnen, während die Niederlage der aufständischen Jonier an der Küste Asiens alle Verhältnisse zerrüttete. »

42. 1889, p. 117 sq.

43. Dans *Die griechische und lateinische Literatur und Sprache* (*Kultur der Gegenwart*, I/8), Berlin-Leipzig, B. G. Teubner, 1905, p. 37 sq.

44. *Geschichte des Alterthums. III. Das Perserreich und die Griechen. Erste Hälfte : bis zu den Friedensschlüssen von 448 und 446 v. Chr.*, III, Stuttgart, J. G. Cotta, 1901, p. 454 sq.

45. E. Schwartz, *Charakterköpfe aus der Antike*, 1902, J. Stroux éd., 8e éd., Leipzig, Koehler-Amelang, 1950.

46. P. 32.

Par l'hommage rendu au monde aristocratique finissant, qui grâce à Pindare accéda à l'expression poétique, le passage insensiblement se fit de la chronologie à l'axiologie. L'époque nouvelle valait par rapport à l'époque ancienne, et l'époque ancienne par rapport à l'époque nouvelle. Peu importait le moment exact et la durée ; seule comptait leur mise en valeur réciproque. Pindare, autrement dit, se trouva promu le plus classique des lyriques, le dernier des archaïques et le premier des classiques. La valorisation, au début du XXe siècle, du primitif et de l'ancien ajouta une connotation mythologique voire idéologique à l'exploration des débuts. « Unsere Vorliebe hat sich der archaischen Kunst zugewandt », écrit Kekulé dans la conférence déjà citée (1901) [47], donnant ainsi raison à W. von Humboldt, qui, au début du siècle précédent, avait formé le vœu que les érudits cherchent aussi dans l'antériorité les prémices de l'accompli, en tant que tel précisément appréciable [48]. Pour Hegel [49] comme pour les historiens [50], G. Grote [51] ou E. Curtius [52] par exemple, la victoire sur les Perses ouvrait un âge d'or de la politique, de l'art et de la démocratie, alors que F. Nietzsche, dès 1871, avait fait du VIe siècle un sommet (« das sechste Jahrhundert als der

47. Berlin, 1901, p. 21 sq.

48. *Werke in fünf Bänden. II. Schriften zur Altertumskunde und Ästhetik. Die Vasken*, A. Flitner et K. Giel éd., Darmstadt, Wissenschaftliche Buchgesellschaft, 1961, p. 22 : « man [müßte] am längsten nicht allein bei den Perioden verweilen, in welchen die Griechen am schönsten und gebildetsten waren, sondern auch gerade im Gegenteil ganz vorzüglich bei den ersten und frühesten. »

49. *Vorlesungen über die Philosophie der Geschichte*, 5e éd., Stuttgart-Bad Cannstatt, F. Frommann, 1971, p. 337.

50. Voir E. Bethe, « Die griechische Poesie », dans A. Gercke, E. Norden, *Einleitung in die Altertumswissenschaft*, I, Leipzig-Berlin, B. G. Teubner, 1910, p. 294, et E. Bethe, *Die griechische Dichtung*, Wildpark-Potsdam, Athenaion, 1924, p. 132 sq. ; W. Schmid, O. Stählin, *Wilhelm von Christs Geschichte der griechischen Litteratur. Erster Teil : Klassische Periode der griechischen Litteratur*, 6e éd. (= *Handbuch der Klassischen Altertums-Wissenschaft*, VII/1), Munich, C. H. Beck, 1912, p. 242 ; *Geschichte der griechischen Literatur von der attischen Hegemonie* (= *Handbuch der Altertumswissenschaft* VII/1, 1), Munich, C. H. Beck, 1929, p. 573 sq., 615 sqq. ; U. von Wilamowitz-Moellendorff, *Pindaros*, Berlin, Weidmann, 1922, p. 445 sqq., W. Schadewaldt, *Der Aufbau des pindarischen Epinikion*, Halle s/Saale, Max Niemeyer, 1928, p. 340, et H. Fränkel, *Dichtung und Philosophie des frühen Griechentums*, Munich, C. H. Beck, 1962, p. 577 : « In Pindars Poesie erreichte die archaische Kunst ihren letzten und höchsten Gipfel. Spätarchaisch ist die Finesse und Kompliziertheit der Form, sowie die schwelgerische Schaustellung der Kunst im Kunstwerk. Reifarchaisch ist der Prunk der Sprache... Und echt archaisch ist der bewegte Ablauf der Gedichte... In seinem Ausgang brachte so das archaische Zeitalter eine literarische Erscheinung hervor... »

51. *Geschichte Griechenlands*, übertragen von N. N. W. Meißner, I, Leipzig, Dyk, 1850.

52. *Griechische Geschichte*, I, 6e éd., Berlin, Weidmann, 1887.

Höhepunkt »[53], « es gilt das 6te Jahrhundert aus seinem Grabe zu erlösen »[54]) et, dans la *Naissance de la tragédie* (1872), défini — à la suite de K. O. Müller (1840 ; 1841)[55] — un âge lyrique embrassant le dionysien Archiloque et un apollinien « Doriertum »[56]. Selon une note de 1875 encore, l'archaïsme n'est pas dans cette optique le début de l'âge d'or mais le commencement de la fin.

> « Ich glaube nicht mehr an die " naturgemässe Entwickelung " der Griechen : sie waren viel zu begabt, um in jener schrittweisen Manier, allmählich zu sein, wie es der Stein und die Dummheit sind. Die Perserkriege sind das nationale Unglück : der Erfolg war zu gross, alle schlimmen Triebe brachen heraus, das tyrannische Gelüst ganz Hellas zu beherrschen wandelte einzelne Männer und einzelne Städte an. Mit der Herrschaft von Athen (auf geistigem Gebiete) sind eine Menge Kräfte erdrückt worden ; man denke nur, wie unproduktiv Athen für Philosophie lange Zeit war. Pindar wäre als Athener nicht möglich gewesen. Simonides zeigt es. Und Empedokles wäre es auch nicht, Heraclit nicht. Alle grossen Musiker kommen fast von Aussen. Die athenische Tragödie ist nicht die höchste Form, die man denken könnte. Den Helden derselben fehlt doch das Pindarische gar zu sehr. »[57]

En écrivant dans *Der Untergang des Abendlands* (1918-1922), « Am Anfang jeder Kultur steht ein archaischer Stil »[58], O. Spengler postule moins la pertinence de la périodisation, tripartite ou autre, que l'idée d'un fondement, à savoir d'une cause déterminante et suffisante. La connotation négative attachée dès l'époque de la guerre du Péloponnèse aux termes ἀρχαῖος, ἀρχαικός, κρονικός, παλαιότης, et la présence chez les historiens grecs de l'idée d'antériorité ou de vétusté validèrent dès l'Antiquité la césure entre un avant et un après délimités par les guerres médiques. La représen-

53. *Nietzsches Werke Kritische Gesamtausgabe*, G. Colli et M. Montinari éd., III/3, Berlin-New York, W. de Gruyter, 1978, p. 131.

54. *Nietzsches Werke Kritische Gesamtausgabe*, III/3, 1978, p. 220.

55. *History of the literature of ancient Greece*, I, Londres, Baldwin & Cradock, 1840 ; *Geschichte der griechischen Literatur bis auf das Zeitalter Alexanders. Nach der Handschrift des Verfassers*, D. E. Müller éd., I, Breslau, s. n., 1841, p. 247 : « (Archilochos) die epomachende Bedeutung dieses Dichters », p. 391 : « (Pindar) er stand also etwa in der Mittagslinie des menschlichen Lebens, als Xerxes Griechenland mit Krieg überzog und die Schlachten von Thermopylä und Salamis gekämpft wurden... »

56. *Nietzsches Werke Kritische Gesamtausgabe*, III/1, *Die Geburt der Tragödie*, Berlin-New York, W. de Gruyter, 1972, p. 38 sq.

57. *Nietzsches Werke Kritische Gesamtausgabe*, IV/1, *Nachgelassene Fragmente Anfang 1875 bis Frühling 1876*, Berlin, W. de Gruyter, 1967, p. 184, l. 11-25.

58. *Der Untergang des Abendlandes. Umrisse einer Morphologie der Weltgeschichte*, Munich, C. H. Beck, 1990, p. 77.

tation du temps et des œuvres ne pouvait que faire droit très tôt aux notions complémentaires de relativité et d'enchaînement des causes et des effets. L'histoire, pour rendre compte de la perte de l'unité par l'accroissement et la diversité, introduit des césures et des soudures, jette des ponts, décompose et refait. Pour analyser il lui faut nommer, confier la pensée à des concepts et des mots, associer signifiants et signifiés. Archaïque et classique sont ainsi polémiques à la fois comme nébuleuses conceptuelles et comme surface sémantique. Le reférent y est le reflet d'une représentation apostériorique et d'un imaginaire anachronique. Sans tout à fait se dérober, le signifié est à la merci de chaque nouvelle synchronie et, ce faisant, double la diachronie de l'objet de celle du sujet. L'œil qui vient après voit d'un regard libre et arbitraire, établit des normes et délimite des styles. Le passé est ainsi cadastré ; des lignes rapprochent des points dans l'espace et le temps ; des courbes relient les manières aux matières. Chaque nomination met en danger l'adéquation des mots à la dénotation. Mais le style n'est pas tout entier dans le temps ; il le transcende autant qu'il l'exprime. « The base of any investigation into the archaic Greek worldview must be language and its text », écrit R. A. Prier, dans *Thauma idesthai. The phenomenology of sight and appearance in Archaic Greek* (1989)[59] ; la lettre est aux monuments littéraires ce que la pierre est aux vestiges archéologiques. Dans la langue, une manière travaille une matière, et le style naît de la rencontre de la possibilité et de l'intention. Chaque époque offre à sa langue l'occasion d'être harmonieuse[60]. Denys d'Halicarnasse[61] chez Pindare, Eschyle, Thucydide et Antiphon décèle une harmonie austère ; la manière donc n'est pas de tel ou tel temps, mais la possibilité offerte en tous de le réaliser en particulier. « L'harmonie austère, teintée d'archaïsme, plus soucieuse de dignité que d'élégance », écrit-il.

> Τῆς μὲν οὖν αὐστηρᾶς καὶ φιλαρχαίου καὶ μὴ τὸ κομψὸν ἀλλὰ τὸ σεμνὸν ἐπιτηδευούσης ἁρμονίας τοιόσδε ὁ χαρακτήρ...

« dans l'ensemble d'ailleurs, cette forme de composition ne se complaît guère dans le style périodique ; elle préfère une mise en œuvre plus ou moins brute, simple, formée plutôt de courts segments, prenant modèle sur la nature sans apprêt... », poursuit-il.

59. Tallahassee, Florida State University Press, 1989.

60. Sur l'harmonie, voir Th. W. Adorno, *Ästhetische Theorie*, VII, Francfort-sur-le-Main, Suhrkamp, 1970, p. 240-244, et *passim.*

61. *Opuscules rhétoriques*. III, *La composition stylistique*, § 22, 1-33, texte établi et traduit par G. Aujac et M. Lebel, Paris, Les Belles Lettres, 1981.

Καθόλου δέ γε οὐδὲ ἀσπάζεται τὸ ἐμπερίοδον ἥδε ἡ σύνθεσις ὡς τὰ πολλά, ἀποιήτως δέ πως καὶ ἀφελῶς καὶ τὰ πλείω κομματικῶς κατεσκευάσθαι βούλεται, παράδειγμα ποιουμένη τὴν ἀκατάσκευον φύσιν.

Et « Voici encore d'autres caractéristiques de l'harmonie austère et archaïsante : elle utilise peu les mots de liaison, ne met pas constamment les articles (elle en met parfois moins que le strict nécessaire) ; au lieu de s'attarder sur les mêmes cas, elle en change fréquemment ; elle néglige de respecter l'accord avec ce qui précède, et même la concordance interne ; elle combine les éléments de langage avec excellence et originalité, sans se préoccuper de l'opinion ou des désirs du public. »

Καὶ ταῦτα δι' ἔτι τῆ ἀρχαίας καὶ αὐστηρᾶς ἁρμονίας ἐστι χαρακτηρικά· τὸ μήτε συνδέσμοις χρῆσθαι πολλοῖς μήτ' ἄρθροις συνεχέσιν ἀλλ' ἔστιν ὅτε καὶ τῶν ἀναγκαίων ἐλάττοσιν, τὸ μὴ χρονίζειν ἐπὶ τῶν αὐτῶν πτώσεων τὸν λόγον ἀλλὰ θαμινὰ μεταπίπτειν, τὸ τῆς ἀκολουθίας τῶν προεξενεχθέντων ὑπεροπτικῶς ἔχειν τὴν φράσιν καὶ τοῦ καταλλήλου, τὸ περιττῶς καὶ ἰδίως καὶ μὴ κατὰ τὴν ὑπόληψιν ἢ βούλησιν τῶν πολλῶν συζεύγνυσθαι τὰ μόρια.

« Telles sont donc les caractéristiques de la première des harmonies, l'harmonie noble, altière, toujours en quête d'archaïsme », conclut-il.

Ἡ μὲν δὴ πρώτη τῶν ἁρμονιῶν ἡ γεννικὴ καὶ αὐστηρὰ καὶ μεγαλόφρων καὶ τὸ ἀρχαιοπρεπὲς διώκουσα τοιάδε τίς ἐστι κατὰ τὸν χαρακτῆρα.

Harmonie classique ou harmonie archaïque, harmonie tout court simplement, d'une sorte qui transcende les époques et les genres [62]. Même fondée sur l'asyndète [63], l'épithète, la parataxe [64], la méta-

62. Voir aussi l'expression ἡ ἀρχαῖα μουσική s'appliquant par exemple dans le *De musica* à Lasos d'Hermione (*De musica* III, 1131f sq. ; XXIX, 1141).

63. L. Dissen, F. G. Schneidewin, *Pindari carmina quae supersunt cum deperditorum fragmentis selectis ex recensione Boeckhii commentario perpetuo illustravit*, 2e éd., I, Gotha-Erfurt, Hennings, 1843, « Excursus II. De asyndeto apud Pindarum », p. 341 : « Asyndeti usu frequentior in lyrica poesi est et esse debet quam in epica† ; epica oratio quum lenior et tranquillior sit, continuum flumen amat, lyrica abruptior est et audacior, affectuum plena et gravitatis ac sublimitatis maxime studiosa. »

64. H. et A. Thornton, en collaboration avec A. A. Lind, *Time and style. A psycholinguistic essay in classical literature*, Londres, Methuen & co., 1962, p. 25 : « The style of Pindar…, though very different from the epic poetry of Homer and Hesiod, is still mostly paratactic and appositional. In the short phrase, and occasionally in a short sentence, something new appears, as we shall see. But the sentence, particularly when it is long, and the composition of the whole of the odes usually run on the pattern of the appositional mode… » ; R. A. Prier, *Archaic logic. Symbol and structure in Heraclitus, Parmenides, and Empedocles*, La Haye-Paris, Mouton, 1976, p. 11 : « the archaic configuration of mind is characterized by a parataxis (juxtaposition) of thought that lies outside of any cause and effect structure we might know because of our own natura, but not necesary, inclination towards hypotaxis (subordination). »

phore et l'implicite, l'esthétique grecque, suggère M. Heath (*Unity in Greek poetics*, 1989) [65], est toujours centripète :

> « ... what counts as coherence differs from one time or people to another. » [66]

La poésie lyrique n'a de centre véritable que dans le dépassement théorique de la diversité et de l'éclatement. Elle est archaïque [67], c'est-à-dire collective plutôt qu'individuelle, analogique [68] plutôt que logique, synthétique plutôt qu'analytique, à mi-distance entre objectivité et subjectivité, tissant au monde et à la pensée des combinatoires jamais explorées, et du point de vue de la langue, bigarrée. Elle est classique, parce que suffisamment individuelle, logique d'une cohérence singulière, harmonieuse déjà avec austérité, polie bien que sans stabilité arrêtée. En surface, la langue y reflète les intentions du moment et les acquis archétypaux d'avant ; dans les profondeurs, l'enjeu, éthique et esthétique, porte sur une incertaine utopie du beau, aux uns classique, aux autres archaïque, dans tous les cas hypothétique. La santé, pour le dire avec Goethe, est en définitive des deux.

Pascale HUMMEL

65. *Unity in Greek poetics*, Oxford, Clarendon Press, 1989, p. 8 : « centripetal aesthetic ».

66. P. 150.

67. J. J. Pollitt, *The ancient view of Greek art. Criticism, history, and terminology*, New Haven-Londres, Yale University Press, 1974, p. 154-158.

68. A. Rivier, *Un emploi archaïque de l'analogie chez Héraclite et Thucydide*, Lausanne, F. Rouge, 1952, p. 68.

UNE SITUATION DE RIVALITÉ LINGUISTIQUE : LA RÉUSSITE TARDIVE D'UN ANACRÉON LATIN

On partira d'un sentiment de frustration : le complexe d'infériorité des écrivains latins face aux richesses et aux grâces inimitables de la langue grecque. Très fortement ancré chez Lucrèce, il ré-affleure en plusieurs endroits chez Quintilien et surtout il inspire, dans une des pages les plus séduisantes des *Nuits Attiques* d'Aulu-Gelle (XIX, 9), la spirituelle réponse que fit Antonius Julianus à certains Grecs au cours d'un mémorable banquet :

« Un adolescent originaire d'Asie, chevalier d'un beau naturel et d'une jolie fortune, fort ami des Muses, recevait en sa maison de campagne ses amis et ses maîtres pour un dîner d'anniversaire.

« Était venu avec nous le rhéteur Antonius Julianus, Espagnol à la parole fleurie, fort averti des beautés de la littérature ancienne. Celui-ci, quand on eut fini les desserts et les coupes, exprima le désir que l'on produisît des chanteurs et des musiciens, car il savait que son hôte avait à son service les plus savants. Une fois introduits, ces jeunes gens et jeunes filles chantèrent de la manière la plus délicieuse une quantité de vers anacréontiques, saphiques aussi et d'autres vers amoureux pleins de douceur et de vénusté. Nous fûmes charmés en particulier par des vers ravissants du vieil Anacréon, que j'ai pris le parti de noter ici, afin que le sérieux de mes veilles fût adouci un moment par la suavité des paroles et des rythmes :

Ton arguron toreusas... etc. (= *A. P.* XI, 48 ; *Anacreontea* 16)

« Alors plusieurs des Grecs qui se trouvaient là, hommes de bonne compagnie, fort curieux et instruits aussi de nos Lettres latines, se mirent à provoquer et taquiner le rhéteur Julianus, le traitant de barbare et de paysan, lui qui... entraînait les jeunes gens à la pratique d'une langue qui ignorait la volupté, ignorait la douceur de Vénus et des Muses ; et, essayant de recueillir son sentiment sur Anacréon et les autres Grecs de la même veine, ils lui demandaient si un seul de nos poètes avait jamais produit délices poétiques aussi faciles (*tam fluentes carminum delicias*) : peut-être Catulle, disaient-ils, en quelques rares endroits, et Calvus, bien rarement lui aussi. Car Lævius est compliqué, Hortensius sans charme, Cinna sans élégance, Memmius sans douceur, après eux tous n'ont produit que des vers rudes et inharmonieux.

« Alors lui, prenant la défense de sa langue maternelle comme il aurait volé au secours des autels et des foyers de sa patrie : “ Je pourrais aussi bien, dit-il, vous accorder la victoire dans ce domaine des bagatelles et reconnaître qu'à l'instar des délices de la vie et de la table vous l'emportez aussi dans les délices du chant. Mais pour que vous ne condamniez pas et nous et la race latine comme entièrement fermés, entièrement insensibles aux grâces de Vénus, permettez-moi, je vous prie, de couvrir ma tête de mon vêtement, comme Socrate, à ce qu'on dit, entendant un discours un peu osé : écoutez donc et apprenez qu'il y eut chez nous, bien avant ceux que vous avez nommés, des poètes pieux serviteurs d'Amour et de Vénus. ”

« Alors, penché en arrière, la tête enveloppée, il entonna d'une voix suave des vers de Valerius Æditus, un très ancien poète, de Porcius Licinus et de Quintus Catulus, en comparaison desquels je ne connais rien de plus pur, ni charmant, ni poli, ni élégant, en grec comme en latin [1]... »

De ce récit qui de façon très vivante met en scène une situation de rivalité linguistique, nous retiendrons plusieurs éléments. En premier lieu, la place symbolique accordée à la poésie d'Anacréon, donnée, à côté de Sappho et même de préférence à elle, comme le paradigme de cette qualité inimitable des Grecs. On notera ensuite que pour la défense des Latins nulle mention n'est faite des élégiaques (Tibulle, Properce, Ovide), qu'on aurait pu s'attendre à voir cités comme les modèles latins de la poésie amoureuse. Plus étonnant et pour nous plus symptomatique : Catulle lui-même n'est mentionné qu'avec de sérieuses réserves, puisqu'on ne lui accorde cette grâce, ainsi qu'à Calvus, qu'à contrecœur et seulement pour quelques vers.

Certes on relativisera ce jugement en rappelant que la scène rapportée par Aulu-Gelle se situe à une époque où les milieux archaïsants opèrent un retour nostalgique vers un état de langue antérieur au programme des *néotéroi*, état représenté ici par les trois épigrammatistes. Force est néanmoins de prendre acte des réticences exprimées ici. Il faut croire d'ailleurs que la contre-attaque prêtée à Julianus elle-même n'a pas été assez convaincante, puisque la Renaissance dans son ensemble a fait siens les doutes des Romains du IIe siècle.

Au seuil de l'âge moderne, une des plus lucides formulations d'un sentiment d'infériorité des Latins se trouve dans les *Miscellanées* [2] de Politien (I, 26) : commentant la traduction par Ovide

1. Notre traduction. Texte dans Aulu-Gelle, *Noctes Atticae* XIX, 9.

2. A. Poliziano, *Miscellaneorum centuria prima* (Florentiæ, A. Micosmini, 1489), puis dans *Opera omnia*, 2 vol., Lugduni, apud Seb. Gryphius, 1536-1539, I, 26 ; Ovide, *Fasti* I, 357-8 ; *Anthologie grecque* IX, 75.

(*F.*, I, 357-8) d'une épigramme de l'*Anthologie grecque*, Politien relève que le latin a traduit aussi littéralement que possible : *quam potuit ad unguem* ; cependant il a échoué à rendre, que dis-je ? à approcher fût-ce de loin la « grâce transmarine » de l'original : non certes par manque d'habileté, mais par la faute de la langue latine, et non pas tant parce qu'elle manque de mots, mais parce qu'elle laisse peu de place au jeu verbal.

Il serait intéressant de suivre à travers le siècle suivant le cheminement d'un *topos* étroitement lié à ce qu'on peut appeler le « sentiment de la langue ». L'image de Politien, qui traduit de façon si heureuse le caractère exotique de cette grâce hors de portée, a séduit Muret, qui pour louer chez un latin un tour particulièrement heureux parle de : *quiddam transmarinum neque in Romanorum consuetudine positum* (*Opera omnia*, II, 115) ; comme plus tard il décèle en des vers d'Horace *transmarini saporis aliquid* ; et comme dans la préface des *Iuuenilia* (1553, p. 8-9) il créditait déjà ses amis de la Brigade de l'honneur d'avoir tenté, sous la direction de Dorat et à force d'étude, de parer leurs écrits *transmarinis illis opibus*. Il suffit d'autre part de lire la postface aux quatre livres des *Amabilia* de Caspar Barth[3] pour constater la persistance jusqu'à la fin du siècle de ce schéma critique. Barth, dont je reparlerai, après avoir évoqué le charme particulier du mètre anacréontique (*quod subrepat auribus et memoriam suauitatis in iis relinquat*), qualité qu'il partage avec le glyconique, lie cet éloge aux mérites de la langue grecque elle-même, à ce « je ne sais quel charme » qui la rend inimitable notamment chez ses poètes légers : *inimitabili quadam linguæ uenustate proprias suæ gentis Charites conciliantes* : se conciliant, par je ne sais quel charme inimitable de la langue, les Grâces qui sont l'apanage de leur nation. Par contraste (c'est le *topos*), il est amené lui aussi à relever une déficience de la langue latine, mais ajoute qu'on ne saurait juger équitablement, étant donné la perte d'une grande partie du patrimoine, notamment le plus ancien. Surtout, il observe que du moins certains poètes parmi les modernes ont su relever le défi : *recentiores tamen nonnulli ne possimus de festiuitate Anacreontis Latini desperare fecerunt.*

*
* *

3. C. Barth, *Amabilium libri IV Anacreonte moderante decantati*, Hanovriæ, 1612, Postface.

On touche, à travers ces déclarations, un point sensible de la conscience linguistique latine : en sorte qu'on peut risquer la thèse qu'une partie des efforts des néo-latins dès le Quattrocento et donc pour ainsi dire avant la lettre a été pour faire naître, selon l'expression de Barth, un Anacréon latin, pour tenter d'acclimater en latin partie au moins des grâces transmarines. Cela, je le répète, bien avant la découverte d'Estienne.

C'est dans cette lumière que j'analyserais en particulier l'interprétation pontanienne de l'hendécasyllabe de Catulle : non point, comme on l'a soutenu, affadissement et amenuisement d'un grand style original rapetissé à ce qui ne serait plus qu'une « manière », mais création authentique d'un style de mouvement, rythmé, allégé par les anaphores, les parallélismes, les chiasmes, écriture nouvelle, dynamique, admirablement propre à mimer les élans et les danses. Comme dans ce début d'invitation à la Muse :

Nigris Pieri, quæ places ocellis
Et cantum colis et colis choreas… [4]
« Ma Piéride aux sombres yeux charmeurs,
tant de chansons que de danses éprise… »

ou dans cette évocation d'un baiser :

Caræ mollia Drusulæ labella
Cum, dux magne, tuis premis labellis,
Uno cum geminas in ore linguas,
Includis simul et simul recludis
Educisque animæ beatus auram,
Quam flat Drusula pectore ex anhelo… [5]
« Quand tu presses de tes lèvres,
Grand duc, les si douces lèvres
De ta chère Drusula,
Qu'en une bouche tu mêles
Vos deux langues et les démêles,
Tirant l'âme qui s'exhale
De sa poitrine en émoi… »

Autre tentative, avec d'autres moyens, l'Ode *In puellam* [6] de Politien préfère le raffinement d'un mètre court (le dimètre ïambique) inspiré de Sénèque, de Prudence, de Boèce, combiné à un lexique riche de réminiscences plautiniennes, catulliennes, apuléennes, qui lui donnent le précieux et le brillant d'une composition

4. *Hendecasyllaborum seu Baiarum Liber primus* 1, v. 1-2.
5. *Ibid.*, 16.
6. *Odæ* VIII.

d'Antiquité tardive. D'une longue litanie élogieuse je ne détache que cette strophe (v. 62-70) :

Nam quæ tibi mamillulæ
Stant floridæ et protuberant
Sororiantes primulum,
Ceu mala Punica arduæ,
Quas ore toto presseram
Manuque contractaueram,
Quem non amore allexerint ?
Cui non asilum immiserint ?
Quem on furore incenderint ?
« Quant à tes jeunes seins naissants,
en fleur et déjà provocants,
enflant leurs rondeurs jumelles
aussi fermes que des grenades,
que j'ai couverts de mes baisers,
et caressés et cajolés,
qui n'en serait d'amour touché
et de désir époinçonné
et de folle ardeur embrasé ? »

Enfin et surtout je serais tenté d'aborder dans cette perspective une partie de l'œuvre poétique de Jean Second et plus précisément des *Basia*[7], composés vers 1534, deux ans avant la mort du poète, vingt ans avant la révélation des *Anacreontea*. Prouesse poétique où, sur un sujet unique, en seulement dix-neuf poèmes, le jeune auteur multiplie les variations thématiques, épuisant de la donnée de base les virtualités les plus diverses, oscillant d'un pôle à l'autre, de la ferveur à l'agressivité, de la frustration à la satiété, de la tentation ludique à l'aspiration mystique. Or cette diversité des motifs est soutenue par un échantillonnage métrique sans équivalent à l'époque et qu'on pourrait légitimement comparer à la *poikilia* originelle du recueil catullien.

D'un côté, encadrant le recueil et formant le bataillon le plus nombreux, les poèmes en distiques, d'une douceur chantante, d'une tonalité tibullienne, avançant par vagues successives, se prêtent admirablement à dire les états d'une âme épuisée par la volupté.

A leurs côtés les hendécasyllabes phaléciens sont mis au contraire au service d'un lyrisme de mouvement, celui-là même que Pontano a déjà porté à son point de perfection.

---

7. Première édition posthume : *Ioanni Secundi Hagiensis Basia et alia quædam*, Lugduni, 1539.

L'alternance de la langueur et du mouvement est déjà à elle seule un principe suffisant de composition tonale. Mais à ces deux modes ou registres « moyens », Jean Second en ajoute deux autres, l'un qui élève le style du poème en lui conférant l'éclat concerté du lyrisme horatien : strophes alcaïque et asclépiade, couplets enchaînant un hexamètre dactylique et un dimètre ïambique sont à la base de compositions incomparablement plus savantes. Tout à l'opposé — et je retrouve ainsi mon sujet — le style « mignard » des glyconiques et des anacréontiques (*Baisers* VII et VIII) renchérit audacieusement sur la liberté des hendécasyllabes, permettant ici de renouveler le thème catullien des figures de l'innombrable en mettant l'accent sur l'éparpillement voluptueux et l'élan sensuel :

Basium VII
Centum basia centies,
Centum basia millies,
Mille basia millies
Et tot millia millies,
Quot guttæ Siculo mari,
quot sunt sidera cælo,
Istis purpureis genis,
Istis turgidulis labris,
Ocellisque loquaculis
Ferrem continuo impetu,
o formosa Neæra... !
« *Baiser VII :*
Des baisers par centaines
des baisers par milliers
et par milliers de mille
autant qu'il est de gouttes
en la mer de Sicile,
ou d'étoiles au ciel
sur ta joue empourprée
sur ta lèvre gonflée
sur tes yeux effrontés
oui, sans reprendre haleine
je voudrais te donner
ô ma belle Néère... »

appelé là par la représentation de la vivacité d'un reproche qui n'exclut pas la ferveur :

Basium VIII
Quis te furor, Neæra,
Inepta, quis iubebat
Sic inuolare nostram,
Sic uellicare linguam

Ferociente morsu ?
An, quas tot unus abs te
Pectus per omne gesto
Penetrabiles sagittas
Parum uidentur, istis
Ni dentibus proteruis
Exerceas nefandum
Membrum nefas in illud,
Quo sæpe sole primo,
Quo sæpe sole sero,
Quo per diesque longas
Noctesque amarulentas
Laudes tuas canebam…
« *Baiser VIII :*
Quelle folie t'a prise ?
Pourquoi, petite sotte,
te jeter sur ma langue
et d'une dent sauvage
la mordre méchamment ?
tant de flèches aiguës
qui transpercent mon cœur
sont donc si peu de chose
que ta dent audacieuse
ose, pur sacrilège,
s'en prendre à cet organe
qui au soleil levant,
qui au soleil couchant,
durant les jours sans fin
durant les nuits amères
égrenait tes louanges… »

Cette fois, nous y sommes : avec un sens très juste des valeurs du mètre, le poète est allé chercher son bien où il était : la menue strophe de cinq vers (quatre glyconiques et un phérécratéen) qui porte le premier poème paraît avoir son modèle, à travers deux hymnes de Catulle (c. 34 et 61), dans les hymnes éoliens et plus particulièrement dans des compositions remontant à Sappho elle-même. La strophe du deuxième, une suite de vers anacréontiques ou dipodie ïambique catalectique, n'est attestée, avant la découverte d'Henri Estienne, dans le domaine grec que par deux poèmes de l'*Anthologie*, une citation d'Héphaistion, un poème de Bion ; pour le domaine latin, *seulement* par quelques *cantica* de Plaute, trois fragments de Pétrone, un court échange de vers entre l'empereur Hadrien et le poète Florus, la sixième Hymne de Prudence, une pièce fescennine de Claudien. Bref les témoins se comptent sur les doigts des deux mains, et la rareté des modèles rend d'autant plus remarquable et prémonitoire le choix de cette forme par Jean Second. Car il faut se rendre à l'évidence : même si le jeune poète expérimente sur un territoire réduit à deux poèmes, un style se crée ici, prenant seulement appui sur les capacités virtuelles du vers le plus court, en l'absence peut-on dire de tout modèle, puisque le recueil d'Estienne, auquel nous arrivons maintenant, ne paraîtra que vingt ans plus tard.

Avons-nous trop insisté sur ces préliminaires ? Il m'a semblé que se comprendrait mieux, l'horizon d'attente ainsi défini, l'immense retentissement qu'eut la découverte, dans l'*Anthologie de Céphalas*, et la publication par Henri Estienne en 1554 des *Anacreontea*[8], cinquante poésies inédites placées sous le nom d'Anacréon : un événement littéraire que je comparerai à la découverte des épigrammes l'*Anthologie de Planude* un peu plus d'un demi-siècle plus tôt. Et peu importe ici que dès cette époque des critiques clairvoyants (et un peu jaloux), anticipant les conclusions de la science actuelle, aient élevé des doutes sur l'authenticité et partant sur le mérite de la plupart des compositions de ce recueil ; peu importe que, par rapport à la variété dont nous donnent idée les fragments conservés de l'Anacréon authentique, les nouvelles poésies, d'origine alexandrine ou byzantine, se caractérisent par une double réduction ou si l'on veut, double banalisation, à la fois thématique et métrique. Ce qu'il importe de dire, c'est que sans cette réduction ou banalisation maniériste n'existerait peut-être pas la « manière », le style anacréontique. C'est que, ressuscitées soudain à dose massive avec la caution du vieux poète, traduites et soigneusement annotées par leur premier éditeur, ces poésies légères comblaient si bien une attente qu'elles connurent un succès immédiat et immense, célébré dans toutes les langues. Rappelant l'ovation de Pierre de Ronsard :

> « Béni soit Henri Estienne
> Qui des Enfers nous a rendu
> Du vieil Anacréon perdu
> La douce lyre téienne »,

il y a beau temps que notre histoire littéraire a reconnu la dette de nos lyriques, Ronsard lui-même ou Rémy Belleau, à l'égard de la poésie anacréontique. Beaucoup moins connue est l'influence des

8. *Anacreontis Teii Odæ. Ab Henrico Stephano luce et latinitate nunc primum donatæ,* Paris, Henri Estienne, 1554.

Anacreontea sur le devenir de la poésie contemporaine de langue latine. Ici aussi pourtant l'éblouissement est tel que ces faciles poèmes ont été très vite traduits, analysés, paraphrasés, imités.

Estienne est le premier, je l'ai dit, à les traduire en latin dans le même mètre (un exploit qu'il ne renouvellera pas, malgré son désir, avec Pindare), et d'autres s'y essaieront après lui, notamment Hélias Andreas ; le premier aussi Estienne dégage dans sa belle préface les valeurs dont cette forme est naturellement investie. La première est la simplicité et le naturel, cette *aphéleia* que Denys d'Halicarnasse louait chez Lysias et dont Hermogène dans ses *Idées du Style*, a fait précisément le privilège d'Anacréon et de Théocrite :

> *Mira est* apheleia tou logou *in hoc poeta... In nullum certe melius quam in hunc illud Fabii quadrare possit, Esse in hoc quandam iucunditatem inaffectatam, sed quam nulla affectatio consequi possit. Vnde et Horatius uere de ipso pronuntiauit, Qui persæpe caua testitudine fleuit amorem Non elaboratum ad pedem*[9].
>
> « Le naturel est merveilleux en ce poète... Et à nul autre mieux qu'à lui ne s'applique le mot de Quintilien : Il y a ici une grâce sans recherche, mais qu'aucune recherche ne serait capable d'égaler. C'est pourquoi Horace aussi a dit de lui : Lui qui souvent sur sa lyre creuse a pleuré ses amours, sur un vers non travaillé, *Non elaboratum ad pedem.* »

Mais cette simplicité est relevée par le nombre et la vivacité des figures de mots, génératrices de rythme, que le vers court et impair, sept et non pas onze syllabes comme le phalécien, permet de multiplier à l'envi. On en trouvera la liste dans le chapitre *De Anacreontico* de la *Poetica Maior*[10] publiée par l'Académie de Giessen en 1657. La suavité de l'Anacréontique, écrit la *Poetica*, gît principalement dans les *figuræ dictionis* : sur quoi elle les nomme, anaphore, répétitions inversées (*repetitiones reciprocæ*), *epistrophè*, *sumplokè*, paronomase combinée avec l'anaphore et l'homéotleuthe, etc., illustrant chacune par un ou plusieurs exemples empruntés à Anacréon lui-même ou à des poètes latins modernes, plus audacieux, souligne l'auteur, que les romains de l'âge classique qui ont laissé cette veine inexploitée.

En effet, non content d'éditer, de traduire et d'analyser ces poèmes, on les imite à présent à l'envi, ce sont d'innombrables

---

9. Estienne dans son commentaire à l'ode 11, *Anacreontis Teii Odæ*, *op. cit.* (n. 8), p. 68.

10. *Poetica Major præceptis, commentariis, obseruationibus, exemplis ex ueteribus et recentioribus poetis studiose conscripta, ed. ultima*, Giessen, 1657, p. 245 et suiv. : « De anacreontico ».

kyrielles de vers latins anacréontiques qui dans la deuxième moitié du siècle envahissent véritablement le champ de la poésie. L'un des premiers à tirer un brillant parti de cette forme est Jules-César Scaliger, qui compose un recueil entier d'*Anacreontea*, puis la vogue se déplace rapidement vers les Pays-Bas et l'Allemagne, en compagnie de la grande philologie, puisque dans le siècle médian et finissant l'Europe du Nord est en train de relayer pieusement et brillamment l'Italie. En fait il n'est pas un seul de ces grands érudits du Nord, les Heinsius, les deux Douza, Taubmann, Baudius, Gruter, Melissus, Lernutius, qui n'ait travaillé à naturaliser et à perfectionner cette forme nouvelle, la portant parfois à un haut degré de virtuosité et offrant ainsi à la langue latine à son couchant un dernier festival poétique marqué par l'Ange du maniérisme.

*
* *

Illustrons mon propos par le plus doué et j'ajouterais, le plus lucide de tous : le savant et poète allemand Gaspar Barth, savant éditeur de Pline, de Claudien, de Némésianus, de Rutilius Namasianus, surtout connu dans le monde de l'érudition pour ses *Aduersaria* [11], immense collection de notes originales conçues dans la tradition des *Miscellanées* de Politien et intéressant tous les secteurs de la latinité, latine et chrétienne. C'est donc en critique érudit et avec un sentiment exquis de la langue que, reprenant à son compte, dans une note que je citais tout à l'heure, la thèse de Politien sur l'impuissance des anciens latins à égaler des grecs la grâce transmarine, il osait ajouter, non sans quelque fierté, que du moins les latins de son temps avaient su relever l'insoutenable défi.

Il est lui-même, en effet, comme Politien qu'il admire, un délicieux poète, auteur d'un *Amabilium libri IV Anacreonte moderante decantati* (titre programmatique) et d'un *Amphitheatrum Gratiarum* [12], deux cycles de poèmes légers, d'inspiration amoureuse, de mètre anacréontique, de lexique plautinien, placés sous le patronage d'une pléiade d'auteurs fort élégants : en premier lieu

11. *Gasp. Barthii Aduersariorum libri LX, quibus ex uniuersa antiquitatis serie omnis generis... auctorum plus quinquagenta millibus loci obscuri, dubii, maculati, illustrantur, constituuntur, emendantur...*, Francofurti, 1624, 1 t. en 2 vol. in fol., LXIV-3082 p.

12. *C. Barthii Amabilium libri IV, Anacreonte modimperante decantati*, Hanovriæ, 1612 ; *Tarræi Hebii (C. Barthii) Amphitheatrum Gratiarum libris XV Anacreonte modimperante constitutum*, Hanovriæ, 1613.

Anacréon, puis aussi (redessinant la carte que j'ai moi-même dressée) Catulle, Pontano, Politien, Jean Second, Jules-César Scaliger, plus quelques-uns de ses contemporains que je viens de nommer : nouvelle constellation poétique, nouveau « ciel des idées poétiques », nouveau Parnasse, en mineur, qui efface désormais le couple Virgile et Ovide : comme dans ce poème, où il associe au char de triomphe tiré par la colombe d'Anacréon plusieurs des nouveaux maîtres du style léger :

Columba delicata
Anacreontis almi
Leueis trahens quadrigas
Quibus sedere Douza,
Catullus et Secundus
Et Cæsar impetrarunt.
« La colombe précieuse
du maître Anacréon
tire le char léger
où Dousa et Catulle
et Second et César (Scaliger)
ont gagné de s'asseoir… »

A elle seule, la liste a valeur d'art poétique. Comment Barth réalise-t-il son programme ? On s'en fera une idée par l'examen de son répertoire lexical, métrique et imaginatif.

D'abord l'imagination : on retrouve ici, fort attendue, la miniaturisation des sujets qui a déjà valu à l'original le reproche de mièvrerie :
— soit que, détournant le symbolisme de la rose, il voile sous un symbole délicat une vérité subtile, comme dans ce dialogue avec l'épine :

Cur spina te coronat,
Rosa, dic mihi, iocosa ?
Spina aspera atque sæua,
Mollem atque delicatam ?
— Ne tu mihi iocosæ
Ioco, iocosa, tollas
Quod serio labore
Reparari non possit.
Si serio serenos
Cupis meos odoreis,
Liba mihi cruoris
Pauxillum et doloris :
Hoc spina poscit omnis
Custos rosæ seuera.

« Pourquoi te couronner d'une épine,
dis-moi, plaisante églantine ?
elle est rudesse et cruauté,
toi rien que douceur et finesse.
— C'est pour qu'à mon plaisant calice
par pur plaisir, plaisamment, tu n'ailles
ôter chose à qui non sans mal
on rendrait son état virginal.
Mais si sérieusement tu vises
à jouir du parfum de ma fleur,
offre-moi d'abord la primeur
d'un peu de sang et de douleur :
c'est le prix que pour la rose exige
l'épine, qui point ne transige. »

— soit que, renouvelant le motif de l'abeille et du songe, avec beaucoup de délicatesse il place son lecteur face au mystère transparent d'un rêve érotique :

Gremio meæ Neæræ
Suaue dormitabam.
— Quid somniatus ergo
Es, amabilis Rosille ?
— Apis fui Matina,
Suxi fauum e labello,
Florem extuli ex ocellis
Et purpuream ex gemellis,
Vt inde mel liquarem,
Mel dulce, mel suaue,
Condiret unde carmen
Anacreon uenustum.
Sed ô dii deæque,
Dum mella somniabam,
Aculeum reliqui in
Gremio meæ Neæræ !
Hæc cuncta somniabam.
« Sur le sein de Néère
je fis un rêve charmant.
— Que rêves-tu en ton sommeil,
Rosellus, ô gentil amant ?
— J'étais une abeille matine,
qui suçais le suc de ses lèvres,
butinais la fleur de ses joues,
pour en distiller le miel,
un miel doux, un miel suave,
et parfumer d'Anacréon
la délicieuse chanson.
Mais ô dieux ! mais ô déesses !

tandis que de miel je rêvais,
dans le sein de ma Néère
aïe ! mon aiguillon je laissai.
Ce n'était qu'un rêve, il est vrai. »

Même cette qualité de mélancolie qui reste attachée à la personnalité du vieux poète n'est pas absente de ces bluettes :

In littore ad lapillos
Leue considens sonanteis
Vndam ista murmurantem
Here inaudii, ô Neæra :
« Perit unda uicta ab unda,
Perit hora uicta ab hora,
Salaciæ et galenæ
Succedit imber atrox.
Amori, honori, odori,
Lepori atra imminet nox ».
« Assis sur la grève
où le galet bruit,
j'écoutais naguère
la chanson de l'eau :
Ell' disait, Néère :
“ La vague s'en va,
chassée par la vague,
les heures s'en vont,
chassées par les heures.
Après l'éclaircie,
après l'embellie,
l'ennuyeuse pluie.
Amour et beauté,
Parfum, volupté,
tout est englouti
par la noire nuit. ” »

Second caractère : la dextérité, la virtuosité avec laquelle il conduit jusqu'au bout l'expérimentation sur la forme métrique : attendues, certes, ces danses de mots qui entraînent dans leur ronde des couples d'allégories légères :

In orbem, in orbem, in orbem
Age ductilem choream
....
Cupido cum Dione,
Puella cum Lyæo,
Cum Gratiis Lepores,
Poeta cum Camenis,
Cupido cum poeta,

Lubentiaque Comus...
« Tourne, tourne, tourne en cadence
agilement mène la danse
....
Cupidon danse avec Vénus
et ma maîtresse avec Bacchus,
les Grâces avec les Charites,
le Poète avec les Camènes,
Cupidon avec le poète,
le Désir danse avec la Fête
et le Rire avec le Plaisir... »

Moins attendue la liberté avec laquelle le phrasé rythmique se défait dans les vives répliques de la dispute amoureuse (il faut remonter pour trouver un antécédent à cette étincelante facilité à une merveilleuse *frottola* rendue récemment à Leon Battista Alberti) :

Volo, uolo, puella,
Cur ergo nunc neuis tu ?
— Respondit illa : Cum me
Vellet Cupido uelle,
Tu multa dictitabas
Et hoc et hoc et illud
Obstaculum canebas.
Nunc cum Cupido uelle
Te uolt, puelle, nolo.
— At nunc, puella, nolo,
Nolo, puella, certe
Fugioque. — At illa : Nolle
Iam me neuult Cupido :
Si uis potesque, prodi.
— Nolo, puella, nolo,
Fugioque, serioque
recuso...
« Allons, dis “ oui ”, dis “ oui ”, ma belle !
pourquoi à présent est-ce “ non ” ?
— Mais elle : Quand Amour naguère
voulait m'ouïr dire “ oui ”,
toi tu causais, causais,
et cent prétextes m'opposais.
A présent, mon cher, qu'il désire
t'ouïr dire “ oui ”, je dis “ non ”.
— Eh ! bien, ma belle, je dis “ non ”
moi aussi, et trois fois “ non ”.
Au revoir donc. — Mais elle : Cupidon
ne veut plus m'ouïr dire “ non ” :
si tu veux, si tu peux, viens donc.

— Ah ! que non, ma belle, nenni !
je te dis : au revoir et merci. »

Mais j'en viens à un troisième caractère de cette écriture qui, plus clairement encore que le précédent, nous ramènera au problème de la capacité linguistique. Sous la plume de Barth, la facilité du vers court n'est pas seulement compensée par la multiplication des figures génératrices de rythme : elle devient le support d'un travail d'invention sur le lexique, comme dans ce poème :

Papillulas Neæræ
Rotundigemmicanteis,
Albouifulguranteis
Heri inaudi uocanteis :
« Date mi uirum, parenteis,
Viden' sororianteis
Manumque postulanteis,
Maturipomicanteis,
Se mutuo osculanteis,
Suaue uitulanteis,
Hinc inde saltitanteis,
Dormire deneganteis,
Soles repullulanteis,
Lepore et uberanteis
Lasciuia papillas,
Mea mater ? »
Hæc locutæ
Siluere, me impetrantes
Medicum suo labori.
« Les doux seins de Néère
qui s'arrondibourgeonnent
et s'embouledeneigent
hier j'entendis crier :
“ Ô ma mère chérie,
qu'on me donne un mari !
Vois ces rondeurs jumelles
qui la caresse appellent,
vois mes seins qui pomellent,
vois comme ils s'entrebaisent,
comme ils débordent d'aise,
gentiment bondissants
la sieste repoussants,
le jour éblouissants,
irradiants de beauté
gorgés de volupté. ” »

La qualité du poème est due, dès le troisième vers, à la création et à la mise en valeur de ces deux formations inédites : *rotundigemmicanteis*, *albouifulguranteis*, deux réussites presque intraduisibles, à moins de risquer, comme je l'ai fait, pour la première, ce néologisme : « qui s'arrondibourgeonnent » et pour la deuxième, qui unit l'idée de la rondeur et de galbe (l'œuf) à celle de blancheur et d'éclat, ces autres approximations : « qui s'embouledeneigent » ou « qui s'amandedoucent ».

En second lieu, sur le modèle du participe *sororianteis*, emprunté à la *Frivolaria* de Plaute et doublement signalé par Politien qui lui consacre un des plus brillants articles des *Miscellanea* et l'emploie (on l'a vu) dans l'ode *Ad puellam*, citée justement par Barth dans ses *Aduersaria* — sur ce modèle, une série de formes participiales de verbes rares, dont plusieurs (*osculor*, *uitulor*, *lactito*) sont d'origine plautinienne, et au nombre desquels on relève une troisième création : *maturipomicantes*.

Permettez-moi d'élargir le sens de ces deux observations. Par la création de mots composés, le poète moderne, on le voit, passe hardiment outre aux avertissements de Quintilien sur les génies comparés des deux langues, grecque et latine, l'une dont la vitalité est directement liée à l'extraordinaire richesse en mots composés, l'autre où ce procédé de formation n'est pas aussi bien venu, *non tam bene succedit*, ce qui explique son rapide tarissement en dehors de la plus ancienne poésie.

Notre deuxième remarque ira exactement dans le même sens : c'est pour souligner l'importance du retour à Plaute. Un texte d'Henri Estienne, dans la préface de son *Thesauros tès hellénikès glossès* (1572) fournit à cet égard un témoignage précieux : « J'ai remarqué, écrit Estienne, en composant ce trésor, que la langue latine, quoique de beaucoup moins riche que la grecque, l'est cependant beaucoup plus qu'on ne le croit. » Il cite le jugement de Quintilien sur l'injustice des Romains à l'égard d'eux-mêmes, cause de la pauvreté relative du *sermo patrius*, puis ajoute : « Ce que Fabius dit en général des Latins ne s'applique pas tant aux plus anciens latins qu'à leurs successeurs. » Suit un développement sur le bonheur de la vieille langue en matière de créations lexicales et surtout de mots composés : richesse aurorale que les modernes ont le devoir, dit-il, de se réapproprier. Que, de cette liberté créatrice liée à la vitalité naturelle de la langue, Plaute soit l'un des meilleurs garants, c'est la thèse d'un autre opuscule d'Henri Estienne, le *De Plauti latinitate* (1576), où il traite notamment *de uocibus lepidissime a Plauto confectis*. Avec ce mot *lepidissime* nous voilà revenus à l'éloge de Plaute par Aelius Stilo (Quintilien, *De institutione oratoria* X, 99) : « Si les Muses (grecques) voulaient parler latin, elles n'emploieraient pas d'autres mots que ceux de Plaute », éloge paraphrasé par Politien dans son prologue à une représentation des *Menechmes*.

Le retour à la liberté créatrice de l'ancienne langue comme ultime moyen de rivaliser avec l'*aphéléia* et l'*eutrapélia* tant admirées chez les modèles grecs : cent autres exemples attestent que ce fut, sinon à l'instigation d'Estienne, du moins à partir de la même analyse, le programme de notre poète.

Ainsi, sur les adverbes et *hapax* plautiniens *radicitus* et *oculitus*, Barth récrit-il le poème des baisers de Catulle en l'enrichissant d'une série aberrante d'adverbes dérivés en *-tus* :

Centum millia suctitus,
Centum millia linguitus,
Centum millia dentitus,

et puis : *ocellitus, naritus, labritus frontitus, mentitus, collitus, papillitus*, avant de conclure, contre les grammairiens qui dénonceraient ces formes barbares :

Fugit uos
Quam sit grammaticus bonus Cupido !

On voit en passant le soutien que le vers anacréontique apporte à la multiplication de ces créations verbales, en favorisant par sa brièveté l'auto-engendrement du texte à partir de la réitération d'une même figure. J'en dirai tout autant d'un procédé complémentaire, celui de la liste : comme dans cette énumération où la combinatoire amoureuse s'épuise en jeux à fleur de peau. Ce ne sont d'abord que des effets d'homéoteleutie, affectant tantôt un mot, plus souvent un syntagme :

In lusibus proteruis,
In dulcibus sussurris,
In osculis superbis,
In risibus petulcis,
In lacrimis iocosis
In litteris seueris,
In uisibus serenis,
In nictibus dolosis
Suspiriisque fictis,
« Jeux coquins
et mots calins,
baisers hautains,

rires mutins,
larmes pour rire
billet grondeur,
regard enjôleur,
clin d'œil malicieux,
soupir fallacieux... »

mais très vite le jeu se complique et s'enrichit d'acrobaties lexicales dans cette série de composés inédits qui sont autant de défis pour le traducteur. Je propose de lire, en transposant du substantif abstrait au verbe :

... In morsicatione,
Papillipressione,
Corclireuulsione,
Animique mistione,
Labellitritione,
Anhelitatione
Pars maxima est Amoris...
« ... que je te mordille
et te seincajole
et te cœurchavire
et te soufflemêle,
te lèvregrignotte
à en perdre le souffle :
de l'amour voilà
l'alpha et l'oméga... »

Le lecteur que nous sommes est conscient que le véritable enjeu est bien ailleurs que dans ce paganisme triomphant : il est dans la fête du langage, exploit stylistique autant qu'exploit amoureux. Et cependant, que cette libération de la langue ait trouvé son champ d'application privilégié dans la poésie amoureuse légère ne devrait pas surprendre : l'invention lexicale, le jeu de « lalangue », comme on a dit, s'offrant tout naturellement comme projection de l'inépuisable et poétique fantaisie érotique, comme on le voyait encore récemment dans une des plus belles pages d'Henri Pichette, auteur d'un grand poème-opéra intitulé *Épiphanie*, créé au TNP par Gérard Philipe, et dont on me pardonnera d'enchaîner, sans les analyser, quelques versets en guise de conclusion ludique :

« Depuis des nuits et des jours, je me préparais à la noce parfaite. Je suis libre avec ton corps. Je t'aime au fil de mes ongles, je te dessine... Je t'endimanche. Je te filtre dans mes lèvres.

« Je t'imprime / *je te savoure* je te rame / *je te précède* / je te vertige / *et tu me recommences* / je t'innerve te musique / *te gamme te greffe* / te mouve / *te luge* / te hanche te harpe te herse te larme / *te mire t'infuse te cytise te valve* / te balise te losange te pilône te spirale te corymbe / *t'hirondelle te reptile t'anémone te pouliche te cigale te nageoire* / te calcaire te pulpe te golfe te disque / *te langue te lune te givre* / te chaise te table te lucarne te môle / *te meule* / te havre te cèdre / *te rose te rouge te jaune te mauve te laine te lyre te guêpe* / te trène / *te corolle* / te résine / *te margelle* / te savane / *te panthère* / te goyave / *te salive* / te scaphandre / *te navire te nomade* / t'arque-en-ciel / *te neige* / te marécage / *te luzule* / te nacelle / *te luciole te chèvrefeuille* / te diphtongue / *te syllabe* / te sisymbre te gingembre t'amande te chatte / *t'émeraude* / t'ardoise / *te fruite* / te liège / *te loutre* / te phalène / *te pervenche* / te septembre octobre novembre décembre et le temps qu'il faudra

« Bravo, voilà comment on écrit l'histoire, n'est-ce pas, mes tourtereaux [13] ? »

Pierre LAURENS

13. H. Pichette, *Les Épiphanies*, NRF Poésie, Paris, 1969, p. 56-59.

UN *LYRIKOS* DE L'ÉPOQUE DES ANTONINS : MÉSOMÈDE DE CRÈTE

En dépit de la notoriété considérable qui fut la sienne dès son vivant, il ne subsiste que quelques bribes de l'œuvre du poète lyrique d'origine crétoise, affranchi d'Hadrien devenu (à en croire la *Souda*) l'un de ses plus proches amis, ἐν τοῖς μάλιστα φίλος[1] : Πόπλιος Αἴλιος Μησομήδης Κρής ou, pour lui rendre son nom romain complet, Publius Aelius Mesomedos Cretensis. Ses trop rares biographes le qualifient de λυρικός[2] ou de *lyricus*[3]. Comprenons qu'il était tout à la fois poète lyrique et citharode. De façon plus détaillée, la *Chronique* d'Eusèbe Pamphile de Césarée le décrit comme un *citharicorum carminum musicus poeta*[4]. C'est une traduction littérale du grec κιθαρῳδικῶν νόμων μουσικὸς ποιητής qui se lit dans la *Chronique de Jérôme.* Notre Mésomède, appelé par erreur *Mesodmes* par Jean Lydus[5], était donc non seulement musicien, mais aussi un poète, quoi qu'en veuille Scaliger qui, dans son commentaire à la *Chronique* d'Eusèbe, se refusait à admettre qu'il méritât d'être appelé *poeta* : « (*nego*) *recte dici posse poetam.* » Et pourtant, pour respecter l'ordre du processus créatif, on devrait même renverser cet ordre et dire que Mésomède fut d'abord un poète, puis un compositeur et un citharède, chanteur et instrumentiste. A l'instar de son fictif confrère Eutychidès cruellement raillé par Lucillius[6], Mésomède de Crète était l'un de ces

1. *Souda, s. v.* Μεσομήδης.

2. *Ibid.* : Μεσομήδης, Κρής, λυρικός.

3. Iulius Capitolinus, *Histoire Auguste*, Antonin le Pieux, VII, 7-8.

4. Eusebii Pamphili, R. Helm éd., Berlin, 1956, vol. 7, 284 F, p. 202 : *CCXXXI Olymp. Mesomedes Cretensis citharicorum carminum musicus poeta cognoscitur.*

5. Cité et traduit par Jean-Pierre Burette, « Dissertation sur la mélopée de l'ancienne musique », *Mémoires de l'Académie des Inscriptions et Belles-Lettres*, t. V, 1729, p. 189, qui soupçonne tout de même que ce « nom propre fort extraordinaire [...] pourrait bien être un mot corrompu de *Mésomédès* ».

6. *Anthologie grecque, Anthologie palatine* XI, 133.

μελογράφοι[7] qui écrivaient des « nomes », lesquels méritaient à deux titres d'être qualifiées de « citharédiques » : non seulement parce qu'ils étaient destinées à être chantés avec un accompagnement de cithare, mais aussi parce que le poète-musicien les composait en s'aidant d'un instrument à cordes, μετὰ λύρας ou, pour être plus exact, μετὰ κιθάρας. Poursuivons encore la comparaison avec le fictif Eutychidès. Il terrifia les Enfers le voyant arriver avec douze cithares et vingt-cinq corbeilles de « nomes » — impressionnants outils de travail et résultats pléthoriques d'une créativité frénétique.

A en croire l'*Histoire Auguste*, Mésomède fut loin d'être aussi actif. En effet, lorsque Antonin le Pieux décida de pénaliser les fonctionnaires impériaux dont le travail fourni ne justifiait pas le *salarium* que leur versait annuellement l'État, « il réduisit même (*etiam*) le *salarium* du lyrique Mésomède »[8], est-il écrit dans l'*Histoire Auguste.* Cet « *etiam* » indique que l'empereur entendait faire un exemple spectaculaire en sanctionnant l'un des hauts fonctionnaires les plus en vue, sans pourtant aller jusqu'à lui retirer sa charge. C'était probablement celle de μελοποιὸς καὶ ῥαψῳδὸς θεοῦ Ἀδριανοῦ, une charge qu'occupèrent simultanément au moins deux autres λυρικοί, poètes-compositeurs et citharodes dont l'œuvre poétique et musicale a entièrement disparu mais qui nous sont connus par des inscriptions : il s'agit de Publius Aelius Pompèianus Paiôn, citoyen de Sidè, de Tarse et de Rhodes[9], et de Titus Alkibiadès de Nysa, qu'un décret décrit comme « poète aux multiples victoires, compositeur et rhapsode du divin Hadrien »[10]. Grand-prêtre des technites dionysiaques, Alkibiadès se montra « un nabab à l'inépuisable générosité », comme l'écrivit Louis Robert[11]. Nous ignorons si Mésomède appartint à la compagnie et nous ignorons si, à l'instar de ses confrères, il participa aux grands concours panhelléniques, que ce fût à titre de ποιητής ou à titre de citharède. De sa carrière ne

7. Jean Aubreton traduit avec raison μελογράφος par « poète lyrique » (*Anthologie grecque* X, p. 121).

8. *Antonin le Pieux* VII, 7-8 : « Salaria multis subtraxit, quos otiosos videbat accipere, dicens nihil esse sordidius, immo crudelius, quam si rem publicam is adroderet, qui nihil in eam suo labore conferret. Unde etiam Mesomedi lyrico salarium inminuit. »

9. I. Stéfanis, *Διον. τεχν.* n° 1979. Louis Robert est revenu à plusieurs reprises sur l'identification et sur la carrière de ce compositeur, particulièrement dans *Stèlè Kondoleon*, Athènes, 1980, p. 10 sqq. Voir également A. et É. Bernand, *Les inscriptions grecques et latines du colosse de Memnon*, IFAO, 1960, n°s 11, 3 et 12.

10. [Ποιη]τὴς πλειστον(ε)ίκος, μελοποιὸς καὶ ῥαψῳδὸς θεοῦ Ἀδριανοῦ, il est qualifié de « nouvel Homère » dans une inscription de Nysa.

11. L'expression est de Louis Robert, *Études épigraphiques et philologiques*, 1938, I, § 8, p. 46.

sont mentionnées que ses activités d'auteur-compositeur de μελή et de nomes citharédiques. Nous avons lieu de croire également qu'il prit part comme chanteur à ces concerts dont Hadrien, lui-même grand amateur de poésie, et fier de ses talents de cithariste et de chanteur, aimait à agrémenter ses banquets. A n'en pas douter, Mésomède était de ces professeurs spécialisés, de ces *musici*, que l'empereur « honora et enrichit » et qu'il « ne cessait de harceler de ses questions »[12], comme le dit Aelius Spartianus, et qu'il ne pouvait s'empêcher de critiquer et de railler « parce qu'il se croyait plus savant qu'eux », ajoute encore l'historien[13]. Rien n'est attesté de ses activités d'enseignant.

En 130 ap. J.-C., c'est à lui que l'empereur Hadrien confia la composition de l'ἔπαινον εἰς Ἀντίνοον, éloge qui a pu devenir l'hymne du culte des images de l'Osiris-Antinoos divinisé. A en croire la *Chronique* de Jérôme, Mésomède est encore signalé (« *cognoscitur* ») lors la première année de la 231e olympiade. Pour quelle raison fit-il parler de lui en cette année 144 ap. J.-C. ? Est-ce parce que ce fut l'année de sa mort ? Est-ce parce que ce fut justement en 144 qu'Antonin le sanctionna — le texte ne le précise pas. En tout cas, en 213 ap. J.-C., si sa notoriété et son œuvre perdurent, il y a bien longtemps que Mésomède n'est plus en vie. En effet, lorsque, âgé de 25 ans, Caracalla se mit à apprendre la citharédie, il se plaça sous le patronage de Mésomède et voulut lui rendre un hommage posthume. Faute d'avoir pu retrouver son tombeau[14], il lui fit élever un cénotaphe.

Nous ne connaissons plus de lui que quatorze ou quinze poèmes, tous transmis par des manuscrits auxquels, comme j'espère l'avoir récemment montré, il convient d'ajouter désormais le péan porté par le papyrus musical de Berlin[15]. Pour la plupart d'entre eux, ces textes appartiennent à l'*Anthologie grecque*. Deux seulement lui sont nommément attribués, d'autres manuscrits les imputant par erreur à un certain Διονύσιος, dans lequel on a voulu reconnaître Denys d'Halicarnasse « le Musicien »[16], lui aussi actif sous le régne d'Hadrien. Les poèmes de Mésomède sont des pièces de genre, souvent d'assez brèves descriptions — d'une éponge, d'un

12. *Histoire Auguste*, *Vie d'Hadrien* XVI, 8.

13. *Ibid.* XV, 10.

14. Dion Cassius, *Épitomè* du livre LXXVIII, 7, Exc. Val. 376 (p. 749) = *Souda*, *s. v.* Μεσομήδης.

15. Inv. n° 6870. Voyez mon résumé de communication et mon article à paraître dans la *Revue des Études grecques.*

16. Denys d'Halicarnasse et Denys « le Musicien » ne font qu'un.

cygne, d'une sphynge, d'un cadran solaire... Ils comptent généralement une vingtaine de vers seulement. Les deux plus longs, la description d'un cadran solaire et un très bel *Hymne à la Nature* atteignent 24 vers. Ce format assez réduit correspond bien aux νόμοι κιθαρῳδικοί qui étaient sa spécialité. On peut penser que tous étaient destinés à être chantés, y compris les pièces dont il ne subsiste plus aujourd'hui que le texte.

En effet, certains manuscrits maintenant dépourvus de leurs signes musicaux portent encore en marge des indications d'échelle musicale et de rythme : ainsi, écrits en heptasyllabes tout en longues, l'*Hymne à la Nature* et l'*Hymne à Attis* se chantaient en trope lydien et sur un rythme à 8 temps — donc, avec allongement rythmique de la dernière syllabe de chaque vers. Quant à l'*Hymne à Isis*, il avait été écrit en trope hypolydien sur un rythme δεκάσημος : chaque décasyllabe se chante sur un strict dix temps, avec des combinaisons traditionnelles de péons et de crétiques, dont certaines sont néanmoins en principe prohibées, telles qu'un péon premier et un péon quatrième placés en opposition. Les cadences obtenues sont intéressantes, par exemple :

⏑ ⏑ ⏑ – | – ⏑ ⏑ ⏑
– ⏑ – | ⏑ ⏑ ⏑ –
– ⏑ ⏑ ⏑ | ⏑ ⏑ ⏑ –

Mais mon attention se portera sur son style de μελοποιός au sens plein et entier du terme, conformément à la tradition grecque fort ancienne dans laquelle il se situe de poète lyrique, auteur-compositeur-interprète, en étudiant non seulement son style d'écriture *poétique*, mais également et conjointement, son style *musical*, car — c'est là la rareté et le prix de quatre de ses textes : ce sont des partitions, dont les vers sont assortis de leurs notations musicales, mélodique et au besoin, rythmique.

Le premier *corpus*, transmis par des manuscrits du XIIIe au XVIe siècles, connu depuis 1581 et publié par Vincenzo Galilei [17], comporte quatre partitions : d'abord deux, peut-être *trois* préludes [18] en hexamètres, extrêmement brefs, une première invocation à une Muse dont le nom n'est pas précisé, suivi d'un appel, distinct

17. Dans son *Dialogho della musica antica e moderna*, p. 97 (simple relevé d'un manuscrit, sans transcription musicale). Cf. mon étude « La redécouverte de la musique antique du XVIe au XIXe siècle », dans *Archéologie et musique*, Actes du colloque des 9 et 10 février 2001, Les Cahiers du Musée de la Musique, 2002, spécialement les p. 9 à 15.

18. Je partage entièrement l'analyse de Martin West et d'Egert Pöhlamnn, *Documents of Ancient Greek Music...*, p. 94-115 sur ce point.

musicalement, à Calliope et à Apollon, lequel n'est invoqué ni sous le nom de Phoibos, ni sous le nom d'Apollon, mais par une série de vocatifs : « ... et toi dont la sagesse initie aux Mystères, fils de Léto, Délien, Péan... »[19] (je reprends évidemment la traduction de Théodore Reinach[20]), avant la prière finale qui s'adresse aux deux divinités : « Assistez-moi de votre bienveillance », πάρεστέ μοι.

Théodore Reinach ne se trompait pas en voyant dans ces petites pièces un « exemple archaïsant d'une mélopée [...] calquée sur le texte poétique »[21], qui porte la marque d'une inspiration personnelle, avec ce μοι final dont l'emploi et la place sont assez remarquables pour être relevés: comme s'il était sur le point de composer, le poète adresse sa prière à deux Muses et à Apollon. Quant aux deux hymnes de ce corpus, ils comportent une vingtaine de vers (20 pour le premier, 24 pour le second).

Le premier est un *Hymne au Soleil*, ὕμνος εἰς Ἥλιος, comme indiqué sur la plupart des manuscrits. Le manuscrit de Munich, lui, se contente de noter ὕμνος εἰς suivi du signe astral du Soleil. Faut-il y voir une simple manière d'abréger, imputable au copiste, ou bien ce symbole est-il là pour situer l'œuvre dans un contexte néo-pythagorisant, dont les théories mathématico-musicales des planètes et des intervalles faisaient du Soleil, noté par le symbole astral, la *Mèse*, la note centrale des sept sons de la gamme diatonique, axe et pivot du système, placé à une quarte de la Lune.

Le deuxième hymne est partout intitulé : ὕμνος εἰς Νέμεσιν, une Némésis bien du IIe siècle, dont Mésomède fait non seulement une entité abstraite mais aussi une divinité, fille et parèdre de Justice.

Dans les deux cas, il s'agit de divinités caractéristiques de cette première moitié du IIe siècle. Hélios est célébré par une mélodie d'une parfaite mesure, sereine, équilibrée, en lydien diatonique sans modulation aucune, où reviennent à plusieurs reprises des montées par degrés conjoints sur des tritons — ces belles quartes augmentées qui devinrent pour les Pères de l'Église le symbole exécré de la musique païenne, le *diabolicus in musica.*

Dans tous les manuscrits, la partition de *l'hymne à Hélios* est précédée d'un texte poétique qui n'est jamais surmonté de signes musicaux, dans lequel je vois une sorte de prélude récité, donc, de

19. Καὶ σοφὲ μυστόδοτα, Λατοῦς γόνε, Δήλιε, Παιάν : je crois utile de séparer Δήλιε de Παιάν par une virgule.

20. *La musique grecque*, p. 195.

21. *Ibid.*, p. 67.

six vers heptasyllabes tout en longues, dans ce fameux vers si caractéristique de notre compositeur crétois qu'on le désigne parfois comme *Mesomedeus*[22]. C'est une « invitation au silence sacré », si impressionnante dans sa ferveur mystique que Synésios de Cyrène, évêque de Ptolémaïs, la reprit presque mot pour mot dans son Hymne V pour célébrer la divinité du Christ. On en retrouve également un écho dans l'hymne chrétienne d'Oxyrhynchos :

Mésomède	**Synésios**	**Hymne *P. Oxy* n° 1786**
Εὐφαμεῖτω πᾶς αἰθήρ,	Εὐφαμεῖτω	*σιγάτω* (...)
γῆ καὶ πόντος καὶ πνοιαί,	αἰθὴρ καὶ γᾶ·	πηγαὶ ποταμῶν *ῥοθίων* πᾶσαι
οὔρεα, τέμπεα, *σιγάτω*,	στάτω πόντος,	
ἦχοι φθόγγοι τ' ὀρνίθων·	στάτω δ' ἀήρ·	
μέλλει γὰρ πρὸς ἡμᾶς βαίνειν	λήγετε πνοιαί	
ΦΦοῖβος ἀκερσεκόμας εὐχαίτας	βαλιῶν ἀνέμων·	
	λήγετε ῥιπαὶ	
	γυρῶν *ῥοθίων*[23].	

Par les fonctions officielles qui étaient les siennes, Mésomède avait naturellement son rôle à jouer dans la célébration et dans la diffusion du culte impérial. Nous savons que la fondation créée par « le nabab à l'inépuisable générosité » Alkibiadès de Nysa[24] était destinée à financer les festivités qui marquaient l'anniversaire du divin Hadrien. Il va de soi qu'il revenait à Mésomède comme à ses pareils de composer des pièces de circonstance, aussi bien, justement, pour les anniversaires des membres de la famille impériale que pour des cérémonies particulières. Et si Mésomède est bien le courtisan subtil et efficace qu'on se plaît à imaginer, ne peut-on pas supposer que, dans le deuxième prélude à Calliope et à Apollon, la célébration peu banale d'un Apollon mystagogue — μυστοδότης (le mot est un quasi-*hapax*) — est une discrète allusion à l'initiation d'Hadrien aux Mystères d'Éleusis, première initiation en octobre 124 lors du premier voyage en Grèce, ou accession à l'époptie, durant l'hiver 128 ? Appuyée sur un seul mot, c'est une proposition de datation que je formule naturellement avec toute la prudence requise.

22. Voyez là-dessus A. Dain, *Métrique grecque*, § 74 et 151, p. 61 et 96, et M. L. West, *Greek Metre*, p. 172 et n. 30.

23. On reconnaît dans ces vers de Synésios le modèle et la source sur lesquels est quasiment calqué le début de l'Hymne chrétienne d'Oxyrhynchos, *P. Oxy*. n° 1786.

24. Cf. *supra* n. 11. Titus Aelius Alkibiadès de Nysa, μελοποιὸς καὶ ῥαψῳδὸς Θεοῦ Ἀδριανου est honoré par un long décret conservé au Musée de Smyrne. *Stéfanis* n° 134.

Peut-on rattacher l'Hymne au Soleil à quelque circonstance historique particulière ? Mésomède ne célèbre pas un Hélios torride, mais un Soleil naissant, « Père de l'Aurore aux paupières de neige », χιονοβλεφάρου πάτερ Ἀοῦς, comme précisé d'emblée par le vocatif du premier vers. La dévotion personnelle de l'empereur Hadrien pour le réveil du Soleil est bien attestée, ne serait-ce que par son ascension nocturne de l'Etna afin de contempler le Soleil levant, et par le culte d'Osiris-Antinoos, vénéré lui aussi comme une figure gréco-égyptienne du Soleil renaissant. Mais on ne peut s'empêcher de faire surtout le rapprochement avec un événement historique bien connu, rapporté par l'*Histoire Auguste.* Il se situe dans l'année 135, avant la consécration de l'immense temple double de Vénus et de Rome, qu'Hadrien fit élever à l'Ouest de l'amphithéâtre flavien, appelé à devenir le « Colisée ». Il s'agit de la reconsécration du Colosse du Soleil. Pour mener à bien les travaux du temple, on dut déplacer vers l'est le Colosse à l'effigie de Néron, déjà transformé, après sa mort, en statue du Soleil. A en croire la *Vie d'Hadrien,* le transport se fit non sans peine jusqu'à l'emplacement définitif le long de la Voie Sacrée, en face de la *Meta Sudans.* Effectué sous la supervision de l'architecte Decrianus, il nécessita l'intervention de 24 éléphants. Ce transfert spectaculaire et la nouvelle dédicace de la statue colossale dont la tête était radiée de sept rayons de bronze de 6,50 m, haute de quelque 35 m de hauteur, placée sur un socle de 8 m de côté, méritait bien d'être chantée par un nome citharédique de 20 vers. Voilà donc une deuxième suggestion de datation que j'émets toujours avec la même prudence.

Mais, dans cette hypothèse, il n'y aurait donc pas lieu, contrairement à ce qu'ont fait West et Pöhlmann, de considérer ces six vers sans musique comme une pièce distincte de l'Hymne au Soleil. Cette pieuse invitation au silence en serait au contraire le nécessaire préambule, l'injonction au silence sacré étant, comme le savent les spécialistes, partie intégrante du culte solaire.

L'*Histoire Auguste* nous dit qu'Hadrien avait également confié à l'architecte Apollodore l'édification d'une statue colossale de la Lune, destinée à faire face à celle du Soleil. On ne sait pas si elle fut réellement élevée. Je relève pour ma part que le vers 15 de l'hymne célèbre la Lune : « *Sur le Seigneur Olympe* (dit le texte) *danse pour toi le chœur serein des étoiles, chantant un air joyeux et se délectant de la lyre de Phoibos, tandis que devant elles, la Lune blême dirige le temps et ses saisons au rythme des mouvements des blanches génisses.* » Mais de là à imaginer qu'il s'agit là d'une allusion, sinon à une statue de la Lune, du moins au *projet* qu'en avait l'empereur, il y a un pas.

Quant à l'Hymne à Némésis, je ne peux le rattacher à aucun épisode précis, à moins qu'il ne s'agisse d'une célébration de l'*agôn* gymnique et musical des grandes Νεμέσια de Marathon ou des Νεμέσια attestées aussi en Égypte [25]. Résistons également à la tentation de faire de la noyade d'Antinoos un châtiment de l'ὕβρις des mortels qu'inflige la déesse ailée, fille de Justice, dépeinte par Mésomède: on ne voit aucune allusion à ce tragique accident dans le texte de Mésomède. Pas davantage ne puis-je m'imaginer que notre *lyricus* ait exprimé sa dévotion personnelle à la Némésis protectrice des gens de spectacle, certes, mais qui était davantage vénérée des gladiateurs que des musiciens [26]. Ce n'est plus une entité, ce n'est plus une figure littéraire, mais bel et bien une divinité dotée d'attributs précis (la coudée, le licol, les ailes, la roue), à laquelle on dédie des ex-voto et pour laquelle sont bâtis des sanctuaires (comme le souligna jadis Fernand Chapouthier) [27]. Ce qui est certain, c'est que le culte de Némésis, fort ancien en Grèce et en particulier à Rhamnonte, connut un regain de faveur dans ce IIe siècle et que, dans la seconde moitié du siècle, il se propage particulièrement en Attique, en Thrace et en Basse-Égypte, où l'on a mis au jour un nombre significatif d'autels votifs sculptés et inscrits [28]. Ils représentent une Némésis bien proche de celle que décrit non seulement Mésomède, avec ses ailes déployées, une coudée dans la main, le regard baissé, les pieds sur une roue, mais qui est également présente dans les textes orphiques.

La fortune littéraire de la partition de Mésomède mérite d'être mentionnée : deux auteurs de l'Antiquité tardive en citent des passages (les vers 7-8 chez Jean Lydus et les vers 9 à 11 dans une lettre de Synésios de Cyrène [29], écrite après 405 ap. J.-C.). Synésios précise à son frère qu'il s'agit de cette Némésis « que nous chantons dans les théâtres avec un accompagnement à la lyre ». L'hymne était donc bel et bien entré au grand répertoire et resta joué en concert jusque dans les premières années du Ve siècle.

---

25. Voyez là-dessus V. Petrakos, dans *Ergon*, 1989, p. 7 sq.

26. Voyez à ce sujet L. Robert, *Gladiateurs dans l'Orient romain*, 1971², p. 306 sq., et I. A. Papapostolou, « Monuments de gladiateurs à Patras », *Bulletin de Correspondance hellénique* 113, 1989, p. 368-378.

27. « Némésis et Nikè », *ibid.* 48, 1924, p. 287-303.

28. Cf. *LIMC, s. v.* « Némésis ». Voir également J. Delamarre, « Une dédicace à Némésis », *Revue de Philologie* 18, 1894, p. 266-270, et P. Perdrizet, « Némésis », *Bulletin de Correspondance hellénique* 36, 1912, p. 248-274 et pl. I-II.

29. Lettre XCV, 70-73.

Rien ne nous indique si Mésomède produisit beaucoup, et pendant combien de temps. Par un singulier et surprenant malheur, pas un fragment (ni du texte ni de la musique) n'est parvenu jusqu'à nous du prestigieux ἔπαινον εἰς Ἀντίνοον que l'empereur Hadrien avait commandé à Mésomède après la noyade de son favori dans le Nil en 130 ap. J.-C. Dion Cassius, Jérôme citant la *Chronique* d'Eusèbe, et la *Souda* indiquent que Mésomède dut sa célébrité essentiellement à ses νόμοι κιθαρῳδικοί, c'est-à-dire des pièces a-strophiques assez brèves pour voix et cithare — une définition qui convient parfaitement à la quinzaine d'hymnes transmis par les manuscrits médiévaux et byzantins en notre possession et aux autres μέλη qu'il « écrivit » (je relève ici l'un des rares emplois du verbe γράφειν au sens de « composer de la musique »).

Composer et chanter ses propres compositions : voilà une première caractéristique qui fait déjà de Mésomède un musicien archaïsant, dans la pure tradition des lyriques grecs, une tradition qui remonte au VIIe siècle av. notre ère, avec Alcée et Sappho qui s'accompagnaient au *barbiton*, et dont le plus illustre représentant, à cheval sur le Ve et le IVe siècle, fut le sulfureux Timothée de Milet, contemporain et ami d'Euripide, compositeur de nomes et de dithyrambes (un genre apparemment délaissé par Mésomède). Les poètes latins, eux, ne pratiquaient pas cet exercice difficile, et, lorsqu'ils parlent de « chanter sur leur lyre » leur bien-aimée, ce n'est là qu'une clause de style: sauf exception, leur art est un art de poète, une expression écrite qui se prête à la déclamation, mais pas au chant. En tout cas, la poésie latine du temps n'est pas, comme elle l'était pour tout Grec, inséparable de sa musique.

Du point de vue de la langue, Mésomède écrit en dorien, ce qui n'a rien que d'attendu de la part d'un grec originaire de Crète, et qui ne pouvait que plaire à un empereur philhellène qui, pour citer l'*Histoire Auguste*, « aimait les façons de parler archaïsantes »[30] et qui écrivait ses poèmes grecs en dorien.

Musicalement, Mésomède revient aux traditions grecques les plus anciennes, sans toutefois verser dans l'excès au point (par exemple) de réveiller de ses cendres le genre enharmonique, depuis longtemps tombé en désuétude. Délaissant le style chargé à la mode à cette époque, style d'autant plus apprécié des foules qu'il ménage des effets plus spectaculaires et met davantage en valeur la virtuosité du chanteur, Mésomède écrit au contraire des mélodies

30. *Histoire Auguste*, *Vie d'Hadrien* XVI, 5.

dépouillées, d'une grande économie de moyens, se privant du facile chatoiement des modulations. Leur étendue vocale reste modeste (parfois moins d'une octave) et, hormis un écart d'un triton, elles ne comportent aucun saut d'intervalle « acrobatique » — à la différence de ceux qu'on trouvait déjà trois siècles plus tôt et dans des pièces pour chœur, dans les *Hymnes delphiques* à Apollon. L'hymne à Hélios, l'hymne à Némésis et le « péan de Berlin » dénotent, eux, un refus de la virtuosité, de l'effet, du clinquant de la ποικιλία propre à la musique nouvelle (pour reprendre une analyse de Plutarque). Compositeur crétois qui chante sa terre natale dans le péan, Mésomède cherche probablement à se situer dans la droite ligne de son lointain compatriote Thalétas de Gortyne, ce musicien semi-légendaire qui avait, dit-on, inventé le péan et l'avait importé en Grèce.

Seul un fugace degré chromatique apparaît dans le premier prélude à une Muse, sur le vers : « Qu'une brise issue de tes bosquets fasse *frissonner* mon âme », αὔρη δὲ σῶν ἀπ' ἀλσέων, ἐμᾶς φρένας δονείτω (v. 3-4), et sur le verbe « frissonne » en effet un chromatisme passager, qui transformerait la structure diatonique de base en un « néo-chromatique » très novateur, s'il n'était pas si fugace (souvenons-nous que cette altération passagère émouvait Théodore Reinach). Cet effet imitatif, cette *mimèsis* musicale s'inscrivent eux aussi dans une esthétique de la musique « descriptive », dans la plus pure et très ancienne tradition de la musique grecque.

Techniquement, Mésomède écrit ses hymnes en trope lydien ou hypolydien. Le lydien est un choix banal à cette époque et c'est dans ce trope que sont écrites la plupart les partitions vocales à partir du IIe siècle : c'est, nous disent les théoriciens de la musique, le trope citharodique par excellence [31], comme il était aussi le trope de référence dans les traités des musicographes.

Le cas du « péan de Berlin » est plus complexe : noté en hyperiastien diatonique, ce qui est saisissant pour un péan, et d'une ligne mélodique austère, soumise à toutes les contraintes de la « loi de l'accent », sa structure d'échelle est en réalité hypolydienne diatonique. La configuration de l'échelle est d'une grande hardiesse, non pas à l'écoute de l'œuvre, mais pour le théoricien amateur de raffinements. Disons (pour s'en tenir au strict minimum) qu'il est construit sur trois tétracordes disjoints, alors qu'il est en principe

31. Proclus, *Chrestomathie,* Bekker 320b 20 : ὁ νόμος δὲ τῷ συστήματι τῷ τῶν κιθαρῳδῶν λυδίῳ [ἁρμόζεται] ; Psellos, Περὶ τραγῳδίας, § 48 : ὅ γε μὴν λύδιος τοῦ κιθαρῳδικοῦ τρόπου οἰκειότερός ἐστι.

interdit d'en placer plus de deux de suite. Lorsque Mésomède innove, ce n'est jamais en heurtant les oreilles de ses auditeurs ni en les choquant ni en contrevenant brutalement aux règles : c'est plus subtilement, en théoricien raffiné.

Cinq partitions, une quinzaine de poèmes. C'est bien peu pour juger de l'œuvre de Mésomède, l'un des rares *lyrikoi* du IIe siècle. Moderne par bien des aspects (si je l'osais, je parlerais d'une lyrique dorienne dans la Rome impériale), son écriture poético-musicale est immédiatement perceptible comme archaïsante, surtout dans la dernière de ses œuvres identifiées : le péan porté par le papyrus de Berlin.

Les subtilités musicales plaisaient à Mésomède. Son innovation rythmico-métrique, le vers *Mesomedeus*, est un retour aux sources, sur un schéma fort ancien, celui, par exemple, du nome à Zeus de Terpandre (fr. I, 1) qui était tout en longues[32]. Il en va de même pour sa langue, ses mots courts, souvent empruntés à la langue épique, sa prédilection pour les syllabes longues. Par goût personnel, Mésomède reprend et remanie des formes anciennes (éventuellement celles de sa Crète natale, comme le péan), avec des moyens musicaux volontairement limités, qui se refusent au spectaculaire et (sans doute est-ce le trait le plus significatif), en se soumettant à toutes les contraintes anciennes de l'écriture musicale. Sur des thèmes bien de son temps, imposés par la politique cultuelle et culturelle impériale, il remet en vigueur les contraintes d'écriture d'un autre temps. On a dit de lui qu'il avait été le Lulli d'Hadrien[33]. Il fait songer aussi au néo-classicissime novateur et rigoureux d'un Prokofiev ou d'un Stravinski : tout son raffinement est dans une musique faussement simple, en réalité pleine de subtilités cachées.

Il a bien mérité son *salarium* sur un point : qu'elles aient ou non été inspirées par des doctrines orphiques ou néo-pythgoriciennes, ses œuvres musicales ont fait date. Il me semble que c'est bien l'image de sa Némésis qui se retrouve, passée en latin, jusque dans la description qu'en donnera Ammien Marcellin dans la seconde moitié du IVe siècle et j'ai l'impression qu'il faut compter Mésomède

32. Cité par Clément d'Alexandrie, *Stromates* VI, 11, 88, 2 = 698 *PMG* = D. A. Campbell, *Greek Lyric*, vol. II, n° 3 p. 316 :

Ζεῦ πάντων ἀρχά, πάντων ἀγήτωρ,
Ζεῦ, σοὶ πέμπω ταύταν τὰν ὕμνων ἀρχάν.

Clément d'Alexandrie indique que l'hymne se chantait en harmonie dorienne.

33. C. Vendries, *Instruments à cordes et musiciens dans l'Empire romain*, L'Harmattan, 1999, p. 289.

de Crète parmi les *theologoi* visés par Ammien [34] — un titre qu'on voit d'ailleurs porté par des citharèdes « compositeurs et rhapsodes du divin Hadrien » contemporains de Mésomède, qui occupaient les fonctions de θεολόγοι de certains temples, comme par exemple Péon de Sidè, déjà mentionné, qui était « théologue des temples de Pergame ».

C'est dans l'alliance, pour ne pas dire, dans la parfaite osmose du texte et de sa musique que Mésomède a su atteindre l'excellence.

Si ses poèmes descriptifs sans musique nous laissent assez froids, rien de plus normal : amputés de leur musique, ils ne survivent plus qu'à moitié, par leur seul texte. Le « péan de Berlin », la dernière en date des œuvres attribuables à Mésomède, montre amplement que d'un texte presque trop pesant à force de simplicité austère, la musique fait un chant qui en impose par sa grandiose rigueur. Les Anciens le disaient (c'est même là la clé de voûte de leur théorie de la création poétique et musicale, de la création lyrique), un texte conçu pour être chanté n'est plus qu'un fantôme lorsqu'il est privé sa musique. Le Περὶ μουσικῆς de Philodème tenait déjà là-dessus des propos qu'il convient de prendre avec tout le sérieux possible, un sérieux qui nous conduit malheureusement à constater que de l'œuvre de Mésomède, nous avons perdu l'âme qui animait ce corps : la musique.

Théodore Reinach considérait les invocations à la Muse comme des pièces charmantes d'un compositeur plus ancien que Mésomède, proche des maîtres alexandrins, et, disait-il, « fils mieux doué d'un siècle plus délicat » et (je le cite toujours) « fort au-dessus de l'ennuyeux et monotone rhapsode des hymnes à Hélios et à Némésis » [35]. C'est donc sur ce désaccord avec Théodore Reinach que j'oserai conclure, en sa propre maison. L'écoute des compositions de Mésomède diront d'elles-mêmes ce qu'il faut finalement en penser *.

34. Livre XIV, 25-26.

35. « L'hymne à la Muse », *Revue des Études grecques* 9, 1898, p. 22 et 19.

* A l'issue de cette communication Emmanuel Leclercq, basse, accompagné *μετὰ λύρας* par A. B., a chanté l'*Hymne au Soleil* et l'*Hymne à Némésis*. Ce récital « Mésomède de Crète » s'est conclu par le *Péan de Berlin*, avec Emmanuel Leclercq et Nathalie Berland (*aulos* transversal), accompagnés par A. B. au *tympanon*.

BIBLIOGRAPHIE

G. BALDINI, *Gli inni di Mesomede tradotti e illustrati (con riproduzione del testo originale)*, *Annuario* X, 1929-1932, Pise.

A. BÉLIS, « Inscriptions grecques relatives à des compositeurs », dans *La pluridisciplinarité en archéologie musicale*, IVes rencontres internationales d'archéologie musicale de l'I.C.T.M., Saint-Germain-en-Laye, 8-12 octobre 1990, p. 43-55.

EAD., « La musique au siècle des Antonins », dans le *Bulletin de l'ARE-LACLER, Journée académique des langues anciennes, 14 mars 2001*, p. 23-33.

F. BELLERMANN, *Die Hymnen des Dionysius und Mesomedes*, Berlin, 1840.

J. CHAILLEY, *La musique grecque antique*, Paris, Les Belles Lettres, 1979.

F. COARELLI, *Guide archéologique de Rome*, Hachette, 1993.

A. DAIN, *Traité de métrique grecque*, Paris, Klincksieck, 1965.

K. HORNA, *Die Hymnen des Mesomedes* (Akademie der Wissenschaften in Wien, Philosophisch-historische Klasse, Sitzungsberichte 207, Bd 1.), Vienne-Leipzig, 1928.

C. von JAN, *Musici Scriptores Graeci, Supplementum*, 1899 [1995], p. 46-59.

T. J. MATHIESEN, *Apollo's Lyre, Greek Music and Music Theory in Antiquity and in the Middle Ages*, University of Nebraska Press, 2000.

E. PÖHLMANN, *Denkmäler altgriechischer Musik*, Nuremberg, 1970.

T. REINACH, « L'hymne à la Muse », *Revue des Études grecques* 9, 1898, p. 9-22.

ID., *La musique grecque*, Paris, Payot, 1926.

L. ROBERT, « Deux poètes grecs l'époque impériale », dans *Stèlè Kondoléon*, Athènes, 1980, p. 1-20.

M. L. WEST, *Ancient Greek Music*, Clarendon Press, Oxford, 1992.

ID., *Greek Metre*, Oxford, 1982.

ID. et E. PÖHLMANN, *Documents of Ancient Greek Music, The Extant Melodies and Fragments Edited and Transcribed with Commentary,* Clarendon Press, Oxford, 2001.

U. von WILAMOWITZ-MÖLLENDORFF, *Griechische Verskunst*, 1921, p. 595-607.

Annie BÉLIS

LES PARTICIPANTS

Dominique ARNOULD	Maître de conférences à l'Université de Paris IV-Sorbonne
Annie BÉLIS	Directeur de recherche au C.N.R.S.
Alain BLANCHARD	Professeur à l'Université de Paris IV-Sorbonne, Directeur de l'Institut de Papyrologie
Philippe BRUNET	Professeur à l'Université de Rouen
Ettore CINGANO	Professeur à l'Université Ca' Foscari de Venise
Diane CUNY	ATER à l'Université de Caen
Pascale HUMMEL	Docteur en philologie grecque
Jean IRIGOIN	Membre de l'Académie des Inscriptions et Belles-Lettres, Professeur honoraire au Collège de France
Jacques JOUANNA	Membre de l'Académie des Inscriptions et Belles-Lettres, Professeur à l'Université de Paris IV-Sorbonne
Pierre JUDET DE LA COMBE	Directeur de recherche au C.N.R.S.
Pierre LAURENS	Professeur émérite à l'Université de Paris IV-Sorbonne
Jean LECLANT	Secrétaire perpétuel de l'Académie des Inscriptions et Belles-Lettres, Conservateur de la Villa Kérylos, Professeur honoraire au Collège de France
Gauthier LIBERMAN	Maître de conférences à l'Université de Paris X-Nanterre
Monique TRÉDÉ	Professeur à l'École Normale Supérieure
Jean YVONNEAU	Maître de conférences à l'Université de Bordeaux III

TABLE DES MATIÈRES

LES CAHIERS DE KÉRYLOS

N° 1. — Colloque du 27-30 septembre 1990, « Platonisme et Néoplatonisme — Antiquité et Temps modernes » — Athènes 1991 — épuisé

E. MOUTSOPOULOS, Le modèle platonicien du système ontologique plotinien

J.-F. MATTÉI, Du mythe hésiodique des races au mythe homérique des Muses dans la *République*

A. THIVEL, Hippocrate vu par Platon

N.-L. CORDERO, Les circonstances atténuantes dans le parricide du *Sophiste* de Platon

J.-M. GABAUDE, Les *Ennéades* et l'expression poétique de la métaphysique

L. JERPHAGNON, Plotin ou l'anti-Narcisse

M. DIXSAUT, Le sens d'une alternative (*Phédon*, 78 b) ou de l'utilité des commentaires néo-platoniciens

A. CHARLES-SAGET, Le philosophe et le sacré. Réflexions sur le caractère hiératique de la philosophie chez Jamblique

M. KOUTLOUKA, La notion du temps, de l'Antiquité au christianisme

I. GOBRY, La ténèbre (γνόφος) : l'héritage alexandrin de saint Grégoire de Nysse

M. DE GANDILLAC, La renaissance du platonisme selon Marsile Ficin

K. CHRISTODOULOU, De quelques aspects du « platonisme » de Montaigne

J. DILLON, Notre perception du monde extérieur selon Plotin et Berkeley

A. PIGLER-ROGERS, Interprétation de la durée chez Plotin et Bergson

C. SPANTIDOU, Plotin et S. J. Perse : la rencontre lumineuse

P. RODRIGO, Τῆς ψυχῆς ἐπιμελεῖσθαι. Jan Patočka, Platon et la phénoménologie

D. O'BRIEN, Platon et Plotin sur les parties de l'autre (résumé)

L. WESTRA, Liberté, créativité et l'un de Plotin (résumé)

N° 2. — Colloque de l'automne 1991, « Les Grecs et l'Occident » — Rome 1995 — 14 €

J. LECLANT, *In memoriam*

G. VALLET, Avant-propos

P. LÉVÊQUE, Les Grecs en Occident

V. TUSA, Greci e Punici

J. DE LA GENIÈRE, Les Grecs et les autres. Quelques aspects de leurs relations en Italie du Sud à l'époque archaïque

J.-P. MOREL, Les Grecs et la Gaule

E. SANMARTI-GRECO, La présence grecque en péninsule Ibérique à l'époque archaïque

E. GRECO, Sulle città coloniali dell'Occidente greco antico

P. ROUILLARD, Les *emporia* dans la Méditerranée occidentale aux époques archaïque et classique

M. GRAS, La Méditerranée occidentale, milieu d'échanges. Un regard historiographique

P. ORLANDINI, L'arte in Magna Grecia e in Sicilia. Aspetti e problemi

A. STAZIO, Monetazione dei Greci d'Occidente

G. VALLET, Quelques réflexions en guise de conclusion

N° 3. — Colloque du 29-30 octobre 1992, « Architecture du Rêve » — Paris 1994 — épuisé

M. QUERRIEN, Introduction : Pourquoi ce colloque ?

P. PINON, Vu de Kérylos : réappropriation des monuments et changement de signification

F. REINACH, Le Rêve de Théodore Reinach : la vie à Kérylos de la construction de la Villa à l'ouverture du Musée

A. GALL, Le Château enchanté de la Napoule

M. GALL, Un labyrinthe du Présent : la Fondation Maeght

M. SALTET, La villa Ephrussi de Rothschild : témoin d'une vision, d'un rêve et d'une imagination passionnée

A. ROUVERET, Le manifeste dans l'architecture antique et néo-classique de Délos à Kérylos

J.-Cl. DELORME, Maisons de rêves ou machines à habiter

B. LASSUS, Organisation du paysage et réutilisation d'éléments anciens

V. HARTMANN, La civilisation du Leurre

M. QUERRIEN, Synthèse et clôture du colloque

N° 4. — Colloque du 30 septembre-3 octobre 1993, « Le Romantisme et la Grèce » — Athènes 1994 — 14 €

N° 5. — Colloque du 6-9 octobre 1994, « Entre Égypte et Grèce » — Paris 1995 — 14 €

V. Karageorghis, Chypre entre l'Égypte et l'Égée

M. Dewachter, Un grec de Louqsor collaborateur de Champollion et Lepsius : Ouardi-Triantaphyllos

R. Richer, La communauté grecque d'Alexandrie aux XIXe et XXe siècles

N° 6. — Colloque du 6-7 octobre 1995, « L'Académie des Inscriptions et Belles-Lettres et l'Académie des Beaux-Arts face au message de la Grèce ancienne » — Paris 1996 — 14 €

J. Leclant, Préambule

R. Vian des Rives, Avant-propos

S. Exc. D. Macris, ambassadeur de Grèce, La Grèce éternelle et la Grèce d'aujourd'hui : un survol de la diachronie grecque

J. de Romilly, Des philologues au grand public : le renouveau des textes sur la Grèce antique

B. Zehrfuss, De Pergame à Kérylos, l'esprit grec

J. Marcadé, De Délos à Beaulieu

F. Chamoux, L'homme Socrate

J. Irigoin, Dom Bernard de Montfaucon

R. Turcan, Le symbolisme funéraire à l'Académie des Inscriptions et Belles-Lettres

J. de La Genière, L'immortalité d'Héraclès : voyage d'un mythe grec

H. Metzger, Perspectives nouvelles offertes à l'étude des vases grecs et de leurs images

J.-L. Florentz, A l'écoute de la Grèce antique

P. Carron, L'Omphalos, centre du monde

A. Poncet, L'influence de la Grèce antique sur la sculpture contemporaine

C. Abeille, La Grèce toujours recommencée

N° 7. — Colloque du 4-5 octobre 1996, « Regards sur la Méditerranée » — Paris 1997 — 14 €

J. Leclant, R. Vian des Rives, Préambule

J. Leclant, Allocution d'accueil

J.-R. Pitte, Un regard géographique sur la Méditerranée

F. Chamoux, Le monde égéen et l'Afrique

J. Desanges, Regards de géographes anciens sur l'Afrique mineure

M. Reddé, Rome et l'Empire de la mer

N° 8 — Colloque du 3-4 octobre 1997, « Le théâtre grec antique : la tragédie » — Paris 1998 — 18 €

N° 9. — Colloque du 2-3 octobre 1998, « Alexandrie : une mégapole cosmopolite » — Paris 1999 — 18 €.

S. Exc. Pierre HUNT, Adresse : L'année France-Égypte 1998

J. LECLANT, Allocution d'accueil

M. CHAUVEAU, Alexandrie et Rhakôtis : le point de vue des Égyptiens

G. LE RIDER, Le monnayage d'or et d'argent frappé en Égypte sous Alexandre : le rôle monétaire d'Alexandrie

J.-Y. EMPEREUR, Travaux récents dans la capitale des Ptolémées

F. BURKHALTER-ARCE, Les fermiers de l'arabarchie : notables et hommes d'affaires à Alexandrie

N. GRIMAL, L'Un et les autres

B. MEYER, Les *Magiciennes* de Théocrite et les papyrus magiques

F. CHAMOUX, Le poète Callimaque et le rayonnement culturel d'Alexandrie

A. LARONDE, Alexandrie et Cyrène

Cl. NICOLET, Alexandrie et Rome : peut-on comparer ?

J. MÉLÈZE MODRZEJEWSKI, Espérances et illusions du judaïsme alexandrin

M. PHILONENKO, La Bible des Septante

G. DORIVAL, Les débuts du christianisme à Alexandrie

A. LE BOULLUEC, La rencontre de l'hellénisme et de la « philosophie barbare » selon Clément d'Alexandrie

J. SIRINELLI, Cosmopolitisme et œcuménisme à Alexandrie

D. ROQUES, Alexandrie tardive et protobyzantine (IVe-VIIe s.) : témoignages d'auteurs

R. SOLE, La « Place des Consuls » à Alexandrie

N° 10. — Colloque du 1er-2 octobre 1999, « Le théâtre grec antique : la comédie » — Paris 2000 — 18 €

J. LECLANT, R. VIAN DES RIVES, Préambule

J. LECLANT, Allocution d'accueil

J. JOUANNA, Présentation du colloque

J.-M. GALY, Les moyens de la caricature dans les comédies d'Aristophane

I. RODRÍGUEZ ALFAGEME, La structure scénique dans les *Nuées* d'Aristophane

P. THIERCY, L'utilisation dramaturgique du chœur dans les comédies d'Aristophane

E. MOUTSOPOULOS, La musique dans l'œuvre d'Aristophane

F. JOUAN, Les tribunaux comiques d'Athènes

N° 11. — Colloque du 13-14 octobre 2000, « Histoire et historiographie dans l'Antiquité » — Paris 2001 — 18 €

N° 12 — Table ronde du *LIMC* du 8-9 juin 2001, « Rites et cultes dans le monde antique » — Paris 2002 — 12 €

N° 13. — Colloque du 19-20 octobre 2001, « Tradition classique et modernité » — Paris 2002 — 20 €

87350 PANAZOL
(France)

N° Imprimeur : 3057075-03
Dépôt légal : Septembre 2003